T0243934

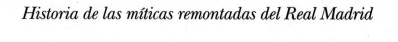

Historia de las míticas remontadas del Real Madrid

SALVA MARTÍN

Historia de las míticas remontadas del Real Madrid

¡Hasta el final, ¡vamos Real!

Ⴥ

ALMUZARA

Editorial Almuzara • Colección Deporte y Aventura
Director editorial: Antonio Cuesta
Edición de Javier Ortega
Maquetación de Miguel Andréu

www.editorialalmuzara.com
pedidos@almuzaralibros.com - info@almuzaralibros.com

Editorial Almuzara
Parque Logístico de Córdoba. Ctra. Palma del Río, km 4
C/8, Nave L2, n° 3. 14005, Córdoba

Imprime: Black Print
ISBN: 978-84-11312-54-7
Depósito Legal: CO-950-2023
Hecho e impreso en España - *Made and printed in Spain*

A la memoria de mi tía Cristina.
Su corazón, noble y puro,
me transmitió un sentimiento
inquebrantable.

Índice

«Vencer sin peligro es ganar sin gloria».
Séneca

PRÓLOGO

Me gusta la idea de indagar en los motivos, de buscar el origen, de hacer memoria por si entre los datos que se traspapelaron hay alguna clave que nos permita entender mejor. Eso propone este libro. A partir de las últimas remontadas del Real Madrid, encadenadas en la consecución de la decimocuarta Copa de Europa, el autor echa la vista atrás para hallar el germen del prodigio. O para intentarlo al menos. El viaje es sin duda provechoso. Aunque algunas pistas se hayan borrado con el paso del tiempo, el reconocimiento a los pioneros se hace justo y necesario. Todo cuanto existe, también en el fútbol y especialmente en el Real Madrid, está conectado con lo que sucedió antes, en el caso que nos ocupa con los primeros que se resistieron a la derrota probable y con los que después transmitieron ese mensaje hasta convertirlo en estandarte: no te rindas nunca. Creo importante la mención a «lo probable» porque el espíritu que se estrenó contra el Derby County no declaró la guerra a la derrota (demasiado obvio), sino a la probabilidad adversa. El Madrid que nació en aquel otoño de 1975 redefinió el concepto de lo imposible, trasladado con los años a fronteras inauditas. O como describe con más acierto el propio autor: «Convertir lo paranormal en rutinario».

Es curiosa la concentración de remontadas entre 1975 y 1985. Quiero pensar que fue un acto de rebeldía ante una realidad poco grata. Alejado de la élite europea, el equipo no encontró otra forma de recordar al mundo que el viejo león seguía vivo. No pasemos por alto que algunas de esas proezas se dieron en la Copa de la UEFA, aunque diré que nos importaba poco a los aficionados de entonces. Incluso los más jóvenes coleccionábamos ya unas cuantas heridas de guerra. El gol de Zamora que nos dejó sin Liga en 1981, la derrota en la final de la Copa de Europa ese mismo año, los cinco títulos perdidos *in extremis* en 1983... Había mucho que remontar, deportiva y anímicamente. Como testigo que fui, recuerdo el ambiente que se vivió en el Bernabéu contra el Anderlecht, partido de vuelta, 3-0 en Bruselas. El optimismo era contagioso, aunque los antecedentes positivos eran escasos. Sin embargo, la afición se convenció a partir de motivaciones difusas que se resumían en una frase que valdría para adornar el escudo de armas: Somos el Madrid. Es cierto que la irrupción de la Quinta había anunciado un tiempo nuevo y la esperanza había calado entre los madridistas. Pero faltaban pruebas, gestas, títulos. Hubo de todo.

En este libro se recogen también remontadas en blanco y negro que fueron ensayos de lo que estaba por venir. Se habla, en concreto, de los dos goles de desventaja en primera final de la Copa de Europa (1956), contra el Stade Reims: 0-2 en el minuto 10. Y en París, me permito recordar. No se me ocurre mayor prueba de carácter ni mejor inicio de un relato que se hizo circular cuando el equipo volvió a París para ganar 14ª. Ya he comentado alguna vez que el fútbol escribe sus mejores historias en círculo. Sólo hay que saber esperar, no demasiado cuando el Madrid interviene.

Tengo para mí que la primera gran remontada del Real Madrid no fue efectiva en el campo de juego ni tuvo como adversario a un equipo poderoso. La primera vez que el club se recuperó de un golpe que parecía definitivo fue tras la Guerra Civil, cuando la institución quedó terriblemente dañada. Hicieron falta catorce largos años para remontar, los que van desde el final de la contienda a la llegada de Di Stéfano de la mano de Bernabéu. A partir de aquí se comenzó a coser una historia que enlazó protagonistas con la sutileza de las buenas novelas. Muchos aparecen por esta obra. Si Di

Stéfano fue el artífice de la primera modernización del club, también lo fue de la segunda, cuando dio paso a la Quinta del Buitre. En aquel equipo que estrenó la publicidad de Zanussi se encontraban Del Bosque y Valdano, fundamentales para entender otras evoluciones deportivas en las que no se perdió la esencia. Siempre hay alguien que porta el cofre donde se guardan los gritos de Juanito y Camacho.

Juanito es muy citado en este viaje en el tiempo. Como símbolo de lo irreductible y yo añadiría que como símbolo de lo contradictorio. Juanito, dueño para la eternidad del minuto 7, fue héroe y antihéroe, representación de lo amado y de lo odiado. El motor espiritual de muchas remontadas fue también quien pisoteó la cabeza de Matthäus, hecho vergonzante que le apartó del club. En su corazón bullía todo: la pasión, la generosidad, la ira, el arrepentimiento... Esa tendencia a la contradicción es inherente al club, aunque sea este un asunto poco comentado. Bernabéu era un personaje contradictorio, ejemplo de señorío unas veces y otras de zafiedad, un provocador nato que fingía no serlo. El propio juego resulta contradictorio porque es falso que el coraje lo explique todo. En ese estadio que castigaba el fútbol malo con pitos y el mediocre con silencio he escuchado exclamaciones multitudinarias de asombro y admiración cuando Hagi paraba con la zurda un balón que venía del cielo. Sin embargo, también he sido testigo de abucheos a Martín Vázquez y Guti, demostración de que la elegancia no era bastante, hacía falta algo más, aquí no se perdona un desmayo.

Se agradece el trabajo de documentación que destila el libro porque no es bueno tocar de oído. Igual de importantes son los contextos históricos, tan vinculados siempre al avatar de las sociedades, también las deportivas. Tanto como de lo anterior, invito a disfrutar de la pasión tranquila del autor, que en ningún caso es una pasión menor, sino una pasión intelectualizada que paladea cada línea, seguir las huellas es una forma de completar el camino.

Habrá notado el lector avispado que he preferido no hacer referencias temporales que puedan ubicar este texto en el tiempo, más allá de la mención a la 14º Copa de Europa. No quiero que el lector del futuro se sienta extraño si al momento de leer estas líneas el Madrid ya ha ganado la 15ª o la 16ª, cosa bien posible al ritmo que lleva. En tal caso, el autor sólo tendrá que incorporar los apéndices correspondientes y yo retocar el ordinal. Y no es porque sea vago: es que guardo fuerzas para la próxima remontada.

JUANMA TRUEBA

INTRODUCCIÓN
HISTORIA QUE TÚ HICISTE...

Dicen que lo más sencillo es ser del Real Madrid. Que es el equipo al que le resulta más fácil ganar y que, cuando no lo hace, recibe favores para conseguirlo. Seguramente, tras este relato está la dificultad de afrontar la exigencia del club más laureado de la historia. Sólo el Madrid es esclavo de la victoria y esto no es algo que muchos estén dispuestos a soportar.

Para el aficionado blanco, ganar es un hábito derivado de una obligación histórica. Se suceden presidentes, entrenadores, jugadores y estilos, pero el ADN permanece: la derrota no es una opción. Quizás por eso apasionan tanto los raptos de locura que se producen en las remontadas, hitos que niegan la lógica y convierten al Madrid en un fugitivo de la razón. Es ahí cuando mira a la cara al peligro y lo sortea justo en el momento en el que el resto capitula.

Lo sucedido en la *Champions League* 21-22, con tres epopeyas consecutivas frente a PSG, Chelsea y Manchester City, sólo puede comprenderse si atendemos a la esencia del club, a ese carácter que le hacer revivir donde otros ya hubieran entregado la bandera. El escudo del Madrid no admite rendirse. Ese es el secreto, tan emocional como poderoso, que convierte a este equipo en una filosofía de vida.

13 de junio de 1956. Aquel día el Real Madrid se disputó con el Stade de Reims la primera final de la Copa de Europa. El partido no pudo comenzar peor. A los diez minutos, los franceses ya se habían distanciado en dos goles. Tocaba

remontar. Y así lo hizo el equipo liderado por Di Stéfano, que terminó por imponerse 4-3 en un sublime espectáculo. Fue el germen de la idiosincrasia del Madrid en Europa: ser una autoridad de la supervivencia.

En *El arte de la guerra* se afirma con acierto que «el ejército vencedor es aquel en el que todos están animados por el mismo espíritu». Y eso es precisamente lo que el Madrid creó y alimentó desde aquella primera remontada: la fe, un convencimiento irracional sin otra base que la certeza de la invencibilidad.

La conexión con la afición se apreció nítida y explosivamente por primera vez en 1975, después de que el equipo fuera avasallado por el Derby County (4-1), en los octavos de final de la Copa de Europa. Fue entonces cuando, desde el mismo autobús que llevó al equipo de vuelta a Londres, Camacho comenzó a arengar al resto del equipo para convencerles de que iban a pasar la eliminatoria. Los incendios comienzan con una chispa, y los de las remontadas amanecen con la de un grupo de jugadores heridos en su orgullo y conscientes de que no hay nada imposible cuando vistes de blanco.

Así nació el primer espíritu, el de Derby, una mentalidad que marcaría la historia del club, y por ende, la del fútbol mundial. Ya sólo los insensatos darían por eliminado al Madrid después de derrotarlo en un partido de ida.

Bien lo supo el Celtic de Glasgow cinco años después. O los caídos en las redes del Bernabéu en las dos Copas de la UEFA de *La Quinta del Buitre*. Anderlecht, Inter de Milán, Borussia de Mönchengladbach sufrieron las consecuencias de lo más asombroso de este fenómeno: su capacidad paralizante de los rivales.

La clave de lo que Jorge Valdano teorizó para la eternidad, el miedo escénico, es que el público del Bernabéu, enfervorizado y creyente irracional, ejerce una presión tal que no sólo hace volar a los jugadores del Madrid, sino que atemoriza a los contrarios abriendo la grieta de la duda. Entran en un estado de *shock* al descubrir que ya están en *el corredor de la muerte* de la remontada y que sólo es cuestión de tiempo que su ventaja se esfume y sucumban ante la magia.

No existe lógica que pueda explicar cómo el Madrid ha convertido lo paranormal en algo casi rutinario. No atiende a estrategias, pizarras, esquemas ni discursos. Educado en la victoria, cuando se pone diabólico, es capaz de generar la ilusión de triunfo en los rivales para luego salvarse del naufragio con la tranquilidad de un temerario equilibrista.

Todo comienza con una derrota. Y, a ser posible, clamorosa y apabullante, que los riesgos sólo tienen sentido sin red. Entonces, nada más terminar el partido, un grupo generalmente de veteranos impregnados con el ADN, comienza a azuzar una idea a sus compañeros: «aquí no ha sucedido nada, en el Bernabéu les pasamos por encima». La incredulidad se transforma en sincero convencimiento y de ahí salta a la grada, enardecida en plena conjura. Ya, el día del partido de vuelta, tres claves: cabeza, corazón y afición. Con el estadio en *modo Vesubio,* sin guion ni ortodoxia, los milagros se suceden.

Y, como en todos los prodigios, también existe el simbolismo, encarnado en la figura del eterno 7, Juan Gómez, Juanito. Cada vez que aparecen nubarrones, se recuerda a Juanito, pues nadie como él se identificó con los colores del Madrid y representó aquello de lo que el club está más orgulloso: la entrega hasta el final. Juanito, que, curiosamente, comenzó en los juveniles del Atlético de Madrid, consiguió una conexión emocional con la grada madridista inédita hasta la fecha. Su fútbol, repleto de imaginación y desparpajo, en sociedad con Santillana y más tarde como veterano de lujo en *La Quinta,* lo convirtió en un futbolista único. Nunca le hizo falta besar el escudo para mostrar la sinceridad de su lealtad al Madrid.

Como ven, el Real Madrid es una excepción y, como tal, merecía un relato que a buen seguro esbozará una sonrisa nostálgica en algunos y sorprenderá a otros. Lo que a continuación van a leer es una historia tan repetida como inexplicable. Desde la primera hasta la última gran remontada, conocerán todos sus detalles, aquellos protagonistas que las hicieron posible y las anécdotas que agrandaron la leyenda del Real Madrid.

¿Sabían en qué partido llegó Jorge Valdano a perder el sentido de la consciencia? ¿Se imaginan el equipo del que Santillana fue su Bestia Negra? ¿Conocen al jugador de los 70 que dominó el golpeo de exterior con al menos el mismo talento que Modric? ¿Averiguarían qué club publicó en 2022 un *meme* que incluyó su escudo junto a los de PSG, Chelsea y City a modo de solidaridad como víctimas del Bernabéu?

Si creen en la magia, están en el lugar indicado. Si no, otórguense el placer de dudar.

REAL MADRID – DERBY COUNTY

OCTAVOS DE FINAL DE LA COPA DE EUROPA. TEMPORADA 75-76

EL ORIGEN DE LA LEYENDA

Con la Marcha Verde en ciernes, cuando el régimen franquista literalmente agonizaba, el Real Madrid escribió el primer capítulo de una historia que ya se ha convertido en mito: la de las grandes remontadas europeas.

LOS ANTECEDENTES. ASÍ LLEGABA EL REAL MADRID

El 15 de enero de 1974 se produjo un hecho que cambiaría drásticamente el rumbo del Real Madrid y resulta fundamental para tener una visión completa del equipo que un año después protagonizará la primera gran gesta en una eliminatoria europea. Ese día, todo un mito como Miguel Muñoz decía adiós al club tras haberlo dirigido durante 13 años en los que conquistó 9 Ligas, 2 Copas de Europa, 1 Intercontinental y 2 Copas del Generalísimo. Hasta el final de temporada, las riendas las tomó Luis Molowny, *El Mangas*, que consiguió ganar la Copa al Barcelona y vengar así el famoso 0-5 en Chamartín de la Liga.

El 5 de julio llegó Miljan Miljanic, un técnico que imprimiría un cambio radical al equipo. El yugoslavo aterrizó después de hacerse un nombre en el Estrella Roja y ser el responsable de la eliminación de España para la clasificación de la Copa del Mundo de 1974 al llevarse Yugoslavia el partido de desempate por 1-0.

Apostó por un Real Madrid de juego práctico, en el que la táctica y la preparación física serían las claves de su éxito. Dialogante, meticuloso y apodado como *El Diplomático*, destacaba por no rehusar del debate con los jugadores, pero siempre con mano firme y tomando decisiones coherentes respecto a su forma de ver el fútbol. Las primeras fueron acompañarse de su compatriota Félix Radisic para mejorar la preparación física del equipo, así como fichar a Paul Breitner, un auténtico cortafuegos no exento de clase en el centro del campo. Miljanic era un tipo listo, y para granjearse la primera buena impresión de la grada y el club, contó entre sus ayudantes con dos exjugadores blancos, Juan Santiesteban y Antonio Ruiz.

«Miljanic nos recomendó que quien no tuviera una casa cerca de la Ciudad Deportiva, se la comprara, porque nos íbamos a pasar el día allí dentro», recuerda Vicente del Bosque sobre los novedosos métodos del preparador balcánico[1]. Y no era para menos. Por primera vez se programaron tres sesiones diarias, el aprendizaje de las jugadas se realizó por repeticiones y los futbolistas conocieron el gimnasio.

«Nadie entrenaba así. Fue una pequeña revolución. El primer año ganamos la Liga y la Copa con bastante facilidad y ya vinieron de otros equipos a vernos entrenar», apunta el exdelantero Carlos Santillana.[2]

El yugoslavo rompió con los moldes tácticos practicados hasta la fecha en el Real Madrid. Implantó un estilo a

---

1   Diario *As*, 30 de abril de 2022.
2   Diario *El País*, 16 de enero de 2012: https://elpais.com/diario/2012/01/16/deportes/1326668417_850215.html

la inglesa con muchos centros laterales buscando al mencionado Santillana y a Roberto Martínez, que se hartarían de conseguir goles (más de 40 entre los dos durante la estancia de Miljanic).

La Liga 74-75 la ganó el Madrid de forma aplastante. Doce puntos le separaron de un meritorio Real Zaragoza, que terminó segundo por encima de un decepcionante F.C. Barcelona. Esa campaña el equipo lograría el doblete, al imponerse al Atlético de Madrid en la final de la Copa del Generalísimo por penaltis.

En la Copa de Europa se produjo una imagen inédita hasta la fecha. Fue en cuartos, frente al Estrella Roja, cuando Miljanic decidió que no viajaría a Belgrado. «No puedo traicionar a mi corazón», dijo a la prensa, a la que invitó a ver el partido por televisión. Santiago Bernabéu, tan sorprendido como disgustado con el gesto, tomó nota. El duelo, que había terminado con empate a dos, tanto en el coliseo blanco como en el estadio del Estrella Roja, se decantaría del lado yugoslavo al fallar Santillana y Benito en la tanda de penaltis definitiva.

Durante la temporada del partido que nos ocupa, el equipo, reforzado por el internacional Juan Cruz Sol, solidificó la idea de Miljanic y basó su fútbol en la seguridad defensiva y la practicidad de los ataques. Era un Real Madrid con Miguel Ángel haciendo de muro, Pirri como emblema, Camacho iniciando su andadura, Amancio terminándola, el arte reservado de los exquisitos Velázquez y Netzer, y la responsabilidad artillera a cargo de Santillana y del hispano-argentino Roberto Martínez. En definitiva, calidad y coraje como señas de identidad.

CRÓNICA DE LA REMONTADA

El Real Madrid ya había protagonizado muchas gestas hasta 1975 y acumulado infinidad de títulos. Entonces, ¿por qué la eliminatoria frente al Derby County está considerada como la primera gran remontada europea de su historia? Entre otros motivos, uno fundamental: fue la primera vez que la conjura incluyó a equipo y afición en una simbiosis mágica. El inicio de aquello que se conoció después como el «miedo escénico», un estado ambiental que apabullaba a los rivales y llevaba al Madrid a cotas de heroísmo inimaginables.

La Copa de Europa de la temporada 75-76 fue una de las más duras que se recuerdan para el Real Madrid. La primera eliminatoria le enfrentó al Dinamo de Bucarest, que cayó derrotado por 4-1 en Chamartín, con goles de Santillana (2), Netzer y Roberto Martínez. En la vuelta, el Madrid cedió una derrota por la mínima.

Debacle frente a los carneros

El enfrentamiento con el Derby County fue en octavos. Con un aguerrido carnero como escudo, los ingleses también vestían de blanco. Dos señales de que la empresa no iba a ser nada fácil. Fundado en 1884, el equipo dirigido por Dave Mackay era un rival formidable en los 70. Vigente campeón de su liga, había alcanzado las semifinales de la máxima competición europea en la 72-73, pero fueron eliminados por la Juventus.

El partido de ida se celebró el 22 de octubre en un estadio Baseball Ground que registró la mejor entrada de su historia. Aquel día, todo lo que pudo salir mal al Real Madrid le aconteció peor. Con las bajas de Benito y Santillana, se encontró con un 2-0 antes del minuto 20, ambos firmados por Charlie George. El primero, un golazo desde fuera del área; el segundo, un penalti cometido por Camacho. El Madrid no se vino abajo y, en una gran jugada entre Amancio y Pirri, recortó distancias. Sin embargo, la alegría duró poco, pues antes del descanso, Nish batió a un desafortunado Miguel Ángel en un libre directo. En la segunda parte, el colegiado soviético decidió anular un nuevo gol de Pirri por un polémico fuera de juego, mientras que los ingleses desataban la euforia de los suyos con el cuarto gol, de nuevo obra de George. 4-1, un resultado que para cualquier equipo sería sinónimo de pensar en las otras competiciones en las que aún permanecieran vivos. Para cualquier equipo menos para el Real Madrid.

Todo parecía perdido. Los blancos habían recibido una paliza de escándalo y estaban en la lona... justo el sitio donde se sienten más cómodos para reaccionar. «En el autocar en el que hicimos el trayecto de Derby a Londres, todos, llevados por nuestro optimismo, estábamos convencidos de pasar la eliminatoria. Y el que más, Camacho, que no paraba de decir que íbamos a ganar 6-0», relató por aquel entonces Vicente del Bosque en *ABC*[3]. La conjura había comenzado.

La primera remontada colectiva

Durante los días previos al partido de vuelta, en el que al menos se tenía que vencer por tres goles de diferencia, desde la directiva y el vestuario se convocó a una afición que respondió sin paliativos para tratar de conseguir juntos el milagro. La noche del 5 de noviembre iba a marcar la Historia del Real Madrid para siempre. «El 4-1 no es nada. Os meteremos 3 y aquí no ha pasado nada», rezaba una de las pancartas esa noche. El Madrid, que ya era consciente del ambiente en las gradas, decidió añadir un toque de picante extra dejando al Derby solo en el campo durante cinco minutos en el momento del calentamiento.

Justo antes de salir, Miljanic se dirigió a los suyos: «Limítense a hacer lo que saben, eso bastará»[4]. Y vaya que si lo hicieron. La primera consigna de una remontada, marcar rápido, se cumplió. En el minuto 3, una gran jugada en la que participaron Netzer, Pirri y Breitner, llegó a Camacho. El de Cieza centró desde su banda para que Santillana

---

3   Diario *ABC*, 24 de abril de 2012: https://www.abc.es/deportes/real-madrid/abci-historia-grandes-remontadas-europeas-201204240000_noticia.html

4   *Cien años del Real Madrid* (vol. 5). Diario *AS*, 2001.

cediera a Roberto Martínez, que anotó en un gesto acrobático. Primera piedra en el camino.

Desde entonces, el Madrid se hizo dueño del partido y protagonista de las ocasiones. Sin embargo, pasaban los minutos y la renta no se ampliaba mientras, esta vez sí, la defensa blanca se afanaba con éxito en contener las posibles contras de los *carneros*. Amancio, Pirri, Del Bosque, Santillana y Martínez se estrellaron contra el meta Boulton y la grada contuvo la respiración al descanso por el insuficiente 1-0.

En la segunda mitad, la sala de máquinas dirigida por Netzer, Del Bosque, Pirri y Breitner anduvo menos atada por los ingleses y el juego fluyó de forma más vertiginosa. A los seis minutos, de nuevo Roberto Martínez anotó un gol de listo al aprovechar un mal despeje del portero inglés. El Bernabéu era una caldera. Sólo faltaba un gol para la apoteosis. Y ésta llegó, aunque de manera momentánea, cuando Santillana remató de cabeza una asistencia de Netzer.

Todo parecía hecho, pero el Madrid quería escribir su primera cita de emociones fuertes con todas las letras. Así, el fantasma de Charlie George se volvió a aparecer con un derechazo que se alojó en la escuadra de Miguel Ángel. Restaba media hora de juego y eran necesarios dos goles para pasar. Cuando los corazones blancos no podían más, Amancio levantó la mano y provocó un penalti al intentar su enésimo quiebro dentro del área. Silencio en las gradas. El gallego le cede a Pirri la responsabilidad y el ceutí esconde los nervios anotando con total tranquilidad el gol que conducía a la prórroga.

Fue en el tiempo añadido cuando más se notó la fuerza del Bernábeu. Miljanic supo verlo y ordenó a los suyos el acoso y derribo incluso con Del Bosque en posiciones avanzadas. Y entonces llegó la explosión. Santillana recibe un balón de Breitner y marca uno de los goles más espectaculares de la competición al deshacerse de un defensor inglés con un sombrero y fusilar a las mallas sin dejar caer el balón. 5-1. La gesta se había conseguido. Lo que parecía una quimera fue una realidad que desató el júbilo de unos aficionados que incluso saltaron al campo a la conclusión del partido. Había nacido una leyenda.

«Y la locura. La locura, sí; en los graderíos y en los jugadores. Estupefacción –y admiración– en los nobles jugadores del Derby. Alegría sin límites en los del Real Madrid», señaló el *Boletín Oficial del Real Madrid* publicado en diciembre de 1975. «Grandioso. Mucho Madrid», tituló *Marca*. «En Chamartín, ¡el delirio! El Real Madrid adelante», abrió el *AS*.

Ficha del partido

Real Madrid: Miguel Ángel, Sol, Camacho, Benito, Breitner, Del Bosque, Pirri, Netzer, Amancio (Rubiñán, 110'), Santillana y Roberto Martínez.
Derby County: Boulton, Thomas, McFarland, Todd, Nish, Hector (Bourne, 78'; Hinton, 100'), Newton, Gemmill, Powell, Davies y George.
Goles:
1-0 (min. 3): Roberto Martínez.
2-0 (min. 51): Roberto Martínez.
3-0 (min. 56): Santillana.
3-1 (min. 62): George.
4-1 (min. 83): Pirri, de penalti.
5-1 (min. 99): Santillana.

EL PROTAGONISTA: PIRRI

En la eliminatoria frente al Derby County hubo un jugador que destacó sobre el resto, y lo hizo además en ambos partidos, tanto en el descalabro de la ida como en el maravilloso encuentro de la vuelta: Pirri. Marcó el gol en Inglaterra que alimentó cierto hilo de ilusión, le anularon otro incomprensiblemente y tuvo los arrestos necesarios para anotar el tanto que, en el Bernabéu, condujo el partido a la prórroga definitiva. El ceutí, símbolo del orgullo madridista, fue el hombre clave de la primera gran remontada europea del Real Madrid.

José Martínez *Pirri*

José Martínez Sánchez, Pirri, jugó de blanco desde 1964 hasta 1980. Futbolista de largo aliento, polivalente, destacó como centrocampista, defensa e, incluso, como delantero ocasional. No en vano, se reveló como un goleador destacado. Una de sus máximas virtudes fue el pundonor. Pirri nunca escatimó en la entrega, característica con la que conquistó al Bernabéu. Recordadas son sus finales de Recopa con un brazo en cabestrillo (1971), y de Copa con fiebre y la mandíbula rota (1975). Por su trayectoria y valores recibió la máxima condecoración del club, la Laureada.

Pirri formó parte del equipo de los *ye-yé*, levantó nada menos que 10 Ligas, y en 1966 ganó la sexta Copa de Europa del Real Madrid frente al Partizán de Belgrado (2-1). En 1980 se marchó al Puebla de México, para volver más tarde al club como médico y, posteriormente, ocupando los cargos de técnico y director deportivo.

El 21 de agosto de 2000 su nombre saltó de nuevo a la primera plana de los medios cuando el periodista J.J. Santos desveló en el diario *AS* el *Informe Pirri*[5]. En él cuestionaba sin reservas a 19 de los 33 jugadores de la plantilla blanca como parte de la planificación de la temporada 2000-2001. Pirri señalaba, por ejemplo, que Guti «no está centrado en su profesión», o que Karembeu «es una gran persona, pero no un jugador para el Real Madrid». El revuelo, como todo lo que mueve el Real Madrid, fue brutal, pero finalmente se comprobó que gran parte de sus apreciaciones se cumplieron a rajatabla.

Un mes después, puso punto final a su trayectoria en Chamartín: «Os anuncio que abandono el Real Madrid. Yo no soy un hombre de empresa, sino un hombre de fútbol. He estado aquí 32 años, entré con 19 y salgo con 55».

Ficha del jugador

Partidos jugados: 561 oficiales.
Goles: 172.
Internacional: 41 veces.
Palmarés: 10 Ligas, 1 Copa de Europa y 4 Copas del Generalísimo.

LA ANÉCDOTA: EL TELEGRAMA DEL DERBY

La nobleza destacada por el *Boletín del Real Madrid* sobre los jugadores del Derby County puede extenderse a su directiva. Un día después de ser la primera víctima de la leyenda de las remontadas blancas, la entidad de Concha Espina recibió un telegrama proveniente del club inglés que decía lo siguiente:

---

5   Diario *El País*, 22 de agosto de 2000: https://elpais.com/diario/2000/08/22/deportes/966895205_850215.html

Excelente partido de fútbol. Stop. Bueno para toda la afición de Europa. Stop. Enhorabuena. Stop. Buena suerte, os deseamos lo mejor.

Todo un gesto, guardado en los archivos del club, que certificó que el campeón de Inglaterra fue digno coprotagonista de una de las páginas más bellas de la historia del fútbol.

¿QUÉ PASÓ DESPUÉS?

Después de superar a los *carneros*, el equipo de Miljanic se las vio en cuartos de final de la Copa de Europa contra el Borussia Mönchengladbach de Stielike y Jensen, jugadores que terminarían en la disciplina blanca. Pasó el Madrid al hacer bueno el empate a dos en la ida con otras tablas, en este caso a uno, en Chamartín. Las semifinales, más que por la eliminación frente al Bayern Múnich (1-1 en la ida y 2-0 en Alemania), se recuerdan de forma ignominiosa por el incidente conocido como «El loco del Bernabéu»[6], y por la desafortunada expulsión de Amancio en Alemania, en el que fue su último partido en Europa. El Bayern terminaría proclamándose campeón al vencer en la final al Saint Etienne (1-0).

En Liga la historia fue muy distinta y el Madrid se alzó con su segundo título consecutivo, esta vez con cinco puntos de ventaja sobre el Barcelona. Pirri fue el máximo anotador del equipo (13), seguido de Santillana (12) y Roberto Martínez. Mientras, Miguel Ángel se llevó el trofeo Zamora al encajar únicamente 26 goles.

En la Copa llegaría la sorpresa y el primer encontronazo serio de la afición con Miljanic. Tras superar al Ferrol en primera ronda, un Tenerife que militaba en Segunda División fue capaz de eliminar al Real Madrid. Los insulares se impu-

---

6   Un energúmeno saltó al campo y agredió al árbitro Linemayer cuando éste ignoró una dura entrada sobre Santillana.

sieron 2-0 en la ida y el Madrid sólo consiguió un insuficiente 1-0 en la vuelta. Pañolada en el graderío y Santiago
Bernabéu al rescate: «prefiero que me insulten a mí que al
entrenador», llegó a decir. Al mítico presidente sólo le quedaban dos años de vida para defender a su Real Madrid hasta
el último aliento.

REAL MADRID – CELTIC DE GLASGOW

CUARTOS DE FINAL DE LA COPA DE EUROPA. TEMPORADA 79-80

LA INVOCACIÓN DEL «ESPÍRITU DE DERBY»

En 1980 España vivía agarrotada por el plomo de ETA, sumida en intrigas palaciegas y con un nivel de incertidumbre y desconfianza ciudadana rozando lo insoportable. Bajo este nebuloso ambiente, el Real Madrid acometió su segunda gesta europea. La víctima fue el histórico Celtic de Glasgow. Y lo hizo apelando al «espíritu de Derby County».

LOS ANTECEDENTES. ASÍ LLEGABA EL REAL MADRID

La remontada ante el Celtic de Glasgow acaeció dos años después del adiós del auténtico *pater familias* del Real Madrid, Santiago Bernabéu. Don Santiago, como le llamaba todo aquél que le trató, lo fue todo en el club: jugador, utillero, secretario, directivo y, finalmente, presidente. Una histórica hoja de servicios que dejó como principales logros la profesionalización del club, su posicionamiento como líder en

Europa y el legado de un estadio único y universal que no deja de crecer.

Se dice que antes de la llegada de Bernabéu a la presidencia, el Real Madrid era tinieblas. La Guerra Civil arrasó al club hasta sus últimas consecuencias: el campo fue saqueado, los jugadores estaban muertos o lisiados y los socios apenas podían considerarse masa. Ante esa tesitura, el manchego decidió que la única vía de renacer era la de volver a conquistar al pueblo. Bernabéu presumía, y no sin razón, de que el Madrid era «el equipo del pueblo», pues de entre los primeros 40.000 socios apenas había aristócratas. Se propuso convertir al fútbol en un deporte que pudiera ser disfrutado en un estadio jamás visto que, a su vez, generara los ingresos necesarios para poder fichar a las estrellas más rutilantes que alimentaran la máquina y la ilusión. ¿Les suena la estrategia?

Santiago Bernabéu

El campo de Chamartín, con capacidad para más de 100.000 personas, se inauguró en 1947 y en 1955 ya llevó su nombre. Con Bernabéu también llegó el considerado por muchos como el mejor jugador de la historia: Alfredo Di Stéfano. Como don Santiago no tuvo descendencia, mantenía con los jugadores una relación paternal no exenta de tintes autoritarios. Todo tenía que pasar por sus manos y les exigía un comportamiento austero y exquisito, propio de su manera de entender el club. Sus célebres y temidas *santiaguinas* pasaron a la historia como la perfecta motivación para correr y luchar más sobre el campo. Bernabéu puso la primera piedra del ADN blanco. Si no sentías el escudo, ya se encargaba él de incrustártelo en el pecho.

Santiago Bernabéu también fue el artífice de la creación de la Copa de Europa, junto al diario *L'Equipe*, que sirvió para insuflar algo de alegría y orgullo patrio a los emigrantes españoles con las victorias blancas. También fundó la Ciudad Deportiva, cuna de una cantera inigualable.

El único borrón de Bernabéu fue la salida de Di Stéfano. Consumada la derrota (3-1) frente al Inter de Helenio Herrera en la final de la Copa de Europa de 1964, el presidente le ofreció su retiro a cambio de cualquier cargo dentro del club. Pero el argentino no aceptó y fue muy duro en su telegrama de despedida: «Observé que para estar bien con usted había que ser falso. Tuve muchas desilusiones y nadie me dio moral»[7]. Bernabéu tomó nota y, según cuentan, su barca de pesca cambió su nombre por el de *Marizápalos* (apodo cariñoso de su esposa) en lugar de *La Saeta Rubia*.

Sus últimos años los pasó en Santa Pola dirigiendo el club a distancia. El cáncer apagó su vida al amanecer del 2 de junio de 1978 y con él se fue un visionario que dejó a su esposa un millón de pesetas, el chalé de la provincia alican-

---

7   *La Biblia Blanca. Historia sagrada del Real Madrid*, Ángel del Riego Anta y Marta del Riego Anta. Roca Editorial de Libros, 2018.

tina, una pequeña casa en Madrid y la pena por no haber ganado la Séptima.

Tras Bernabéu, las riendas en la dirección las tomó Luis de Carlos, toda vez que el «heredero natural», Raimundo Saporta, renunció a tal destino. Su presidencia, considerada de transición hasta llegada de *La Quinta del Buitre*, estuvo marcada por un tono dialogante, aunque no por ello se libró de polémicas más o menos pintorescas. Dignas de una novela fueron la dimisión de Ramón Mendoza tras haber sido señalado como espía del *KGB* por *Diario 16*[8], y el enfrentamiento con Josep Lluís Núñez, que había acusado al Madrid de manipular la Liga, y que se arregló con un encuentro entre el catalán y De Carlos auspiciado por el presidente Josep Tarradellas[9].

Después de una nueva interinidad de Luis Molowny, que se saldó con la conquista de la primera Liga post-Bernabéu, el dirigente blanco decidió dar un golpe de efecto y fichó a Vujadin Boskov. El segundo yugoslavo en la historia del banquillo blanco venía de hacer un gran papel en el Zaragoza. Motivador nato, se vio en él la continuación de Miljanic por su exigencia física y la relevancia que le concedía a los ejercicios tácticos.

Boskov fue un jugador de éxito y por ello conocía los códigos del fútbol. De ahí su carismática relación con la prensa, a la que dejó innumerables ocurrencias célebres. Entre ellas, cabe destacar la manida pero no menos *shakesperiana*, «fútbol es fútbol», y la salida que tuvo tras perder 9-1 en un amistoso frente al Bayern de Múnich: «Prefiero perder un partido por nueve goles que nueve partidos por un gol»[10]. Se han visto pocos regates tan elocuentes.

---

8   Diario *El País*, 15 de octubre de 1978: https://elpais.com/diario/1978/10/15/espana/277254012_850215.html

9   *El Periódico*, 19 de diciembre de 2017: https://www.elperiodico.com/es/opinion/20171219/madrid-barca-llego-tarradellas-y-mando-a-parar-6506294

10   Diario *El País*, 6 de agosto de 1980: https://elpais.com/diario/1980/08/06/deportes/334360801_850215.html

CRÓNICA DE LA REMONTADA

La temporada '79-80 tuvo un encargo claro para Boskov: devolver al Madrid a la cima de Europa. Hacía 14 años de la última conquista y, además, para conmemorar el 25º aniversario de la competición, la final se disputaría en el Bernabéu. ¿Alguien dijo presión? Para el Madrid no es más que un trámite burocrático.

La dificultad fue aumentando por ronda. En la primera, el Madrid superó al campeón de Bulgaria, el Levski Spartak, al que derrotó tanto en Sofía (1-0, gol de Roberto Martínez), como en Madrid (2-0, Del Bosque y Cunningham). En los octavos subió la temperatura con el Oporto. Derrota en la ida por 2-1 y partido caliente en la vuelta: falsificación de entradas, suspense con cerrojazo portugués incluido... hasta el bravo gol de Benito, que dio la clasificación al Madrid. Todo un ensayo para cuartos.

El Celtic de Glasgow fue el hueso. El club, fundado en 1887 por un marista irlandés para recaudar fondos que ayudaran a los emigrantes de su país a sobrellevar la hambruna, pronto arraigó en la ciudad. Al menos en el lado norte del río Clyde, pues la zona sur es «propiedad» de los Rangers. Precisamente contra su gran rival jugó el Celtic el primer partido de su historia. Católicos contra protestantes *en el nombre del padre*.

Su cénit lo alcanzó en 1967 con la conquista de la Copa de Europa. La generación conocida como «Los Leones de Lisboa» sería recordada y venerada para siempre. El museo de Celtic Park, sin ir más lejos, es prácticamente una oda a la *Orejona*. La copa está presente en todas sus esquinas, incluso en los aledaños del estadio, con una estatua de Billy McNeill, capitán de los campeones, alzándola al cielo.

La fiera escocesa golpea primero

En el partido de ida, al menos en la primera parte, la bestia permaneció dormida ante un Madrid que llegó con las bajas de Pirri, San José y García Navajas. En un 4-4-2 muy retrasado y dejando al centro del campo blanco maniobrar, el Celtic se agazapó y supo mantener su portería a cero. De nada sirvieron los buenos envíos de Vicente del Bosque y las acometidas de Cunningham y Santillana.

Las ocasiones blancas, que silenciaron por momentos las gradas de Celtic Park, se fueron por la borda y eso en Europa es sinónimo de zozobra a la vista. Los escoceses aguantaron y, aunque se vieron en algunas complicaciones por su defensa en zona, alcanzaron su objetivo: agacharse para golpear.

Así llegó el primer gol, nada más iniciarse el segundo acto, en un mal despeje de García Remón. El Celtic subió entonces un punto su agresividad y mantuvo bien cerrada su defensa, lo que impidió al Madrid generar grandes ocasiones. Ahora el partido estaba donde ellos querían: en ventaja y con el viento a favor de las miles de gargantas blanquiverdes. El segundo gol fue una muestra de pillería y fe de Doyle, que atacó lo más doloroso para un defensa: la espalda.

El Madrid se desorientó y no pudo repetir nada de lo bien hecho en los primeros 45 minutos. El portero madridista, eso sí, firmó un par de intervenciones que evitaron un desastre mayor. Las sensaciones fueron muy negativas al final, pues la desazón de los golpes se incrementa cuando no tienes ni la oportunidad de defenderte.

«Sus posibilidades de continuar en la Copa de Europa son muy remotas», se leyó en la crónica de *El País* del día siguiente[11]. Obviamente, no habían recalado en que en la plantilla ya estaba un genio para el que la derrota no existía ni en su forma de entender la vida: Juanito. Desde el mismo día de la derrota en Glasgow, el de Fuengirola se encargó de levantar el ánimo de la tropa apelando, curiosamente, al «espíritu de Derby». Sí, hasta el homónimo de Juanito tuvo un predecesor.

---

11   Diario *El País*, 6 de marzo de 1980: https://elpais.com/diario/1980/03/06/ deportes/321145201_850215.html

Los seis jugadores que vivieron la hazaña de 1976, Miguel Ángel, Camacho, Santillana, Benito, Del Bosque y Roberto Martínez, se sumaron rápidamente a la causa y el Madrid volvió a convertir la fe en obligación.

Garra, corazón y goles

La vuelta se celebró el 19 de marzo, festivo, a las cinco de la tarde. El convencimiento de la plantilla tuvo éxito, pues la afición se volvió a sumar al objetivo abarrotando un Bernabéu que fue un volcán desde el primer minuto. Juanito inculcó a sus compañeros la necesidad de intimidar al rival como primera «victoria» de la vuelta. No dejarlos cómodos, provocar en ellos la duda... aunque fuera a costa de emplearse con tosquedad. Y así lo hicieron. Antes del minuto 15, Benito, Pirri y Stielike ya tenían tarjeta amarilla.

El siguiente paso fue mantener la emoción de la grada, esa gasolina que a su vez sirve para que el equipo entre en combustión. A falta de buen fútbol, los blancos no cejaron de mostrar coraje, garra y voluntad en cada una de sus acciones. Mientras, el Celtic, juntito y asegurando el área, apenas se atrevió a salir por si más allá del centro del campo habían plantado minas. Vaya usted a saber.

El primer gol tardó en llegar, pero lo hizo en un punto clave, al filo del descanso. Un córner botado por el inglés Cunningham con su típico golpeo de exterior, acabó en un barullo en el área que Santillana supo aprovechar. Gol y petardazo en Chamartín. Restaba uno para igualar la eliminatoria y dos para superarla, pero el ambiente del Bernabéu ya traslucía el optimismo de que la remontada era posible.

El segundo gol llegó tras una gran jugada coral. Stielike lanzó el ataque hacia un Del Bosque exquisito, que cedió a Cunningham. El inglés, previa pared con Juanito, centró al área para que Santillana cediera de cabeza al centrocampista alemán, que finalizó en las mallas lo que había iniciado en su campo. Uno de los goles más importantes y bellos de su carrera. Los escoceses comenzaron a mirarse entre sí y a fijar la vista en el suelo. Lo sabían. Ya estaban fuera de Europa, aunque a los blancos les faltara todavía un gol.

La apoteosis la desató, cómo no, el «César» de la victoria: Juanito. De nuevo Cunningham, que estuvo en todas, abrió para Ángel, cuyo centro remató con la cabeza y el alma el 7 blanco. La remontada se había conseguido en un capítulo más que certificaba el gusto del Real Madrid por ganar esquivando dagas suicidas.

«Así, así: así gana el Madrid. Coraje, cerebro y 3 goles», tituló *Marca* al día siguiente. «El Madrid, sin hacer un gran partido, puso en práctica su fuerza y tesón habituales», se leyó en la crónica de *El País*.

Ficha del partido

Real Madrid: García Remón, Sabido (Isidro, 41'), Pirri, Benito, Del Bosque, Juanito, De los Santos, Santillana, Stielike (Francisco Hernández, 89'), Cunningham.
Celtic de Glasgow: Latchford, Sneddon, McGrain, Aitken, McDonald, McAdam, Provan, McCluskey (Burns, 60'), Lennox, McLeod, Doyle.
Goles
1-0 (min. 40): Santillana
2-0 (min. 55): Stielike
3-0 (min. 85): Juanito

EL PROTAGONISTA: CUNNINGHAM

«Nunca en toda mi vida había visto un ambiente así. Me hicieron sentirme seguro de que pasaríamos la eliminatoria»[12]. Estas fueron las declaraciones de Laurie Cunningham después de culminar la remontada frente al Celtic. Aunque también brilló en la ida, en la vuelta se reivindicó participando en los tres goles que dieron el pase a semifinales.

---

12   *50 años de la Copa de Europa (1975-1982)*. Diario *AS*, 2005

Su gran habilidad con el balón permitió a Cunningham romper las barreras raciales del fútbol y en 1977 fue el primer jugador negro que debutó con la selección inglesa sub-21 en partido oficial. Desborde, fuerza, técnica... lo tuvo todo para marcar una época, pero desgraciadamente su carrera y su vida se vieron ensombrecidas por la tragedia tras saborear un éxito fugaz.

Apodado como «La Perla Negra», Cunningham fue el fichaje más caro de la historia del club hasta esa fecha, entre 110 y 197 millones de pesetas según el medio consultado. Tras destacar en una eliminatoria de la UEFA que enfrentaba al West Bromwich Albion frente al Valencia, tuvo lugar una negociación no exenta de surrealismo, pues ni los emisarios blancos hablaban inglés, ni los británicos chapurreaban nada de castellano. Tampoco faltó la suspicacia por las mareantes cifras y por el color de piel del jugador. Resulta curiosa la crónica del diario progresista *El País*, que tuvo a bien destacar que «el jugador inglés de color (...) tiene novia de color blanco»[13]. El juego de palabras de *Marca* también fue llamativo: «Negro es el blanco»[14].

La primera temporada de Cunningham en el Real Madrid fue sin duda la mejor. Para recordar, sobre todo, su memorable actuación en el Camp Nou (0-2), que le valió una ovación del público culé inaudita hacia un madridista. No volveríamos a ver algo semejante hasta noviembre de 2005, cuando el público blanco hizo lo propio con Ronaldinho.

Fue a partir de su primera lesión grave, una fractura del primer dedo del pie izquierdo, cuando la carrera de Cunningham comenzó a declinar. Tampoco ayudó su, digamos, especial interpretación de los códigos de conducta. Unos días después de la operación, el jugador fue multado por el club con un millón de pesetas tras ser visto trasno-

---

13   Diario *El País*, 29 de junio de 1979: https://elpais.com/diario/1979/06/29/deportes/299455210_850215.html
14   Diario *Marca*, 23 de junio de 1979.

chando en una conocida discoteca madrileña, escayola y muletas incluidas. A partir de ahí, una espiral de lesiones y tratamientos mal aplicados hasta el horrible suceso que le golpeó en lo anímico: el asesinato de su cuñada y sus dos sobrinas en Londres. La autoría, por si fuera poco, no se dilucidó hasta 28 años después[15].

En 1982 el Real Madrid lo cedió al Manchester United. También jugó en el Sporting de Gijón, en el Olympique de Marsella, Charleroi, Wimbledon y en el Rayo Vallecano, donde terminaría su carrera y su vida de la forma más desafortunada. El 15 de julio de 1989, con sólo 33 años, Laurie Cunningham falleció en un accidente de tráfico en la A-6 cuando volvía a Madrid de pasar la noche de fiesta con un amigo. Acababa de certificar el ascenso con los vallecanos y estaba en proceso de renovación. No pudo ser.

Cunningham. Foto: Nationaal Archief, Den Haag, Rijksfotoarchief:
Fotocollectie Algemeen Nederlands Fotopersbureau (ANEFO)

---

15 *Daily Mail*, 17 de noviembre de 2010: https://www.dailymail.co.uk/news/article-1339525/Sex-killer-murdered-mother-daughters-28-years-ago-told-die-bars.html

Ficha del jugador

Partidos: 66 oficiales.
Goles: 20.
Internacional: 6 veces.
Palmarés: 1 Liga y 2 Copas de España.

LA ANÉCDOTA: LA EMOCIÓN DE JUANITO

Sin duda, la imagen que mejor relató lo sucedido en el partido de vuelta contra el Celtic fue la de las lágrimas de Juanito abrazado a Cunningham al final del encuentro. Hacían falta tres goles para pasar y el tercero lo logró el malagueño, que no pudo reprimir sus emociones cuando el árbitro pitó el final. Las gradas ardían de júbilo y Juanito explotó de «puro nervio y corazón».

¿QUÉ PASÓ DESPUÉS?

Conseguida la remontada ante el Celtic, en el Madrid se instaló el optimismo. Argumentos había. Era favorito para la Liga, seguía avanzando en la Copa, acababa de vivir otra remontada mágica... ¿quién podría interponerse en su glorioso camino hacia la final del Bernabéu? Pues un ogro alemán, aunque esta vez no sería el Bayern.

El Hamburgo era por aquel entonces un equipo potente que acababa de ganar la Recopa (1977) y contaba con la estrella Kevin Keegan, ganador de la Copa de Europa con el Liverpool (77) y del Balón de Oro (78 y 79). En la ida, el objetivo blanco fue claro, maniatar al inglés, tarea para lo que se dedicó en exclusiva Pérez García. Esto, sumado a la excesiva pasividad en ataque de los alemanes, dibujó un escenario soñado para los blancos: 2-0 con doblete de Santillana.

Pero la vuelta en la olla a presión de Volkspark Stadium fue otra historia. El Hamburgo venía de endosar un 6-1 al Hertha de Berlín a modo de ensayo y pareció que sus jugadores llevaban la lección de Derby y Celtic bien estudiadas. La estrategia fue apabullar en oleadas de ataques que no dejaron reaccionar a los blancos. A los 16 minutos, el Hamburgo ya había dado la vuelta a la eliminatoria. Tan sólo Cunningham, quién si no, dio algo de esperanza con su gol, aunque éste fue neutralizado antes del descanso. El Madrid lo intentó, pero terminó perdiendo la cabeza e incluso Del Bosque fue expulsado. Al final, 5-1. Masacre y sueños truncados.

En las competiciones domésticas, sin embargo, la felicidad fue completa, pues se firmó un histórico doblete. En la Liga hubo emoción hasta la última jornada, cuando el Real Madrid se impuso al Athletic por 3-1 y superó por un punto a la Real Sociedad. Santillana fue el máximo anotador liguero (23), seguido de Juanito (10) y Cunningham (8).

En la Copa se produjo un hecho inédito al disputarse la final entre el equipo blanco y su filial, el Castilla. Los mayores eliminaron previamente a Logroñés, Betis y Atlético, mientras que los *cachorros* blancos protagonizaron auténticas gestas frente a Extremadura, Alcorcón, Hércules, Athletic, Real Sociedad y Sporting de Gijón. Los de Boskov no tuvieron piedad en la fiesta blanca y acabaron ganado por 6-1 con un Juanito desequilibrante, veloz y genio en todas sus acciones. El malagueño metía la pierna hasta dormido.

«¿Facilito? Es facilito cuando se gana. Somos los mejores a nivel nacional, pero hubiera preferido la tripleta: haber ganado también la Copa de Europa»[16]. Estas fueron las palabras de Boskov tras el partido. Con ellas demostró que la ambición y la relación de amor con Europa eran parte indisociable de la personalidad madridista.

---

16   *Cien años del Real Madrid*, Diario *As*, 2001.

LA PRIMERA COPA DE LA UEFA

TEMPORADA 84-85

NACE EL MIEDO ESCÉNICO: EL ÉXTASIS DE LO IMPOSIBLE

En pleno debate sobre la cuestión autonómica, Athletic de Bilbao y Real Sociedad ganaron dos Ligas cada uno a comienzos de los 80, con el Real Madrid siempre a la zaga. Los blancos, en plena renovación, alumbraron *La Quinta del Buitre* y protagonizaron varias noches que Valdano bautizaría en 1986 como de «miedo escénico».

LOS ANTECEDENTES. ASÍ LLEGABA EL REAL MADRID

Antes de celebrarse el Mundial de España y con la polémica por la primera publicidad en la camiseta (*Zanussi*), algo más que el hijo pródigo volvió al Real Madrid. El 19 de mayo de 1982, Luis de Carlos cerró el fichaje de Di Stéfano como responsable del banquillo y gran aval para unas elecciones que se celebraron unos meses más tarde. *La Saeta*, que se fue por la puerta de atrás del club en 1964, había declarado en *AS Color*: «Me gustaría volver al Real Madrid, aunque fuera de guarda»[17]. Como entrenador, su hoja de servicios incluía dos ligas argentinas (Boca Juniors en 1969 y River Plate en 1891), una Copa de aquel país (Boca, 1969), así como una Liga española (1971), una Copa (1980) y una Recopa (1980) con el Valencia.

La temporada de los cinco subcampeonatos

El hispano-argentino, que se quejó por el exceso de defensas y delanteros nada más aterrizar, dibujó en su cabeza un Madrid ambicioso, solidario en el esfuerzo, ordenado y con profundidad.

Durante la primera temporada lo consiguió a retazos, pero siempre será recordada por el triste récord de los cinco subcampeonatos. La Liga la ganó el Athletic en la última jornada; la Copa se perdió en La Romareda ante el Barcelona con un gol de Marcos Alonso en el 90' y Schuster haciendo cortes de manga[18]; la Recopa se cedió en la prórroga ante el Aberdeen de Alex Ferguson; la Supercopa de España cayó del lado de la Real Sociedad en un lamentable y violento partido en Atocha; y la Copa de la Liga se perdió de nuevo frente al Barcelona (2-2 en el Bernabéu y 2-1 en el Camp Nou).

La suerte se burló de los blancos de la forma más grosera. Y, para agitar más las aguas, se rompieron las relaciones entre el Madrid y el Barcelona con un cruce de denuncias incluido. «Son como dos mozos para una sola chica», llegó a decir el presidente del Atlético de Madrid, Vicente Calderón, después de mediar sin éxito.

En su segunda campaña, Di Stéfano no perdió la ilusión por enfundarse el chándal en la Ciudad Deportiva mientras el club fichó a Lozano, sevillano criado en Bélgica, por 200 millones de pesetas, cifra de traspaso récord hasta ese

---

17   *Real Madrid C. de F. Historia de un gran club*, Luis Miguel González. Unión Aragonesa del Libro, 1984.

18   El centrocampista alemán dedicó este vulgar gesto a la afición madridista como parte de la celebración de su compañero Marcos.

momento. Pero las cosas se torcieron desde septiembre con dos derrotas ligueras (apabullados en Málaga por 6-2 y por la mínima frente al Valencia) y la prematura eliminación en la Copa de la UEFA contra el Sparta de Praga. Una pesada carga que hizo al mito acostumbrase a convivir con Damocles hasta el final la campaña.

Alfredo Di Stéfano

La Liga, una vez más, se decidió en el último partido y fue para Bilbao, esta vez por el *golaverage*. En la Copa, el camino pareció sencillo hasta las semifinales. El Madrid eliminó sucesivamente a Badajoz, Oviedo, Sabadell, Barcelona, Atlético y Deportivo... pero llegó otra vez el Athletic. Los vizcaínos se deshicieron del Madrid por penaltis en un duelo duro y polémico (en San Mamés, un aficionado llegó a golpear a Stielike con el palo de una bandera y hubo lanzamientos de objetos al campo). La final, que disputaron los de Clemente frente al Barcelona, dejaría para el recuerdo la lamentable pelea campal entre los jugadores de ambos equipos[19]. Respecto a la Copa de la Liga, calabazas de nuevo. Los blancos fueron eliminados en la primera ronda por el Atlético de Madrid (1-1 en el Bernabéu y 3-2 en la ribera del Manzanares).

El regreso de Di Stéfano se saldó con muchas ilusiones truncadas, la fortuna jugando al escondite y las vitrinas cogiendo polvo, algo prohibido para el Real Madrid, incluso si te llamas Alfredo. Por ello, la losa de la realidad cayó el 21 de mayo de 1984. La Junta aprobó la salida del ídolo por 16 votos a favor y sólo uno en contra y De Carlos hizo un alarde diplomático: «A Di Stéfano no se le ha cesado, simplemente no se le ha renovado el contrato».

La irrupción de La Quinta del Buitre

Pero no todo fueron sombras, pues siempre se recordará a *La Saeta* como precursor de una generación que marcó el destino triunfador del Real Madrid durante algo más de un lustro.

Tras cinco años sin ganar la Liga, un grupo de chavales talentosos de la cantera tomó la alternativa por asalto y protagonizó toda una revolución en el club, en España y en el fútbol mundial. Los cinco fueron protagonistas de un Castilla que hizo historia conquistando la Liga de Segunda (1983-1984) y poblando un Bernabéu que pronto sospechó que se venía algo muy grande. Continuadores de la generación que en 1980 alcanzó la final de Copa, su fútbol mezclaba de manera exitosa la alegría y el virtuosismo con la eficacia.

Así lo señaló Julio César Iglesias el 14 de diciembre de 1983 en su recordado artículo-profecía de *El País* «Amancio y la Quinta del Buitre». En él espetó directamente a Di Stéfano: «ahora tiene diez minutos, acaso dos o tres partidos, para movilizar a la quinta de El Buitre». Cierto es que

---

19   *La Vanguardia*, 17 de abril de 2021: https://www.lavanguardia.com/ deportes/fc-barcelona/20210417/6878218/fc-barcelona-athletic-final-de-copa-del-rey-1984.html

por entonces el Madrid estaba huérfano de imaginación y calidad, pero había que tener mucho cuajo para interpelar tan claramente al mito hispano-argentino.

El 5 de febrero de 1984 un rubio imberbe estaba sentado en el banquillo de Cádiz mientras veía cómo el Madrid perdía por 2-0. Entonces se le acercó Di Stéfano y pronunció la frase que iniciaría una era: «nene, *calentá*». Emilio Butragueño salió en la segunda parte y, con dos goles, contribuyó a la remontada del Madrid (2-3). «Ni un gesto de agobio o de nerviosismo: llegó, metió el pie dos veces, hizo dos goles, y se fue a la ducha tan tranquilo. Es frío como una cuchilla», declaró Ricardo Gallego tras el partido[20]. «A este pibe lo sacudes y se le caen los goles», dijo Di Stéfano.

Rápidamente, el juego de *El Buitre*, su capacidad para detener el tiempo en área, el ataque de los espacios y los regates traídos del patio del colegio lo convirtieron en el faro mediático de *La Quinta*. Enamorado del cambio de ritmo de Johan Cruyff, Butragueño fue atípico en su aspecto y su forma de jugar, pura combinación de instinto y diversión. En el *Informe Robinson* dedicado a *La Quinta del Buitre* (2019), el madrileño definió su fútbol: «Cuando recibía la pelota no tenía ni idea de lo que iba a pasar. Eso era lo fascinante». De blanco ganó seis Ligas, dos UEFAS, dos Copas del Rey, una Copa de la Liga y cuatro Supercopas de España.

Antes que él, debutaron Sanchís y Martín Vázquez. Lo hicieron en Murcia el 4 de diciembre de 1983 sustituyendo en la convocatoria nada menos que a Del Bosque y Stielike. Con 18 años fueron titulares y Sanchís logró el gol de la victoria. Los augures hubieran dado su beneplácito.

Inicialmente ubicado en el centro del campo como un jugador técnico y con llegada, el «eterno capitán» se afianzó como uno de los mejores defensas del mundo. Corte, anticipación, colocación y salida del balón fueron sus principales virtudes. Sanchís, prácticamente inabordable en el uno

---

20   Diario *El País*, 7 de febrero de 1984.

contra uno, lo ganó todo en el Real Madrid: ocho Ligas, dos Copas de Europa, una Intercontinental, dos Copas de la UEFA, dos Copas del Rey, una Copa de la Liga y cinco Supercopas de España.

Martín Vázquez, el ingenio y la fantasía de *La Quinta*, fue también el jugador más discutido por la grada. Con una visión de juego privilegiada y un toque al alcance de muy pocos, firmó su mejor temporada en la 89-90, anotando nada menos que 14 goles. Después estuvo dos años en el Torino para volver al Bernabéu y terminar sus años como jugador en México. Su palmarés incluye seis Ligas, dos Copas de la UEFA, dos Copas del Rey, una Copa de la Liga y tres Supercopas de España.

El integrante más fugaz como madridista, Miguel Pardeza, hizo su aparición en el primer equipo el último día de 1983 en un partido frente al Espanyol. Pícaro y veloz, «de noche todos los gatos son Pardeza», describió con ingenio Julio César Iglesias en el citado artículo. Sin embargo, tuvo la mala suerte de compartir demarcación con Butragueño, Valdano, Santillana o Hugo Sánchez. Aun así, ganó la Liga 86-87 antes de firmar una época dorada con el Zaragoza campeón de dos Copas del Rey y una Recopa.

El último de *La Quinta* en debutar resultó quizás el más completo de todos, Míchel. Cierto es que lo hizo en 1982 frente al Castellón, pero fue de forma testimonial debido a una huelga de futbolistas[21]. Desde la temporada 84-85, hasta más de una década después, no soltó la banda derecha regalando su precisión, elegancia y llegada. Uno de los partidos que mejor definió el estilo de Míchel fue contra el Oporto, en octavos de la Copa de Europa de 1987 (marcó dos goles). Eterno jugador reivindicativo, el *8* era una apasionado del fútbol con la insondable virtud de ponerla al pie o al espacio, siempre a gusto del delantero de turno. Del Madrid se despidió entre lágrimas y besando el césped el 19 de mayo de

---

21   *366 historias del fútbol mundial*, Alfredo Relaño. Ediciones Planeta, 2010.

1996 frente al Mérida. Había ganado seis Ligas, dos Copas de la UEFA, dos Copas del Rey, una Copa de la Liga y cuatro Supercopas de España.

Como fenómeno asociativo, La *Quinta del Buitre* fue apadrinada en sus inicios por la veteranía y el carácter de Miguel Ángel, Santillana, Camacho y Juanito, y acompañada en los años de gloria por otros jugadores que se acoplaron perfectamente a la máquina de fantasía blanca. Valdano se pasó tres campañas marcando goles y protagonizando remontadas; Gordillo llegó del Betis para ganarse la banda izquierda y el corazón de la grada; Hugo Sánchez remató durante siete temporadas todo balón o defensa que encontró en sus inmediaciones; Bernd Schuster dictó magisterio desde el centro del campo; y Paco Buyo fue un gato disfrazado de cerrojo. Ahí es nada.

La Quinta cambió el lenguaje y el gusto del Bernabéu. Se dejó de apelar a la casta y el coraje para profundizar en el arte y la finura de jugadas imposibles, espacios inexistentes y goles como colofón de un fútbol de orquesta. «Los madridistas sienten cierta debilidad por los jugadores que dan el 110 por ciento, pero ahora también por los los estilistas, y eso es por Emilio. Sedujo al Bernabéu», explica Valdano[22]. Esta generación llegó en el momento justo, cuando el Madrid adolecía de una crisis económica y deportiva que le alejó de los equipos vascos y del Barcelona de Maradona.

Su influencia superó las gradas de Concha Espina. En un país con pulsión renovadora en lo político, cultural y social, el éxito de cinco muchachos llegados de la cantera devino en una especie de *Movida* con balón. Su rebeldía, naturalidad y estética completaron desde el césped un movimiento que se llevó por delante todo lo rígido que no permitía avanzar a la sociedad de entonces.

---

22   Jorge Valdano en *Tormenta Blanca. La Historia del Real Madrid*, Phil Ball. T&B Editores, 2018.

La única frontera del Madrid de aquellos años fue las semifinales de la Copa de Europa. Bayern de Múnich, PSV y Milán impusieron el físico y la táctica a un equipo cuyo genio y libre albedrío no le valió para derribar el muro de la máxima competición continental.

El 22 de febrero de 2022, la Comunidad de Madrid otorgó a *La Quinta* un merecido homenaje con la concesión del *Premio Internacional del Deporte*. En el acto, cargado de emotividad y reconocimiento, los cinco rememoraron viejas anécdotas mientras que el presidente blanco, Florentino Pérez, se descubrió ante ellos: «Gracias, Míchel, por aquellos centros de ensueño; gracias, Martín Vázquez, por el derroche de calidad; gracias, Pardeza, por esa pasión e inteligencia; gracias, Manolo Sanchís, por esa fortaleza en el centro de la defensa; y gracias, Emilio Butragueño, por esos instantes en los que paralizabas a tus rivales en el área. Todos los aficionados al fútbol nos sumamos a este reconocimiento»[23].

La Comunidad de Madrid homenajea a *La Quinta*. Foto: CAM

---

23   https://www.comunidad.madrid/notas-prensa/2022/02/22/diaz-ayuso-entrega-premio-internacional-deporte-quinta-buitre

El triunvirato de Amancio

Del victorioso Castilla también salió el recambio de Di Stéfano para la temporada que nos ocupa, la 84-85. Amancio Amaro fue nombrado primer entrenador, Ramón Moreno Grosso, segundo, y Miroslav Vorgic, preparador físico. Este fue el triunvirato al que se confió el retorno a la victoria. También volvió Pirri, como integrante del equipo médico, y se retiraron García Remón y Del Bosque, que se incorporó como asistente de Santisteban en el Castilla.

Con Amancio subieron Míchel y Ochotorena al primer equipo y se fichó a un delantero argentino que venía de salirse en el Zaragoza, Jorge Valdano. Tenía 28 años, era internacional con Argentina y firmó por dos años con una ficha de 20 millones de pesetas[24]. Miguel Ángel, Camacho, Juanito, Stielike, Santillana y Gallego pondrían la madurez y la experiencia a una plantilla joven y ávida de demostrar que la apuesta era ganadora.

Pero la expectación generada en los aficionados y la ilusión del entrenador gallego pronto iban a transformarse en frustración, controversias y faltas al escudo. Amancio, con una plantilla que mezclaba descaro con retranca, tuvo que hacer encaje de bolillos para mantener a todos contentos y, en lugar de apostar por un 11 fijo, alternó jugadores. De modo que te podías ver en el césped o en la grada. Y claro, esto que se lo expliquen a Juanito.

Así las cosas, desde el principio se observó falta de contundencia en la Liga, así como de sacrificio y fiabilidad, tres virtudes que el Madrid ha de lucir como hábito. Los resultados trajeron no pocas decepciones y, con el Barça a una distancia de 9 puntos, algunos jugadores verbalizaron su malestar en la prensa. La Copa de la UEFA sería el bálsamo de los madridistas… aunque, eso sí, no estuvo exenta de polémicas, escándalos nocturnos y destituciones.

---

24   Diario *El País*, 18 de julio de 1984: https://elpais.com/diario/1984/07/18/deportes/458949607_850215.html

La primera ronda la superó el Madrid sin dificultades ante el modesto Wacker Innsbruck austríaco. El 5-0 de la ida en el Bernabéu (doblete de Juanito y goles de Míchel, Santillana y Butragueño) permitió a los blancos dejarse ir en la vuelta, donde perdieron por 2-0. La polémica llegó en los 1/16 de la competición, que deparó al Rijeka. En la ida, los croatas sorprendieron con su empuje logrando un 3-1 a favor. La vuelta podría considerarse una más de las remontadas mágicas, pero la controversia de los acontecimientos oscureció la gesta. El partido tuvo suspense hasta el final, pues el Madrid anotó el primero en el minuto 68. Luego lograría dos más mientras el rival terminaba con tres expulsados. Uno de ellos, Damir Desnica, declaró a *Marca*[25] que lo fue por protestar, aunque esto hubiera sido el segundo milagro de la noche, ya que es sordomudo. Se habló de «robo» y estos hechos deslucieron el pase *in extremis* del Madrid. Pero el destino, sin embargo, tenía preparada una cita muy especial con la historia. O más bien dos.

Real Madrid – Anderlecht. Octavos de final

El emparejamiento con el Anderlecht fue definido por el presidente madridista como «el más difícil» posible, aunque lo cierto es que hubo un Hamburgo-Inter que, a priori, también tenía empaque. El equipo belga, fundado en 1908, asustaba, y argumentos había: era el vigente subcampeón de la UEFA (competición que había conquistados dos años antes), sumaba en sus vitrinas un par de Recopas (76 y 78), había endosado un 6-2 a la Fiorentina en la ronda anterior y llevaba 43 goles en los 12 primeros partidos ligueros. Entre sus grandes jugadores, a destacar los centrocampistas, despuntaba el jovencísimo Enzo Scifo, una de las mayores estrellas que haya dado Bélgica. Con cuatro participaciones en Mundiales, tuvo una carrera formidable en clubes

---

25   Diario *Marca*, 8 de junio de 2020: https://www.marca.com/futbol/real-madrid/2020/06/08/5ede72f222601d8b128b4596.html

como Inter, Torino y Mónaco. Pero ahora le había tocado el Madrid y la gloria tendría que esperar.

Mal ambiente y peor resultado

El partido de ida se disputó el 28 de noviembre en medio un ambiente enrarecido, tanto en el vestuario, con Juanito apartado por unas declaraciones criticando al entrenador y a algunos compañeros, como en la grada, cada vez más cansada del juego del equipo y su escaso espectáculo. El Madrid, que no practicó un mal fútbol, aguantó hasta que le duraron las piernas —algo más de una hora—, momento en el que el Anderlecht castigó de forma severa a los blancos con dos goles en dos minutos. La puntilla la puso el árbitro al final del partido al señalar un penalti muy discutido de Chendo.

Un 3-0 es casi una sentencia en Europa, pero lo que no sabían los belgas, que celebraron la victoria con lógico júbilo, es que al Madrid lo puedes herir en el campo, pero nunca en su orgullo. Y de recordar eso se encargó un martillo de la motivación: José Antonio Camacho.

Desde el mismo momento de la derrota, dentro del vestuario del Constant Vanden Stock, el defensa blanco se dirigió a cada uno de sus compañeros para convencerles de que no había pasado nada y de que iban a meter cuatro goles en el Bernabéu. Éstos, que al principio se pensaron que estaba poseído por algún tipo de locura transitoria, fueron interiorizando la idea: la remontada no sólo era posible, sino que no cabía otra opción. Pero, por si se les olvidaba, Camacho escribió en la pizarra de la Ciudad Deportiva, donde entrenaba el Madrid, un sencillo y claro recordatorio: «4-0».

Marea blanca y consagración de El Buitre

Quedaban 14 días y dos partidos de Liga que el Madrid utilizó para «ensayar» la moral con dos victorias: 6-0 al Cádiz y 0-1 al Atleti entre las continuas referencias a la vuelta de la eliminatoria por parte del futuro seleccionador. Camacho lo tenía claro, el vestuario asimiló la gesta como posible y únicamente faltaba que la afición respondiera para crear el ambiente de delirio colectivo necesario.

Y vaya que si lo hizo. Ni la dificultad sobre el papel de endosar cuatro goles al Anderlecht, ni la irregularidad liguera fueron obstáculos para que la marea blanca se agolpara a raudales desde horas antes del inicio del partido en las inmediaciones del Bernabéu. Se recaudaron casi 90 millones de pesetas[26], récord por entonces y en unos años en los que el ingreso por la taquilla era la principal fuente de financiación de los clubes.

Amancio también puso todo de su parte al virar su 4-4-2 habitual a un 3-4-3 sin complejos y con toda la artillería. Atrás, la ferocidad de Camacho, el pegajoso San José y la experiencia de Stielike pondrían la muralla. En el centro, toque y talento con Sanchís, Gallego, Míchel y Lozano. Y en ataque, todo o nada: la raza de Valdano, las travesuras de Butragueño y la cabeza de Santillana. La clave, como casi siempre, estaría en saber quién desactivaría el centro del campo del contrario, gran virtud de los belgas como núcleo de su calidad.

Aquel 12 de diciembre todos los análisis saltaron por los aires en cuanto el árbitro pitó el comienzo del partido y las gradas ardieron en comunión con el equipo. Sanchís provocó la primera explosión en el minuto 3 al rematar a la red un perfecto centro de Lozano. Comenzaban las carreras, las fieras estaban sueltas. Cumplido el primer cuarto de hora, el balón le llega a Valdano, que centra sobre Butragueño y 2-0. En el tercero los papeles se intercambiarían y sería el argentino el que anotara el gol que igualaba la eliminatoria.

El Madrid había necesitado tan sólo 30 minutos de oleadas que desconcertaron al rival y lo borraron del campo. Pero,

26 Diario *El País*, 12 de diciembre de 1984: https://elpais.com/ diario/1984/12/12/deportes/471654002_850215.html

como toda buena historia, debía tener algo de suspense, aunque sólo fuera una gota traducida en el gol de Frimann en el 33'. Ahora eran necesarios dos goles más para superar la eliminatoria. «Sin problema, metemos tres», debieron de pensar los blancos.

Antes del descanso, un precioso taconazo de Gallego a Butragueño termina con pase de la muerte sobre Valdano, que marca su doblete y pone el 4-1. La afición ya estaba totalmente incendiada y achicando a un Anderlecht que no sabía si salir en la segunda mitad, sacar la bandera blanca o irse del campo disfrazado de incógnito.

Y no fue para menos. La segunda parte encumbraría a Butragueño y le colocaría en la escena internacional. Los locutores extranjeros tendrían que sudar tinta para pronunciar decentemente el apellido del español. Transcurridos sólo dos minutos, *El Buitre* golpeó con toda la violencia que le permitió su cara angelical para colocar el 5-1. El Madrid ya estaba dentro, pero faltaba uno más, anotado de nuevo por el madrileño con su ratonería habitual tras regatear al portero Munaron. *Hat-trick* y la apoteosis. El Anderlecht había sido atropellado por un camión y ni habían podido reaccionar. La afición nunca paró de animar, gritar y agitar sus banderas provocando la parálisis en el rival ante las arrolladoras acometidas de los blancos. Había nacido el miedo escénico.

La machada recorrió el continente y rememoró el juego y la personalidad del Madrid de los 50, sumando las virtudes del pundonor, la lucha, el coraje, el genio y, por supuesto, la calidad técnica necesaria para utilizar el cincel cuando no fuera suficiente el martillo. Eso y el empuje de una afición que pasó de la incredulidad al asombro fue la combinación que convirtió a uno de los favoritos para la Copa, el Anderlecht, en víctima de un infierno blanco que volvía a hacer historia.

Al día siguiente, el diario *Marca* tituló: «El Madrid, de locura». Y explicaba en portada las claves de la remontada: «Apoteosis de *El Buitre*. Lozano y Gallego, la batuta del recital. Stielike y Camacho, el genio y la bravura. 6 golazos y a Chamartín volvió el delirio». *AS* fue todavía más contundente: «El Real, un gigante. Noche inolvidable de los blancos, que ridiculizaron a los belgas», resumieron. *El País*, que tituló la crónica «El Madrid vapuleó al Anderlecht», resaltó que los blancos practicaron «un fútbol brillante nada habitual en estos tiempos». Por su parte, *ABC* destacó: «6-1. El Real Madrid fue más allá del milagro y vapuleó al Anderlecht en la Copa de la UEFA. Noche fantástica de Butragueño, que hizo tres goles y dio dos a Valdano. Extraordinario fútbol de los blancos frente a un equipo de gran calidad. Los de Amancio renovaron las grandes gestas del club en Europa». *La Quinta* había dejado su sello.

Ficha técnica

Real Madrid: Miguel Ángel, Camacho, Sanchís, San José, Stielike, Lozano (Martín Vázquez, 71'), Míchel (Salguero, 55'), Gallego, Valdano, Butragueño y Santillana.
Anderlecht: Munaron, Grun, Peruzovic, Olsen, De Groote (Gudjohnsen, 53'), Hofkens (Andersen, 82'), Frimann, Scifo, Vercauteren, Arnesen y Czerniatynski.
Goles
1-0 (min. 2): Sanchís.
2-0 (min. 16): Butragueño.
3-0 (min. 28): Valdano.
3-1 (min. 33): Frimann.
4-1 (min. 38): Valdano.
5-1 (min. 47): Butragueño.
6-1 (min. 49): Butragueño.

EL PERSONAJE: BUTRAGUEÑO

Recién finalizado el partido, las dos estrellas emergentes de Real Madrid y Anderlecht se buscaron para intercambiar sus camisetas y quién sabe si alguna explicación de lo que acababa de suceder. Eran Emilio Butragueño y Enzo Scifo, un mito que nacía y una promesa que se vio arrollada por la fuerza de la historia y la maravillosa actuación de un jugador que acababa de anotar tres goles y regalar otros dos con la costumbre de quien lo hace en el patio de su casa.

Emilio Butragueño creció escuchando las hazañas del Madrid de los 50 de boca de su padre, por lo que tuvo claro que un día quería ser futbolista. Socio del club desde su nacimiento, fue rechazado en la prueba de acceso, por lo que coqueteó con el Atlético de Madrid. Finalmente, una segunda prueba le abrió las puertas de Chamartín en la mejor decisión que haya tomado un responsable de cantera nunca.

Emilio Butragueño

Desde las categorías inferiores comenzó a labrarse una fama de jugador especial, digno de ver por sus recursos, estilo y esa aceleración que hacía estéril cualquier defensa.

Cuando Di Stéfano necesitó de imaginación, ahí estuvo con su tropa de *La Quinta* para dar un nuevo giro a la historia del Madrid.

El partido frente al Anderlecht cambió su vida deportiva. Butragueño mostró todos sus recursos: juego al espacio para ser prácticamente incontrolable, creatividad, asociación constante, regates imposibles y entrega hasta el final. Desde ese momento ya nadie lo movería del once titular hasta su ocaso.

En la Selección fue llamado a filas por Miguel Muñoz, con quien disputó su famoso partido ante Dinamarca en el Mundial del 86 en el que anotó cuatro goles y desquició a todo danés viviente. Sólo llevaba dos años en la élite y *La Gazzeta dello Sport* lo situó a la altura de Maradona y Platini[27].

Butragueño, el jugador de más impacto social de *La Quinta*, tuvo también la virtud de aprovechar todas las de sus compañeros para crear así un arma impredecible de juego, como fue el Madrid que conquistó cinco Ligas consecutivas. La llegada de Hugo Sánchez favoreció su desempeño y, junto a él, formó una sociedad perfecta, rebosante de fantasía y gol.

Confidente y amigo de Ramón Mendoza, el presidente siempre le escuchaba para testar de primera mano la temperatura del vestuario. Lo consideraba como patrimonio del club, por lo que cuando algún equipo como la Juventus preguntaba por él, miraba hacia otro lado.

El Buitre se llevó el Balón de Bronce en 1986 y 1987 (esos años ganaron el de Oro Belanov y Gullit, respectivamente, y, el de Plata, Lineker y Futre) y se alzó con el *Pichichi* de la Liga 90-91, primera que conseguiría el Barcelona de Cruyff.

A partir de entonces perdería paulatinamente la frescura y acumularía dos decepciones en Tenerife, que se sumarían a la mayor desilusión europea de *La Quinta*, las semifinales de la Copa de Europa ante el PSV de 1988.

---

27   Diario *El País*, 16 de junio de 1986: https://elpais.com/diario/1986/06/19/deportes/519516004_850215.html

El destino quiso que su antaño compañero de habitación, Jorge Valdano, fuera quien dejara de contar con él incluso para el banquillo y propiciara su salida del Real Madrid. Fue en la exitosa temporada 94-95. Butragueño sólo participó en 12 partidos (tres de titular) y anotó únicamente un gol, frente al Racing de Santander. Jugó su último encuentro oficial de blanco el 22 de enero de 1995, al sustituir a Laudrup contra el Celta de Vigo (4-0).

El 15 de junio de 1995 el Bernabéu le rindió un precioso homenaje que siempre valoró en un partido que tuvo como rival a la Roma de Totti (4-0). Con Hugo Sánchez y Gordillo como invitados estelares, esa noche Butragueño se enfundó por última vez el disfraz de mago y participó en todos los goles del equipo: dio el primero a Luis Enrique, el segundo a Hugo, el tercero en pared con Alkorta y, por fin, anotó el cuarto de penalti. «Y voló» fue el genial titular del diario *AS* al día siguiente.

Terminó sus días como jugador en el Atlético Celaya mexicano para después hacer valer sus estudios de Económicas y Empresariales en el CSD y el Real Madrid, donde actualmente ejerce como responsable de las Relaciones Institucionales del Club. Voló… pero nunca muy lejos del nido blanco.

Ficha del jugador

Partidos: 463 oficiales.
Goles: 171.
Internacional: 69 partidos.
Palmarés: 6 Ligas, 2 Copas de la UEFA, 2 Copas, 1 Copa de la Liga y 4 Supercopas de España.

LA ANÉCDOTA: INSPIRACIÓN EN *KÁRATE KID*

El lunes previo a la vuelta contra el Anderlecht, el Real Madrid se concentró con la misión de preparar y mentalizase al máximo para el difícil partido del Bernabéu. Por la tarde, los jugadores vieron la película *Kárate Kid*, que se estrenó ese mismo año. La distensión se transformó en ánimos insuflados, aunque es cierto que Camacho nunca necesitó de un mechero para hacer fuego: «¿Habéis visto muchachos? ¡Se puede, se puede!». Fue la puntilla para que el plantel al completo no dudara de que el Madrid iba a pasar, ya hubiera necesitado cuatro goles o que la Virgen de Lourdes se apareciera en el Fondo Sur. Se pudo, vaya que si se pudo.

Real Madrid – Inter de Milán. Semifinales

Después de la locura del Anderlecht, llegó un nuevo desafío... y más locura. El reto se llamó Tottenham Hotspur, vigente campeón de la UEFA por entonces. Los ingleses no lo pusieron nada fácil, pero la desafortunada actuación de Perryman resultó fatal para sus intereses. En el partido de ida se marcó un gol en propia puerta (0-1) y, en el de vuelta, en el Bernabéu, fue expulsado tras una terrible entrada a Valdano cuando los marcapasos de la afición blanca estaban dando los primeros síntomas de alarma.

Avanzó el Madrid y le tocó otro coco: el Inter de Milán. Aunque por estos años se acostumbraron a bajar la cabeza ante los blancos, los italianos figuran en la historia madridista por ser uno de los equipos que le arrebató una Copa de Europa. Fue en época del conocido como «Il Grande Inter», en la 63-64, cuando los de Helenio Herrera endosaron un 3-1 al Real Madrid en la final. Ahora querían volver a imponerse en Italia y Europa, por lo que habían confeccionado un equipo que daba escalofríos: Zegna, Giuseppe Baresi, Brady, Rummenigge, Altobelli... *show must go on*. El más difícil todavía, sobre todo después de los graves sucesos de la noche de Milán y sus repercusiones. Pero vayamos por partes.

Oficio italiano y noche para olvidar

El 10 de abril de 1985 el Madrid olvidó el carácter y la seriedad con la que estaba afrontando la UEFA, pareciéndose más al indolente equipo liguero. Así, irremediablemente, acabó estrellado.

Amancio, con el objetivo de contrarrestar las ofensivas italianas y hacerse protagonista del partido, alineó un centro del campo plagado de jugadores de toque: Isidro, Gallego, Martín Vázquez y Lozano. El plan, a priori, tenía algo de sentido. Pero los marcajes en zona y la falta de personalidad de todos menos de la *Brújula* Gallego, convirtieron al Madrid en un náufrago a expensas de las oleadas dirigidas por el irlandés Brady. Así, el Inter, con más oficio que talento, dominó a un equipo manso en el que sólo se salvaron, además del mencionado centrocampista, Miguel Ángel, que evitó una catástrofe mayor, y Camacho, que al menos puso el cerrojo en su banda.

La Gazzeta dello Sport publicó el día del partido una viñeta en la que se veía a Butragueño encima de la catedral milanesa y, abajo, a Rummenigge apuntando con una escopeta. No hizo falta. El Madrid ni siquiera conoció al portero italiano y se pudo dar por satisfecho de haber encajado sólo dos goles.

Aun así, la situación era complicada, y más si atendemos a los datos que presentaba el equipo *neroazurro*. En competiciones continentales no perdía por más de tres goles desde la temporada 58-59. Fue en la Copa de Ferias contra el Barcelona, para más inri. Además, en los 133 partidos jugados en Europa, el Inter había recibido un total de 125 goles, lo que hacía un promedio de 0,9 goles por partido. Por tanto, si el Madrid quería pasar la eliminatoria, tendría que triplicar ese dato y volver a hacer historia.

Los de Amancio llevaban tres partidos sin ver puerta (Athletic en Copa, Atlético en Liga y ahora Inter en UEFA) y encajando 10 goles. ¿Se podía empeorar la perspectiva de una remontada? Sí, se podía. Y así lo hicieron varios jugadores esa misma noche.

Lo sucedido en el hotel de Milán mezcla escenas de los hermanos Marx con lo más bizarro de una película de *Serie B*. Eso sí, tuvo de todo menos gracia. Por un lado, Lozano y

Juanito decidieron que la mejor forma de olvidar la derrota del Giuseppe Meazza era reunirse en la habitación del primero acompañados por dos «señoritas». Por otro, Valdano y Butragueño, saltándose cualquier protocolo, salieron a cenar hasta altas horas de la madrugada con Menotti, que pernoctaba en otro hotel. Cuentan que fue un amigo de Amancio el que los vio y llamó rápidamente al entrenador. Hermanos Marx, *Serie B* y una de espías. Al volver, *El Buitre* y el argentino hicieron una parada donde los compinches díscolos. Y allí que se fue Amancio con un cabreo de aúpa. No era para menos. Los jugadores habían actuado de una forma que no correspondía a los valores del Real Madrid y, además, pasaron por encima de un entrenador al que demostraron un cuestionable respeto.

De la mala relación de los futbolistas con el técnico y la ingobernabilidad del vestuario madridista ya advirtió Julio César Iglesias en diciembre: «Juanito está amotinado, Lozano tiene morriña de Bruselas, Pineda se ha desvanecido, Ángel sigue haciendo Económicas, Stielike se ha hecho fuerte en el búnker, Butragueño no juega, Santillana no salta, Salguero hace Derecho... y los demás se preguntan «¿qué diablos pasa aquí?»»[28].

En primera instancia, De Carlos, informado por Amancio de los hechos de Milán, optó por el apaciguamiento... aunque la *omertá* sólo duró hasta el día 14, cuando el Madrid cosechó una nueva derrota, esta vez en Mestalla. Entonces se invitó a Amancio a que presentara su dimisión y, al encontrar reticencias, fue destituido mientras el pacificador Molowny era llamado a filas una vez más.

El 16 de abril fue ajetreado. Por la mañana, visita del presidente a la Ciudad Deportiva, donde comunicó a los jugadores la salida del entrenador, con éste delante sin pronunciar palabra. Instantes antes, por si hiciera falta más leña, Juanito

---

28 Diario *El País*, 1 de diciembre de 1984: https://elpais.com/diario/1984/12/01/deportes/470703610_850215.html

se había dirigido a sus compañeros en los siguientes términos: «Si en esta plantilla tuviéramos dignidad, ese señor no entraba aquí (...) Aquí hay mucho falso que sólo habla por la espalda de compañeros y entrenadores»[29]. Nadie le respondió nada. Por la tarde, reunión de la Junta Directiva y apertura de expedientes informativos a Lozano y Juanito, además de multas a Valdano y Butragueño. ¿Qué más se puede pedir para afrontar un partido de vuelta de semifinales a vida o muerte?

Gloriosa reconciliación

El encuentro llegó y el 24 de abril de 1985 quedaría marcado en la memoria de todos los madridistas para siempre. Fantasmas, brujas y maldiciones fueron superados por un Madrid que sabe reconciliarse con el público cuando afronta una batalla armado con la mentalidad de los temerarios. Y es que en el césped no es necesario demostrar amistad, basta con tener un objetivo en común. El equipo de Molowny lo tenía: una nueva heroicidad acallaría todos los mentideros de la capital. La afición reventó un Bernabéu que bullía por ver goles y llevarse una alegría después de una temporada que estaba resultando un viaje a los infiernos.

Esta vez todos pusieron de su parte para superar la ventaja del Inter. Comenzando por Molowny, que tomó una decisión clave para desactivar a Lyam Brady, cerebro de los italianos. Chendo fue su incómoda pareja de baile. Así, Gallego pudo gobernar con más tranquilidad y su temple sirvió de balanza para la casta de campeón que ahora sí mostraron todos sus compañeros. Stielike, en lo que a la postre sería uno de sus últimos grandes servicios, estuvo imperial anulando el ataque italiano. Un auténtico coloso.

El primer gol, obra de Santillana, glosó las tres principales virtudes del cántabro: salto, lucha y convicción. Un balón colgado por Chendo desde la izquierda, lo tocó con

---

29   Diario *El País*, 18 de abril de 1985: https://elpais.com/diario/1985/04/18/deportes/482623208_850215.html

la cabeza rodeado de dos defensas para un Pineda que no logró controlar, pero ahí estaba él para empujar la pelota a la red tras una porfía con todas las camisetas blanquinegras que cabían en el área pequeña. No se había cumplido un cuarto de hora de juego y la caldera blanca veía que sí, que se podía. La primera parte fue un ejercicio de coraje y disputas ganadas ante un Inter confiado en pasar a la italiana, esto es, sufriendo, pero matando al final. Sin embargo, el que golpeó de nuevo fue el 9 blanco, esta vez con todo el esplendor de «Aerolíneas Santillana». Centro de San José desde la derecha, que el delantero remató de testa para llevar el balón a la cepa del palo izquierdo de Zenga. El meta nada pudo hacer para detener la belleza del gol y el rugir del Bernabéu. La eliminatoria estaba igualada antes del descanso.

En la segunda mitad, el Inter se afianzó en su ideario, con un Altobelli más activo y con el colmillo retorcido. Y el Madrid, también: seguir dominado hasta que el peso del coraje, el esfuerzo y la calidad de los de arriba le otorgaran el premio de lo que hacía apenas unos días parecía imposible. Pero antes, llegó el gran susto de la noche, la jugada que pudo convertir en pesadilla el sueño que se estaba fraguando. Salida en falso de Miguel Ángel, al que Altobelli dribló con maestría para disparar a puerta vacía… pero Stielike se disfrazó de ángel de la guarda y sacó bajo palos. El Madrid tomó nota y respondió al aviso con el golpe definitivo.

Fue a Míchel al que le tocó disparar los fuegos artificiales, y lo hizo mediante un trallazo con su pierna izquierda, esa que parecía tener en un segundo plano, pero que destapaba como factor sorpresa. Golazo y todavía media hora para poder ampliar la renta y sufrir al mismo tiempo, que con los italianos ya se sabe.

Juanito, que entró en el 76', ejerció de alborotador y dos acciones suyas pudieron transformarse en el cuarto gol que hubiera dado cierto respiro al Madrid. En la primera combinó con Valdano, que le sirvió el balón al área pequeña, pero el remate del malagueño con el tacón fue adivinado por Zenga. La segunda fue un pase al hueco para Chendo, que se internó por la izquierda (sí, ese día tenía pasaporte libre), pero a su disparo le faltaron unos centímetros de puntería. También Míchel pudo extender su cuenta con un potente chut desde fuera del área, pero de nuevo el portero italiano demostró por qué figuraba entre los mejores del mundo en aquel momento. Con todo, el baile sobre la cuerda duró literalmente hasta la última jugada, cuando Camacho interceptó un envío a un Altobelli que no tenía ninguna buena intención en el área blanca.

Una vez más, el Real Madrid, un equipo maravillosamente imperfecto, había jugado a hacerse el muerto para clasificarse de la forma más memorable posible. El equipo, contra viento, marea y salidas nocturnas, estaba en la final de la Copa de la UEFA por primera vez en su historia.

Los medios fueron tan contundentes como la propia victoria de la fe blanca. «Una vez más, el Real Madrid ha pasado del cero al infinito», tituló muy acertadamente *AS*. «Hazaña del Madrid» llevó *ABC* en su primera. La crónica interior destacó: «La defensa italiana no pudo impedir el éxito histórico del equipo blanco». Más gráfico todavía fue el titular de primera de la revista *Don Balón*, que, con una imagen de un sonriente Santillana, decía: «¡¡RESURRECCIÓN!!». Por su parte, la crónica de *El País* terminaba con un «el Madrid y esta Copa de la UEFA pasarán a la historia». Y así fue.

Ficha técnica

Real Madrid: Miguel Ángel, Chendo, Salguero (Fraile, 24') (Juanito, 76'), Stielike, Camacho, Míchel, San José, Gallego, Pineda, Santillana, Valdano.
Inter Milán: Zenga, Bergomi, (Pasinato, 36') (Causio, 80'), Collovati, Bini, Baresi, Cucchi, Sabato, Brady, Mandorlini, Altobelli, Rummenigge.
Goles
1-0 (min. 12): Santillana.
2-0 (min. 42): Santillana.
3-0 (min. 59): Míchel.

EL PERSONAJE: MÍCHEL

A lo largo de su carrera, José Miguel González, Míchel, destacó sobre todo como asistente. Pocas diestras como la suya han recorrido el carril del *8* del Bernabéu. Pero también anotó goles importantes, como el del partido de vuelta ante el Inter. Si Santillana se había encargado de igualar la eliminatoria, el tanto del madrileño terminó por destrozar las esperanzas italianas.

Míchel era de esos niños cuyo talento se le caía de la mochila. Con 12 años, Atlético de Madrid y Rayo Vallecano sumaron sus ofertas a las de la *Casa Blanca* para incorporarlo a infantiles. Pero rechazar al «rey» hubiera sido un sacrilegio.

Los dos primeros años como jugador del primer equipo los vivió junto a sus padres en un barrio obrero del sur de Madrid. Eso le hizo mantener los cimientos de la humildad: mientras Míchel cobraba, al cambio, 6.000 euros al mes con sólo 22 años, su madre era ama de casa y su padre, tipógrafo, ingresaba 600 euros mensuales. Compartir su vida con la mujer con la que empezó a salir desde los 16 años también le ayudó a conservar la perspectiva en unos momentos de explosión mediática en los que nadie posee la suficiente madurez como para aplacar todos los excesos.

Míchel comenzó a despuntar desde el principio, pero fue a partir de 1987 cuando sería todo un referente también en Europa. Ese año quedó cuarto en la lista del Balón de Oro, detrás de Gullit, Futre y Butragueño. Además, fue el máximo anotador de la Copa de Europa, empatado con Gheorghe Hagi.

Como los grandes genios, no siempre contó con el apoyo cerrado de la parroquia blanca, que, exigente hasta el extremo, puede convertirse en un monstruo capaz de herir la autoestima de cualquiera. Míchel soportó de manera constante el murmullo de cierto sector de la grada, hasta que todo estalló en el famoso incidente del 11 de junio de 1989. Ese día, con la Liga ganada y 2-0 en el marcador, harto de los silbidos, Míchel decidió abandonar el campo por su cuenta dejando estupefactos hasta al último acomodador del Bernabéu. Él lo explicó así: «La gente no entiende que no soy un mercenario. Soy un profesional, pero cuando salgo al campo siento como un madridista y me duele que me persigan así (…) El público dice que hay que querer la camiseta y resulta que los que más la queremos, los que hemos salido de la cantera, nos sentimos peor tratados que otros»[30].

Superada esa insólita decisión, a la que acompañó un deseo expreso de salir del Madrid que no se materializó, Míchel siguió afianzándose como el mejor amigo sobre el campo de delanteros tan variados en su juego como Butragueño, puro arte e improvisación, Hugo Sánchez, artillería pesada, o más tarde Iván Zamorano, opositor a Santillana.

Con la Selección, Míchel consiguió el subcampeonato en la Eurocopa de 1984 (junto a Butragueño). En aquel equipo, dirigido por Luis Suárez, Míchel era el único jugador que todavía militaba en Segunda División, pues el resto, como Zubizarreta, Francisco o Salinas, ya estaban consolidados en Primera. De rojo disputó 65 partidos, marcó 21 goles y estuvo presente en los Mundiales de México 86 e Italia 90, así como en la Eurocopa de Alemania Federal'88.

Una vez retirado, decidió permanecer cerca del balón, primero como comentarista en varios medios, y después como entrenador. Comenzó en el Rayo Vallecano, con el que subió a Segunda División, para pasar luego por el Castilla, Getafe, Sevilla, Olympiacos, Marsella, Málaga y, de nuevo, Getafe.

Ficha del jugador

Partidos: 559 oficiales.
Goles: 130.
Internacional: 65 partidos.
Palmarés: 6 Ligas, 2 Copas de la UEFA, 2 Copas, 1 Copa de la Liga y 4 Supercopas de España.

---

30   Diario *El País*, 20 de junio de 1989: https://elpais.com/diario/1989/06/20/deportes/614296814_850215.html

LA ANÉCDOTA: DE CARLOS
Y SU «SANTIAGUINA»

La destitución de Amancio se produjo en unas circunstancias, con tanta luz y tantos taquígrafos, que todavía hoy produce incredulidad. Tras la aciaga noche de Milán y la derrota frente al Valencia, el 16 de abril Luis de Carlos convocó a la prensa para que presenciara la charla que, al estilo de las «santiaguinas», dio a los jugadores para comunicarles la noticia. Lo más destacado de su alocución fue lo siguiente: «Tenéis que hacer examen de conciencia. Llevo casi treinta años en el club y siempre hubo un espejo donde se miraban los que estaban y los que venían a la entidad (…) Nunca exigí títulos, pero sí esfuerzo, sacrificio y entrega. Más de uno y más de dos no han sabido asimilar la capacidad de sacrificio (…) Que cada uno haga examen de conciencia. Este año no hemos estado a la altura de las circunstancias». Las caras de los futbolistas, en especial la de los señalados Juanito y Lozano, fueron un poemario completo.

¿QUÉ PASÓ DESPUÉS?

19 años llevaba el Real Madrid sin alzar un título continental. La Copa de Europa de los *Ye-yé*, en 1966, quedaba muy lejos, y más si contamos los sonados fracasos que el equipo acumulaba lejos de nuestras fronteras desde entonces. Repasemos. En 1971, el primer año que disputó la Copa de la UEFA, cayó en segunda ronda frente al PSV. En 1973 el verdugo fue el Ipswich Town, esta vez a las primeras de cambio. El Kaiserslautern goleó a los blancos en 1982 en cuartos y, un año después, de nuevo en primera ronda, se perdió frente al Sparta de Praga. Si a esto le sumamos la final de la Copa de Europa perdida en 1981 ante el Liverpool y la de la Recopa del 83 ante el Aberdeen, tenemos un escenario de necesidad mayúscula.

El rival de la final fue un sorpresivo Videoton. Desconocido hasta la fecha, es cierto que había dejado fuera a históricos como el PSG, el Manchester United o el Dukla de Praga. Eso y que no había encajado un solo gol en casa en toda la competición encendieron las alarmas de un Molowny cuya orden fue muy clara: seriedad, concentración y eficacia. Y así se hizo.

El escenario del partido de ida, una lluviosa ciudad Szekesfehervar fundada por los soviéticos como enclave industrial, fue la sentencia para un equipo magiar atropellado por la calidad y el oficio madridista. Miguel Ángel, Chendo, Stielike, Sanchís, Camacho, San José, Gallego, Míchel, Santillana, Butragueño y Valdano fueron los hombres escogidos para volver a hacer historia.

Mientras la defensa vigiló con eficacia, Míchel levantó la mano y de sus pies nacieron los tres goles que sentenciaron la final: uno propio y dos asistencias a Santillana y Valdano. La vuelta se convirtió una fiesta después de las taquicardias de las remontadas protagonizadas en la competición. El Madrid, que ni apoyó el pie en el acelerador, perdió por 0-1 en un partido en el que falló un penalti y se le anularon dos goles por fuera de juego. Por fin, la séptima copa europea ya estaba en Chamartín.

Las banderas blancas y españolas ondearon en las grades mientras destacaron dos gestos de nobleza: Molowny se acordó de su predecesor: «Le brindo el título a Amancio, lo mismo que él me brindó a mí el camino para llegar hasta aquí»[31], y De Carlos, que compartió palco con Mendoza, tuvo el honor de celebrar la victoria en el césped con toda la plantilla.

En la Liga, la película cambió del cine de aventuras europeo al triste drama de verse superado por los dos grandes rivales. El Barcelona de Venables se impuso con una renta de 10 puntos al Atlético, que fue segundo, y de nada menos que de 17 al Real Madrid. El único trazo positivo resultó la cifra de goles conseguida por *El Buitre* en su primer año completo: 10. El *Pichichi* de la competición fue Hugo Sánchez,

---

31   *Cien años del Real Madrid*. Diario *AS*, 2001.

algo que el nuevo mandatario blanco no dejaría pasar para la siguiente campaña.

En la Copa del Rey el equipo cayó en la primera ronda ante el poderoso Athletic de Bilbao. En la ida, con toda una flota de autobuses bajo la portería vasca, el Madrid sólo ganó por 1-0, resultado insuficiente para superar el 2-0 posterior en San Mamés.

La insulsa Copa de la Liga supuso la última sonrisa para los madridistas, pues se ganó al Atlético de Madrid tras superar por 2-0 en el Bernabéu la derrota por 3-2 en el Calderón. Fue el partido de despedida de Uli Stielike, que firmó su último gol como jugador blanco. El alemán cerraba un ciclo que comenzó en 1977 y en el que ejerció su cátedra durante 308 partidos en los que firmó 50 tantos.

Esta temporada siempre quedará marcada como el origen del miedo escénico, concepto que acuñó Valdano en 1986, parafraseando a García Márquez. Anderlecht e Inter fueron la explosión definitiva de un fenómeno que arrancó con el Derby y el Celtic y alcanzó la categoría de fenómeno inexplicable para la razón futbolística... y humana. «Cada miércoles europeo, un carnaval a destiempo, ruidoso y orgullosamente disfrazado de blanco, nos espera en nuestro feudo con una confianza casi irresponsable en nuestras posibilidades», dejó escrito el argentino en *Revista de Occidente*[32].

Se trata, en definitiva, de una provocación con mayúsculas. Una provocación al rival, que ve al Madrid con una confianza suicida; al público, al que se mete en el partido para que empuje como uno más; y a la lógica, pues todavía hoy se repiten unos hechos que huyen de lo razonable y apelan al santoral.

---

32   http://valdano.es/el-miedo-escenico/

LA SEGUNDA COPA DE LA UEFA

TEMPORADA 85-86

PLACER POR LA AGONÍA

Son tiempos de cambios en España y en el Real Madrid. La nación se incorporó, junto con Portugal, a la Comunidad Económica Europea, y aprobó la continuidad en la OTAN. Mientras, en Chamartín, Mendoza estrenó mandato con fichajes de relumbrón y puso las bases para el inicio de una época histórica.

LOS ANTECEDENTES.
ASÍ LLEGABA EL REAL MADRID

El 24 de mayo de 1985, con la pompa de la presencia del alcalde de Madrid, Tierno Galván, y los presidentes de la Liga y la Federación, Luis de Carlos pasó el testigo a Ramón Mendoza. Era la consecución de un objetivo vital, presidir el Real Madrid, que no fue sencillo y a punto estuvo de truncarse para siempre.

En 1977, Mendoza fue nombrado vocal por Santiago Bernabéu. Sin embargo, sus aires de renovación no gustaron al resto de la Junta y dimitió poco después a través de una carta que se filtró a la prensa y provocó la cólera de Don

73

Santiago. Luego figuró como vicepresidente segundo de Luis de Carlos, pero tuvo que salir de nuevo por los rumores de sus relaciones con el KGB. Y en 1982 fue derrotado en las elecciones por el propio De Carlos. Pero Mendoza era hombre de convicciones fijas, por lo que al fin consiguió su empeño en unos comicios en los que, a la postre, fue el único precandidato. Se inició así una era gloriosa que coincidió con la explosión definitiva de *La Quinta del Buitre*.

Ramón Mendoza era un personaje peculiar, protagonista de una nueva camada de presidentes que iban a ejercer con un nuevo *modus operandi* más mediático, en consonancia con los tiempos que vivía España. «Biológicamente, he nacido para obedecer o mandar», le dijo a Bernabéu en la mencionada misiva. Vivió la dura posguerra, estudió Derecho y Económicas, pero a partir de los 60 puso en práctica lo que realmente le definiría: su don de gentes y la capacidad de ascender entre las altas esferas de la sociedad. Se introdujo en el polémico comercio con la URSS, gestionó el Hipódromo de la Zarzuela, ejerció como consejero del Banco Exterior e hizo lo propio en el influyente Grupo Prisa. Un *cursus honorum*[33] de categoría.

Desde su llegada, sacudió a un club aletargado en lo institucional y deprimido en lo deportivo, superado por los equipos vascos y por un Barcelona que presumía de fichar a las estrellas del momento: Maradona, Schuster...

Pasión e ilusión serían sus guías, traducidas en tres grandes fichajes para su primera temporada. Uno por línea. La delantera se reforzó con Hugo Sánchez, vigente *Pichichi* con el Atlético de Madrid, a través de un paripé con un club mexicano como intermediario con el objeto de aplacar la ira de la afición rojiblanca. Para el centro del campo vino el hombre que la estaba rompiendo por la izquierda en el Betis y la Selección, Rafael Gordillo. En su caso, al ser un

---

33 Nombre que recibía la carrera política y militar en Roma. Ésta iba aparejada a la relevancia pública.

baluarte en Sevilla y estar en plenitud (28 años), las negociaciones no fueron fáciles. Pero 150 millones de pesetas ejercieron de eficaz desatascador. En defensa se contrató al hombre del momento, Maceda, procedente del Sporting de Gijón. Su poderío aéreo, capacidad de anticipación y aplomo resultaron fundamentales hasta su desgraciada lesión en el Mundial de 1986. Estos tres complementos de lujo, entendió Mendoza, deberían de apuntalar a una *Quinta* a la que siempre trató y lució como un emblema del club.

Quizás la mejor definición del perfil de Ramón Mendoza la dio el periodista Santiago Segurola en un artículo publicado el 5 de abril de 2001 en *El País*: «Un individualista con olfato». La mayor virtud del segundo presidente más laureado tras Bernabéu hasta entonces fue recuperar la confianza y la ilusión en los madridistas dando el valor que se mereció a una generación de extraordinarios futbolistas a la que aderezó con estrellas que combinaron en un equipo de época. Su oscuridad, visible sobre todo durante el último lustro de su mandato, fue la deuda que acumuló en el club, fruto de la ambición por modernizar el estadio y el desacierto en los fichajes de esa segunda etapa.

Pero volvamos a sus inicios. Para la temporada 85-86, Mendoza confió en la continuidad en el banquillo. Así, con Molowny a los mandos, Ramón Grosso fue su ayudante, Fernando Mata dirigió el apartado físico y Pirri el territorio médico. Gente de la casa, con identidad madridista, para volver a poner al equipo en lo más alto.

El Madrid, vigente campeón de la Copa de la UEFA, había quedado quinto en la Liga anterior y su objetivo en Europa iba a ser, por tanto, revalidar el título. Se cumplía la XV edición de una competición que contó con nada menos que 64 equipos, pero ninguno de Inglaterra, excluidos por los lamentables incidentes de la final de Heysel[34].

El equipo confeccionado para el guante de seda de Molowny tenía muchos, muchos quilates. En la portería, Ochoterena asumió los mandos y Agustín hizo el relevo cuando fue necesario. Chendo y Camacho cerraban las bandas mientras Sanchís y Maceda ejercían de muro atrás. Gallego seguía de director de orquesta, esta vez acompañado por un Juanito que tuvo que retrasar su ubicación. Gordillo y Míchel eran los suministradores del peligro arriba, donde Butragueño y Hugo Sánchez serían la pesadilla de todas las defensas. Y todo complementado con Valdano, Santillana, Martín Vázquez, Solana, San José... Resulta difícil, incluso en la actualidad, encontrar un conjunto más compensado y rebosante de calidad que el de la primera temporada de Ramón Mendoza. Y eso que las bajas también habían sido notables: Stielike (Neuchâtel), Miguel Ángel y Ángel (retirados), Lozano (Anderlecht), Isidro (Racing de Santander), Fraile, Pineda y Pardeza (Zaragoza). La apuesta estaba hecha. Fue un todo o nada.

Real Madrid – Borussia Mönchengladbach. Octavos de final

Si en la temporada anterior el Madrid sobrevivió a un 3-0 en Anderlecht y a un 2-0 en Milán, en la 85-86 puso en práctica un valiente desprecio por el peligro frente al Borussia Mönchengladbach. Estamos hablando de una época en la que vértelas con un alemán en Europa era como ponerte en el camino de Aníbal y sus elefantes hacia la península itálica.

---

34 El 29 de mayo de 1985, durante la final de la Copa de Europa disputada entre Liverpool y Juventus en el estadio de Heysel (Bruselas), fallecieron 39 aficionados a causa de un enfrentamiento entre los radicales de ambos equipos. La UEFA sancionó a los clubes ingleses con diez años sin disputar ningún torneo europeo.

Pero antes de alcanzar los octavos, también hubo suspense y aventuras. En la primera ronda, tocó visitar la siempre complicada Grecia. El ambiente y la ayuda de los dioses, ya saben. El AEK, con un público enfervorecido, logró doblegar al Madrid, pero la renta de 1-0 le resultaría muy escasa. En el feudo blanco, el Madrid ajustó cuentas con un extra de suficiencia y endosó una manita a los helenos con goles de Georgamlis, en propia puerta, Butragueño, Míchel, Valdano y Hugo Sánchez.

La segunda ronda enfrentó a los blancos con el desconocido equipo soviético del Chernomorets. La cosa no sonó bien desde el principio. En Chamartín se venció sin algarabía por 2-1, con Gordillo y Valdano como goleadores. En la vuelta, el Madrid se ajustó el traje de obrero y realizó el partido serio que debía para que no pasara nada. El trío formado por Ochotorena, Sanchís y Maceda negó cualquier peligro y los blancos avanzaron sorteando la trampa rusa.

Zarandeados en Alemania

Entonces llegó el impronunciable Borussia Mönchengladbach. Fundado, como el propio fútbol, en una taberna, el equipo de la antigua Prusia tiene como símbolo un potro, dignificando el estilo rápido y agresivo que les caracteriza. Su época dorada, tras algún periplo por la segunda división alemana, fue la década de los setenta. A los mandos de Udo Lattek, conquistó cinco ligas en 1970, 1971, 1975, 1976 y 1977, y dos Copas de la UEFA (1975 y 1979). Además, también llegó a una final de la Copa de Europa (1979), pero la perdió contra el Liverpool. En esos años desfilaron por su plantilla históricos como Jupp Heynckes (entrenador en la temporada que nos ocupa), Uli Stielike, Berti Vogs, Günter Netzer o Allan Simonsen. Quinto en la Bundesliga de la temporada anterior, venía de eliminar en la UEFA al Lech Poznan y al Sparta de Rotterdam, al que endosó un premonitorio 5-1 en el partido de vuelta en casa.

No sólo en Rusia tocó pasar frío, pues el partido de ida en Alemania tuvo a la nieve como invitado indeseable. Por si esto fuera poco, los de Heynckes, con el objetivo de sumar gargantas a su causa, se desplazaron para la ocasión al Rheinstadion de Düsseldorf, que doblaba la capacidad de su modesto Bokerberg (64.000 frente a 34.000 espectadores). La primera batalla, la del ruido y el frío, hablaba alemán.

Por su parte, el equipo de Molowny estaba atravesando una pequeña crisis, pues había perdido los dos últimos partidos lejos del Bernabéu: 2-0 frente al Barcelona y 3-2 en Valladolid. «*El Mangas*», analizados los precedentes y las circunstancias, optó por un 4-4-2 muy replegado con el objetivo de aguantar y aprovechar alguna ocasión. El plan incluso estuvo a punto de comenzar de forma brillante, pues a los tres minutos Maceda estrelló un cabezazo en el palo. Pero no pudo ser y nunca fue. Si uno ve el partido, enseguida se da cuenta de que los alemanes parecían más rápidos, más altos y más listos, mientras que los jugadores del Madrid literalmente luchaban por mantener el equilibrio sobre el césped.

El Borussia estudió a los blancos y ataron a Gordillo adelantando al defensa Krisp, mientras Borowka se las arregló para maniatar a unos Valdano y Hugo Sánchez inoperantes. Butragueño, que atravesaba una baja forma, se había quedado en un banquillo repleto de delanteros: Santillana, Juanito y Cholo acompañaban al canterano, además del meta Agustín.

Pasada la media hora de juego comenzó la debacle. Primero, gracias a un muy discutido gol de Mill después de que el balón saliera a todas luces por la línea de fondo. Y, sin tiempo para digerir la injusticia, gol en propia puerta de Salguero. 2-0 y a la caseta. En la segunda mitad pareció que los blancos quisieron cambiar el guion tratando de llegar al área contraria, pero la respuesta germana se tradujo en dos goles más que terminaron por hundir la ilusión madridista. Sólo Gordillo, en un desmarque genial tras un lanzamiento de falta, abrió una grieta de luz, pero quedó sellada con el quinto y último gol del Borussia. 5-1. Partido y eliminatoria, para muchos, finiquitada.

«La crisis del equipo ha explotado con este resultado de escándalo, vergonzoso», disparó Valdano. «Falta entendimiento, agrupación. Hay individualidades, pero falla aún la conjunción necesaria», remató Hugo Sánchez[35]. Los jugadores no pusieron paliativos ante un desastre que, además, había dejado otras graves secuelas: Gordillo fue expulsado, Chendo y Hugo vieron la tarjeta que les impediría jugar la vuelta y Maceda se tuvo que marchar lesionado. El diario *Marca* tampoco ahorró en calificativos: «Batacazo», rezó el gran titular de primera. «La nave madridista fue a la deriva y casi está a punto de despedirse de la competición», añadió.

Marcador Gladbach-Real Madrid. Foto: bundesligafan.com

Partido desastroso, resultado de escándalo, bajas importantes... ¿y? El Madrid vive en los momentos en los que el resto se entrega a su sentencia. Y lo iba a volver a demostrar.

---

35   Diario *El País*, 28 de noviembre de 1985: https://elpais.com/diario/1985/11/28/deportes/501980402_850215.html#?rel=listaapoyo

El fútbol es ante todo un estado de ánimo. Olvídense de la pizarra. Y eso lo entendían a la perfección los dos buques insignia de la emoción: Camacho, que se encargaba de levantar las cabezas de sus compañeros, y Juanito, que lo exteriorizaba y convertía la desilusión y el escepticismo del aficionado en la fe más inquebrantable. La premisa estuvo clara desde el viaje de vuelta, cuando el de Cieza sentenció: «Esto no se ha terminado». Los alemanes se iban a encontrar con un infierno en el Bernabéu.

Remontada de los viejos rockeros

Molowny, además de las bajas señaladas, tampoco podía contar con Sanchís por lesión y tuvo que convocar incluso a jugadores del filial. Santillana y Juanito, cuestionados por algún sector de la prensa, volvían a escena. Y estos no desaprovechaban una oportunidad para golpear y romper la mesa. Ambos dieron una auténtica lección de pundonor y calidad. El primero se mostró como siempre, implacable en el área y generoso en el esfuerzo, mientras el malagueño fue la guía y el temple de un equipo que necesitaba atacar, pero sobre todo hacerlo con sentido y eficacia. «A los veteranos no nos retiran tan fácil», diría Juanito a la prensa al finalizar el partido.

Sin embargo, si hubo un protagonista que esa noche empujó, ayudó y resultó fundamental para acomplejar a los alemanes fue la afición del Bernabéu. Inflamada desde el inicio, hizo temblar los cimientos del estadio y contribuyó a volcar el terreno de juego sobre la portería del Borussia en un partido mágicamente desordenado, a vendavales y disputado desde la emoción. Esto dibuja un escenario al que los germanos no están acostumbrados y les vino enorme. Normal.

Había que meter cuatro goles y, a ser posible, no encajar ninguno. Ante esa tesitura sólo puedes plantear el encuentro como una cita con el riesgo. No te queda otra. «Preparamos muy bien la vuelta. Los jugadores vimos el partido de ida solos, sin Molowny ni nadie del cuerpo técnico. Así se lo pedimos al entrenador con la idea de ver los errores y tomar nota para salir a por ellos sin titubeos desde el principio», confesó Maceda en *ABC*[36].

Sin titubeos y sin calentar previamente en el césped salió el Madrid, para provocar un efecto de expectativa todavía mayor y que el Borussia recibiera el primer golpe antes del pitido inicial. El manual de las remontadas estaba en marcha: intimidación en el túnel de vestuarios, los primeros disparos, las primeras faltas, la primera protesta al árbitro...

Un gol tempranero era lo ideal para insuflar de confianza a los propios y torcer el gesto a los extraños alemanes. Se consiguió. En el minuto seis, un centro templado de Juanito encontró la cabeza de Valdano, que anotó el primero de su cuenta esa noche. El vendaval comenzó a desatarse.

Doce minutos después llegó el segundo en una jugada que reconocerá cualquier amante del exterior de Modric. El arte que hoy practica el croata también era terreno conocido para Juanito, que sacó una falta con ese golpeo tan especial para que Valdano, de nuevo de cabeza, y esta vez superando a todos los *panzers* alemanes que lo rodeaban, llevara el balón al fondo de la portería y el delirio creyente a la grada. El argentino estuvo batallador y presente en todas las parcelas de ataque del equipo.

Antes del descanso, en medio de las acometidas blancas, llegó el susto de rigor. Solo ante Ochotorena, el revoltoso Mill casi mandó a la Castellana el balón que hubiera supuesto un duro golpe a la convicción madridista. Quizás fue la magia, en este caso negra para los visitantes, pero lo cierto es que al Madrid no le afectó el aviso y siguió siendo fiel a la hoja de ruta: acosar, acribillar, no dejar respirar. Todavía faltaban dos goles.

---

36   Diario *ABC*, 26 de octubre de 2020: https://www.abc.es/deportes/ real-madrid/abci-mejor-remontada-historia-real-madrid-no-television-202010262000_noticia.html

A la vuelta de vestuarios el Borussia se rearmó todavía más mientras los blancos terminaron de despreciar cualquier argumento futbolístico ortodoxo para entregarse por completo a la épica y la agonía. Sude, el portero alemán, resistió hasta el 78. Entonces Gallego sacó una falta de forma magistral hacia un Valdano que, de primeras, centró a Santillana y éste empaló a la red. Fue la gasolina que necesitaba la «operación remontada».

Envuelto en la irracionalidad de la falta de un solo gol para el milagro, en el Madrid ya no defendía nadie. Todo el equipo se volcó arriba, dejando solo al portero como hombre libre. En una jugada, a un futbolista del Borussia le quedó un balón en el centro del campo para encarar con superioridad la meta blanca. Su decisión fue pegar un balonazo y quitárselo de encima. Esto es el miedo escénico en su apogeo.

Y así se llegó al último minuto del partido. Saque de banda de Camacho para la cabeza de Valdano, que peina para Míchel. Éste remata, el portero rechaza y Santillana, armado con la convicción del letal delantero, anota un gol que culminaría un encuentro totalmente paranormal, fuera de la realidad… una hazaña digna de leyenda.

«El ruido era como de un terremoto. Y yo no estaba ahí, estaba en otra parte. Nunca me pasó antes ni me pasó después, y me extraña mucho que me pasase porque yo soy muy racional. Yo estaba en las antípodas de Juanito, pero ese día interioricé el Bernabéu»[37]. De esta forma describe Valdano cómo vivió los instantes después del gol que les dio la clasificación. Diez minutos duró la ovación del Bernabéu y eterno será el recuerdo de aquella inaudita remontada.

El mundo acababa de ser testigo de una hazaña, y así lo reflejaron los medios. «*Chapeau*, Madrid», tituló la crónica de *Marca*. «Increíble proeza», destacó *AS*, que recogió unas

---

37 Diario *La Razón*, 27 de mayo de 2022: https://www.larazon.es/deportes/futbol/champions-league/20220527/p4wdefdjxrb2zaukfajw2zttym.html

declaraciones de Molowny tan sinceras como significativas: «La droga del Real Madrid es su público».

Ficha técnica

Real Madrid: Ochotorena; San José (Cholo, 75'), Maceda, Salguero, Camacho, Míchel, Gallego, Juanito (Martín Vázquez, 90'), Butragueño, Santillana y Valdano.
Borussia Mönchengladbach: Sude, Krisp (Hochstätter 46'), Frontzceck, Hannes, Herlovsen (Herbst, 54'), Borowka, Lienen, Dressen, Mill, Rahn y Criens.
Goles
1-0 (min. 6): Valdano.
2-0 (min. 18): Valdano.
3-0 (min. 78): Santillana.
4-0 (min. 89): Santillana.

EL PERSONAJE: VALDANO

En 1985 las estadísticas del fútbol se limitaban a los partidos jugados, los goles anotados y los títulos conseguidos. Sencillito y al pie. *Big Data,* como mucho, hubiera sido el título de una película de marcianos. Por eso, el papel de Jorge Valdano, que además de realizar dos goles participó de forma decisiva en los otros dos, no se exaltó tanto en su día. El hombre que perdió el sentido en la consecución de la remontada fue el protagonista de cada uno de los golpes del Madrid aquella noche.

Jorge Valdano, alma intelectual del madridismo, inició su carrera deportiva en la cantera de Newell's Old Boys, de Rosario, con el que debutó a los 18 años. En la temporada siguiente se proclamó campeón en Argentina y jugó por primera vez con su selección ante Uruguay anotando dos goles. Había llegado para optar a lo más alto.

Jugador potente por alto, también destacó por su movilidad al espacio y espíritu depredador en el área. Así fue como llamó la atención de un Alavés que militaba en Segunda y resolvió su fichaje en 1975. En Vitoria estuvo cuatro temporadas en las que disputó 107 encuentros y consiguió 21 goles. El siguiente peldaño lo subió con el Zaragoza, donde se afianzó en España. Jugó 143 partidos y firmó 47 goles en cinco temporadas en Primera.

Al Real Madrid llegó en los inicios de *La Quinta* (1984) y supo combinar a la perfección su juego y su rol en el campo con una plantilla formada por jóvenes talentos e incombustibles veteranos. En las campañas que pudo completar, las dos primeras, superó la veintena de goles y se convirtió en una referencia atacante a nivel europeo.

Valdano. Foto: realmadridfctransfernews.blogspot.com

El 4 de marzo de 1987 sería el inicio del ocaso. Ese día el Real Madrid cayó en Belgrado frente al Estrella Roja (4-2), pero perdió algo mucho más grave, a un futbolista con el talento y las ganas de seguir haciendo historia. Valdano no se encontraba bien física y mentalmente, por lo que se le hicieron pruebas que detectaron que, ya desde los tiempos en el Zaragoza, sufría una hepatitis B cronificada, ahora agudizada. El tratamiento sería duro, largo y esa temporada finalizaba su contrato en Chamartín. «Para Mendoza lo fácil sería haberse lavado las manos, pero me llamó y me dijo que estaba renovado por una temporada. Ese detallazo me unió sentimentalmente al Madrid para siempre»[38].

Sin embargo, el 16 de octubre de ese mismo año, la más dura realidad se impuso. «Valdano, baja para el fútbol», publicó *Marca*[39]. El argentino, a los 31 años, se vio forzado a renunciar a su sueño sobre el césped. Pero nunca ha abandonado el fútbol, ya sea desde el banquillo, los despachos o el verbo.

Como entrenador llevó al Tenerife a competiciones europeas y fue protagonista de las dos Ligas arrebatadas a los blancos en el último partido. En la temporada 94-95 Mendoza lo trajo al Real Madrid para volver a situarlo en lo más alto de la Liga española. Armó un equipo alegre y vistoso, cortó la racha del Barcelona de Cruyff e hizo debutar a Raúl en lo que fue el comienzo de una nueva era. Su Madrid fue el de Buyo, Quique, Hierro, Sanchís, Lasa, Redondo, Laudrup, Míchel, Raúl, Zamorano y Amavisca. Irrepetible.

En el club blanco, el argentino también ocupó cargos directivos. Siempre de la mano de Florentino Pérez, hasta que salió en 2011 por desavenencias con el inquilino del banquillo por entonces, José Mourinho. Valdano, que eternizó con tinta el concepto de miedo escénico en el Bernabéu, también se ha desenvuelto con éxito en los medios de comunicación y como escritor.

---

38   Diario *AS*, 4 de noviembre de 2003: https://as.com/
     masdeporte/2003/11/04/polideportivo/1067923022_850215.html
39   https://www.marca.com/2012/10/16/futbol/
     tuneldeltiempo/1350372708.html

Ficha del jugador

Partidos: 120 oficiales.
Goles: 56.
Internacional: 22 partidos.
Palmarés como jugador: 3 Ligas, 2 Copas de la UEFA y 1 Copa de la Liga.
Palmarés como entrenador: 1 Liga.

LA ANÉCDOTA: LOS SALTOS DE JUANITO

El partido de vuelta contra el Borussia es considerado por muchos como un icono de las remontadas madridistas. Y lo cierto es que, por su especial dificultad y carga emocional, ver el partido podría considerarse como el mejor de los tratados de fe de la historia.

Y si hay un gesto que define Juanito y le reconcilia con su *yo* niño, rebosante de sincera felicidad, es el que se produjo en las postrimerías del partido. Molowny, con el objetivo de perder algo de tiempo, decidió cambiarle y dar entrada a Martín Vázquez. Entonces, en una imagen icónica, el 7 blanco no pudo reprimir su emoción y se dirigió a la banda dando repetidos saltos y levantando los brazos. Fue un festejo en comunión con la grada tan espontáneo que todavía hoy resulta extremadamente hermoso e impactante. Juanito nunca necesitó besar el escudo porque siempre lo llevó tatuado en su corazón.

Real Madrid – Inter de Milán. Semifinales

Como antesala al Inter, tuvo lugar una eliminatoria eléctrica ante el Neuchâtel de Stielike. El alemán y Juanito, que nunca tomaron una tónica juntos en Madrid, se la tenían jurada, así que, aunque cundió el optimismo en Chamartín, todos sabían lo que iba a pasar. Y no era nada bueno precisamente.

Juanito y Stielike tenían dos caracteres y visiones de la vida totalmente antagónicas. Uno era emocional y apasionado, mientras que el otro destacaba por ser frío y comedido. La herida no cerrada parece tener su origen en un enfrentamiento durante un entreno. O quizás aquello fue sólo la consecuencia de una animadversión enconada de antes. El caso es que llegó el partido de ida en el Bernabéu y, aunque el alemán fue recibido con una ovación por el público, las cartas estaban marcadas.

En cuanto ambos trenes chocaron, descarrilaron sin control. Se buscaron sin quitar la pierna, hasta que en una de esas Stielike realizó una dura entrada al madridista, que respondió encarándose y con un lamentable salivazo. Minutos después, la revancha en forma de una entrada rozando lo criminal del germano. Molowny se temió entonces lo peor e inteligentemente sustituyó a Juanito por Santillana. Al finalizar del partido, «desequilibrado» fue lo más bonito que regaló Stielike al 7 a través de la prensa, mientras que el malagueño lo definió como «una mala persona».

En lo deportivo y más importante, el Madrid esquivó las balas suizas y fue capaz de llevarse una renta de tres goles gracias a Hugo Sánchez, Míchel y Butragueño. En el partido de vuelta Stielike dejó claro que no había olvidado la afrenta y metió uno de los tantos del Neuchâtel, que ganó por un insuficiente 2-0 y fue eliminado.

Hay que destacar que, como desveló el centrocampista alemán en el programa especial sobre *La Quinta del Buitre* de *Informe Robinson*, él y Juanito arreglaron sus diferencias meses después cuando se encontraron de vacaciones en Fuengirola. Bajo el sol todo se ve diferente, ya saben.

De nuevo, Italia como infierno

Superado el campo de minas, llegó la artillería. Un Inter con sed de *vendetta* volvía a cruzarse en el camino del Madrid, primero en Italia y luego en el Bernabéu. Los que repetían del año anterior (Zenga, Brady, Baresi, Altobelli y Rummenigge) velaron armas y afilaron sus colmillos.

En el *Calcio*, el Inter no iba del todo bien. Era séptimo en ese momento, por lo que su presidente, Ernesto Pellegrini, fichó al argentino Pasarella para la temporada siguiente con el objetivo de que aportara orden defensivo a su conjunción de estrellas rutilantes. En el Madrid sobrevolaba la preocupación debido al bajo rendimiento que ofrecía el equipo en Europa lejos del Bernabéu. Esa temporada perdió los partidos de Atenas, Düsseldorf y Neuchâtel, y empató en Odesa. En todos ellos sólo fue capaz de meter un gol. Los precedentes no eran halagüeños y las inquietudes se confirmaron en el Giusseppe Meazza.

El 2 de abril el Real Madrid acusó la fatalidad del primer y último minuto del partido, y sufrió algún desbarajuste provocado por el marcaje al hombre planteado por Molowny. Gordillo apareció por la derecha, Chendo por la izquierda y Juanito se perdió detrás de un Marco Tardelli erigido en gran protagonista de la noche.

Al comenzar el partido, el italiano aprovechó una gran jugada interista para fusilar a Ochotorena dentro del área. Pero el Madrid no se vino abajo y tanto Míchel como Valdano gozaron de buenas ocasiones para empatar el encuentro en la primera parte. Sin embargo, fue de nuevo el *8* el que amplió la diferencia tras una gran anticipación de Rummenigge en el área. La esperanza blanca vino con el gol de Valdano, a tres minutos del final, pero duró casi lo mismo que la acción de Salguero, que con una vaselina perfecta anotó en propia puerta y dejó el marcador en un muy complicado 3-1 a favor de los italianos.

Esta vez, aunque el resultado era negativo, las sensaciones en el césped no lo fueron tanto. Así lo reflejó *ABC*: «El Real, que controló al Inter, sin fortuna en los goles». Pero claro, en Europa se trata sobre todo de eso, del acierto en las áreas que el equipo no había demostrado en Italia, y ahora tendría que hacerlo a la tremenda en el coliseo de Chamartín.

Un torbellino en el Bernabéu

La explosiva simbiosis con el público, dados los precedentes, se puso en marcha desde el principio. Incluso, de más. Los trabajadores del Bernabéu, que habían sufrido desagradables episodios en partidos europeos en los que había entrado más gente de lo permitido, convocaron una huelga. Pedían más protección a los responsables gubernamentales, premisa que cumplieron y el paro se desconvocó un día antes del encuentro.

El autor del gol en la ida, Jorge Valdano, era baja por acumulación de tarjetas, por lo que Molowny confió de nuevo en el general Santillana. Junto a Butragueño y Hugo Sánchez, formaría el ataque que trataría de voltear la eliminatoria. Curiosamente, ese día el mexicano conservó el *9* y el capitán lució el *11* en su espalda. El único número que importaba era el de goles suficientes para eliminar al Inter.

El partido fue un torbellino de emociones, una verdadera montaña rusa de altibajos que hizo vibrar a una afición madridista entregada y convencida del éxtasis final. El Madrid salió con todo el ímpetu que cabía en su corazón mientras el Inter esperó durante los primeros minutos pertrechado en su área. El ritmo de los blancos, con Gordillo y Míchel como enlaces y Butragueño al mando de la batuta, fue alocado y sin tregua. El primer golpe moral, sin embargo, lo sufrieron los madridistas debido a la lesión de Sanchís en el minuto 13. En una jugada con Altobelli se lastimó de gravedad. No pudo continuar y se perdería el Mundial de México ese verano.

El Madrid, como perros a la fuga, llegaba presto al área y colgaba balones a Santillana, pero Collovatti lo mantuvo a raya al menos durante la primera parte. En el Inter, pasado el miedo inicial, comenzaron a pedirla Brady, Tardelli y Fanna, equilibrando así las fuerzas sobre el césped. De esta forma llegó el primer aviso cuando Agustín resolvió con maestría un mano a mano con Ferri. Los blancos tomaron nota y respondieron con lo que debían, el primer gol. Míchel, disfrazado de Butragueño, entró driblando en el área y sufrió un dudoso penalti. Hugo, impasible, lo transformó. 1-0 y descanso.

A la vuelta, dos palos, uno por cada bando (Míchel y Bergomi), dejaron claro que la taquicardia iba a ser de aúpa esa noche. El tanto que puso a los de Molowny por delante en la eliminatoria llegó por medio de Gordillo, que remató en plancha un gran centro de Gallego. Entonces el Madrid cometió el error que nunca te puedes permitir contra un equipo italiano: relajar un músculo durante un segundo. Esto se tradujo en el gol de Brady tras un penalti de Míchel. Tocaba arrebato de nuevo.

Si remontar una vez al Inter era una tarea titánica, hacerlo dos resultaría inverosímil. Pero, amigos, el Madrid juega a la ruleta rusa sin perder la sonrisa. Los *neroazzurri* aceptaron el reto y no lo pusieron nada fácil. Contestaron al empuje local con un paso adelante de sus pilares en el centro del campo. Fue entonces cuando la inteligencia de Gallego, la movilidad de Míchel y los bailes de Butragueño, que trajo de cabeza a Baresi, lograron imponerse poco a poco. Un penalti sobre este último, de nuevo transformado por Hugo Sánchez, llevó la batalla a la prórroga.

Ambos contendientes estaban exhaustos. La bravura demostrada había sido terrible y las fuerzas, bajo mínimos, parecían equilibradas. Pero al Madrid le quedaba un as, la bestia negra interista en los últimos años, el hombre que nunca se rendía, la cabeza de todo el madridismo. Santillana sólo necesitó tres minutos del tiempo añadido para anotar el cuarto del Madrid. Fue en un saque de esquina botado por Hugo Sánchez y rematado, cómo no, de testa. Delirio en las gradas y puños en alto de Santillana, al que su amigo Juanito, suplente, fue a dar un sentido abrazo durante la celebración. Sí, se había conseguido. De nuevo el Inter estaba eliminado tras superar al Madrid en la ida. Y, como colofón, el quinto, también de Santillana, tras una preciosa contra dirigida por Butragueño, el cisne agitador de la noche.

Con una foto de *El Buitre* saltando sobre Zenga, el diario *ABC* tituló: «El Real Madrid hizo el milagro» y destacó que «como es habitual, escribió una nueva gesta al superar al Inter por cinco goles a uno». *El País*, por su parte, se quedó con el delantero protagonista de ese día: «Santillana se reservó para la prórroga».

Esa inolvidable noche para los blancos, también fue histórica para el fútbol español, pues tres equipos nacionales lograron clasificarse para las finales europeas. El Madrid para la Copa de la UEFA, el Barcelona para la Copa de Europa y el Atlético para la Recopa. Eso sí, sólo los madridistas levantarían el título.

Ficha del partido

Real Madrid: Agustín, Chendo, Camacho, Maceda, Sanchís (Salguero, 14'), Gordillo (Juanito, 110'), Gallego, Míchel, Butragueño, Santillana y Hugo Sánchez.
Inter de Milán: Zenga, Bergomi, Mandorlini, Baresi, Collovati, Ferri, Fanna, Tardelli, Brady, Altobelli (Marini, 50') y Rummenigge (Bernazzani, 83').
Goles
1-0 (min. 43): Hugo Sánchez, de penalti.
2-0 (min. 64): Gordillo.
2-1 (min. 65): Brady, de penalti.
3-1 (min. 74): Hugo Sánchez, de penalti.
4-1 (min. 93): Santillana.
5-1 (min. 108): Santillana.

EL PERSONAJE: SANTILLANA

«Llegará el día en el que Santillana se tenga que jubilar. Entonces el Inter estará más tranquilo y podrá eliminar al Real Madrid»[40]. Así se lamentaba el entrenador italiano, Mario Corso, al quedar eliminado aquel glorioso 16 de abril de 1986. Razones tenía para el disgusto.

---

40   *Cien años del Real Madrid*. Diario *AS*, 2001.

El Madrid se cruzó en cuatro ocasiones contra el Inter entre los años 81 y 86: a las dos semifinales de las exitosas Copas de la UEFA le precedieron las semifinales de la Copa de Europa 80-81 y los cuartos de la Recopa 82-83. Siempre pasaron los blancos y en todas las eliminatorias anotó Santillana.

Carlos Alonso González, apodado Santillana en honor a su pueblo (Santillana del Mar, Santander), no comenzó jugando como delantero y ni si quiera tenía un buen remate de cabeza. Lo hacía de *8*, en Barreda, una localidad a la que se desplazaba con 14 años subido al camión lechero que iba cogiendo perolas vacías por la zona.

Santillana con los veteranos. Foto: Madridista177

Fue en el Racing de Santander donde le pusieron de delantero centro y comenzó a perfeccionar el remate de cabeza. En su debut en Segunda División logró ser el máximo goleador con 17 tantos, lo que no pasó inadvertido a Santiago Bernabéu, ávido ojeador. Los santanderinos, que habían acordado un traspaso con el Madrid de 16 millones por Ico Aguilar, tenían una deuda de 23, por lo que ofrecieron dos o tres jugadores más para saldar su cuenta. Y para allá que se fueron Aguilar, Corral y Santillana. Tenía sólo 18 años cuando firmó un contrato por tres temporadas a razón de 500.000 pesetas (aunque le doblaron la ficha el primer año). Su primera residencia en la capital fue un hostal llamado Santa Isabel, nada de mansiones de ensueño ni hoteles de lujo. Eran otros tiempos. Unos en los que un chavalín de provincias vio cómo, de un día para otro, a la derecha de su taquilla estaba Amancio y, a su izquierda, Velázquez. ¡Nada menos!

Santillana aprovechó la necesidad del equipo, que adolecía de un *9* puro, para heredar el dorsal de Di Stéfano. La responsabilidad no le hizo mella y fue titular desde su llegada al despuntar en los partidos de los jueves y no dar opción a Miguel Muñoz.

Todo le sonreía hasta el gran susto del 21 de abril de 1973. Durante el duelo frente al Espanyol, el madridista sufrió un duro choque con De Felipe que le dañó el riñón y, a la postre, permitió que los médicos descubrieran que sólo disponía de uno. La retirada asomó como una opción, pero, finalmente, el prestigioso urólogo Antonio Puigvert aseguró a Santillana que podría volver a los terrenos de juego: «Mira, Carlos, tienes sólo una cabeza y si te cae una maceta, te mata. Tienes sólo un hígado; un mal golpe y al otro barrio. Y no por ello dejas de hacer cosas. Pues con el riñón, lo mismo»[41]. Volvió a partir de la siguiente temporada y se convirtió en toda una leyenda.

41   Entrevista a Carlos Santillana en el diario *El Mundo*, 19 de junio de 2022.

Su principal virtud, el remate de cabeza, cobra todavía mayor mérito si atendemos a su altura: 1,75. La potencia de su tren inferior y la capacidad de desmarque lo convirtieron en mucho más que un delantero-tanque. Formó un tándem de lujo con Juanito. Se entendían perfectamente y sus movimientos en el campo trajeron locas a las defensas rivales, que nunca pudieron con el genio y la entrega de ambos. Su nombre, como no podía ser de otra manera, también resuena en cada minuto 7 de los partidos del Bernabéu.

Con la Selección española, el santanderino disputó 56 partidos y estuvo presente en dos Mundiales (78 y 82) y dos Eurocopas (80 y 84). Además, en el famoso partido del 12-1 a Malta anotó nada menos que cuatro goles. Cuando no existían Messi y Cristiano, estaba Santillana. No en vano, Quini lo definió como «el mejor delantero español de la historia»[42].

Santillana fue titular indiscutible hasta la llegada de *La Quinta del Buitre*, pero, sobre todo, hasta el fichaje de Hugo Sánchez. Su retirada se produjo tras la última jornada de la temporada 87-88, ya con el Madrid campeón. Se ganó al Valladolid, cómo no, con gol de cabeza de Santillana. Cuando él se fue, sólo Di Stéfano le superaba en registros anotadores. Puro mito.

Ficha del jugador

Partidos: 645 oficiales.
Goles: 290.
Internacional: 56 partidos.
Palmarés: 9 Ligas, 2 Copas de la UEFA, 4 Copas y 1 Copa de la Liga.

---

42   Entrevista en *El Larguero* recogida por el diario *AS*, 23 de noviembre de 2012: https://as.com/futbol/2012/11/23/primera/1353672849_097769.html

LA ANÉCDOTA: *«NOVENTA MINUTI EN EL BERNABÉU SON MOLTO LONGO»*

Existen dos versiones sobre la famosa frase que Juanito dirigió a los jugadores del Inter de Milán después de perder el partido de ida de semifinales de la UEFA. Mientras algunos medios afirman que la pronunció en el partido de la temporada anterior, en este libro escogemos el recuerdo de uno de los protagonistas directos, Carlos Santillana, que relató tiempo después lo sucedido: «Fue en las semifinales de la UEFA de la 85-86. La del 3-1 y luego el 5-1 en la prórroga. Usted sabe que en San Siro antes había un pasillo enorme del campo a los vestuarios. Por lo menos 50 metros o más. Y para allá que íbamos los dos equipos. Los italianos iban riéndose. Juanito, que tenía mucha casta y el mismo cabreo que todos, se acercó y les dijo: "Espera, espera, que *90 minuti en el Bernabéu son molto longos*". Lo dijo en un perfecto *Spanish-Italian*»[43]. La cara de los interistas debió de ser un cuadro. O un museo entero.

¿QUÉ PASÓ DESPUÉS?

La final de la Copa de la UEFA, como en la temporada anterior, sería a doble partido, pero esta vez con la ida en el Santiago Bernabéu. El rival fue el Colonia de Schumacher, Bein, Littbarski y Allofs. Su éxito más reciente había sido la consecución de la Copa alemana en 1982, pero se consideraba uno de los «cocos» de la competición.

El 30 de abril, un Madrid con muchas bajas y una alineación valiente (Agustín, Solana, Salguero, Camacho, Gordillo, Juanito, Míchel, Martín Vázquez, Butragueño, Hugo Sánchez y Valdano) dejó la final sentenciada. Al potente Klaus Allofs

---

[43]   Entrevista a Santillana en Diario *AS*, 16 de septiembre de 2016: https://as.com/futbol/2016/09/16/champions/1473987030_510207. html?autoplay=1

no le debieron de pasar el vídeo de los partidos europeos de esos años en el Bernabéu y cometió el fatal error de provocar a la bestia anotando el primer gol. A partir de ese momento el Madrid sacó el rodillo y aplastó la táctica y el orden germanos.

Juanito inició los dos primeros goles madridistas. En el que supuso el empate, centró al área para que Hugo Sánchez remachara un tiro de Valdano repelido por el portero alemán. En el segundo, pasó con el exterior y Gordillo remató de cabeza rubricando la remontada. El 3-1 combinó los bailes de salón de Butragueño con su indomable insistencia para que el balón llegara a un Valdano que, esta vez sí, fusiló la portería alemana. El ariete también firmaría el cuarto aprovechando un error, mientras que Santillana rubricó el quinto en autohomenaje a su gran trayectoria en la competición. 5-1.

Con todo, Valdano llamó a la prudencia de cara al partido de vuelta: «Quedan todavía noventa minutos por disputar, noventa minutos *alemanes*». Y no se equivocó, pues los jugadores del Colonia no ahorraron en dureza para desquiciar al Madrid. Hugo Sánchez fue el primer damnificado. El mexicano tuvo que salir tras una dura entrada de Hönerbach que a punto estuvo de apartarle del Mundial de México. Maceda, por su parte, recayó de las molestias sufridas en la eliminatoria frente al Borussia e inició una espiral de lesiones que terminaría con su prematura retirada. Al final se impuso el Colonia por 2-0 y el título voló a Madrid.

Rijeka, Anderlecht, Inter, AEK de Atenas, Borussia y, de nuevo, Inter. El Real Madrid, en dos años, remontó seis eliminatorias para alzarse con dos Copas de la UEFA épicas e indelebles en la memoria de cualquier aficionado al fútbol.

En el campeonato de Liga, al fin, la sonrisa volvió a Chamartín. Los partidos del equipo de Molowny eran un espectáculo de goles y ambición. Se lograron batir varios récords: el de puntuación (56), victorias en casa (17) y victorias totales (26). El Barcelona quedó en segunda posición, a 11 puntos, mientras que el Athletic de Bilbao se mantuvo a 13. Además, el *Pichichi* se lo llevó Hugo Sánchez, con 22 goles, seguido de Valdano, con 17.

En la Copa del Rey, el Madrid llegó a semifinales. En primera ronda superó al Recreativo de Huelva (5-0 en casa y 3-1 en tierras andaluzas). En los cuartos, el Celta consiguió amarrar un empate sin goles en la ida, pero recibió cuatro en el Santiago Bernabéu. Fue el Zaragoza el que eliminó al Real Madrid. Obtuvo una renta de 2-0 en la Romareda que los madridistas no fueron capaces de levantar en casa (3-2).

Finalmente, en el que fue el último año de la Copa de la Liga, el Real Madrid cayó eliminado frente al Barcelona. La ida se saldó con un esperanzador 2-2, pero la vuelta, afectada por las bajas de los convocados para el Mundial de México, supuso un duro correctivo para los de Molowny: 0-4.

Camacho y Santillana. Foto: AllSport UK

El balance de la primera temporada de Mendoza al frente del club fue un rotundo éxito, pues el equipo conquistó los dos principales títulos en juego y se consolidó la generación de *La Quinta*. Además, la política de fichajes recogió rápido sus frutos y se formó un equipo con un gran gusto por lo estético y mordiente depredadora, ansioso por ganar, conquistar y dejar su huella en la historia del fútbol. Lo consiguió.

REAL MADRID – ESTRELLA ROJA

CUARTOS DE FINAL DE LA COPA DE EUROPA. TEMPORADA 86-87

LA QUINTA TAMBIÉN REMONTA EN COPA DE EUROPA

En 1987 España seguía avanzando, a veces en la buena dirección, con el bullir de la *Movida* y el auge del séptimo arte; a veces en la equivocada, con el inicio la burbuja del ladrillo. El 15 de julio la banda U2 dio su primer concierto en nuestro país y logró congregar al mayor número de asistentes a una representación musical hasta ese momento: 135.000 personas abarrotaron el Bernabéu. Pero antes, durante esa temporada, el coliseo blanco fue testigo de un espectáculo que también quedaría en el recuerdo.

LOS ANTECEDENTES. ASÍ LLEGABA EL REAL MADRID

El 23 de marzo de 1986, nada más finalizar el partido del alirón del Real Madrid frente al Valladolid, Molowny fue claro sobre su futuro: «No volveré al banquillo». Mendoza comenzó entonces una ronda de consultas a diferentes perfiles para entrenar al equipo. Luis Aragonés declinó la oferta, con Menotti no hubo *feeling* y la opción de Javier Clemente fue descartada al considerar que el Bernabéu no aceptaría de buen grado la filosofía de juego del vasco. Las miradas se pusieron entonces en Leo Beenhakker, un holandés que, como Boskov, ya había triunfado en España durante su periplo en el Zaragoza haciendo gala de un fútbol de ataque y sin reservas.

Beenhakker sólo alcanzó el segundo nivel como futbolista debido a una lesión que lo apartó del césped de forma prematura, aunque no del banquillo. Fue el entrenador más joven de los Países Bajos en obtener la licencia A, con sólo 25 años. Ganó una liga con el Ajax (79-80) y lo llevó a las semifinales de la Copa de Europa. En el 81 fichó por el Real Zaragoza, donde mantuvo su personalidad y los maños practicaron un estilo alegre. Antes de recalar en el Madrid era director técnico del FC Volendam.

Para comprender el estilo de Beenhakker hay que acudir a Rinus Michels[44], el creador del concepto del «fútbol total», del que fue discípulo en la selección de su país. Está en el recuerdo colectivo que Johan Cruyff es el entrenador que implantó este modelo en España, pero lo cierto es que el pionero fue Beenhakker. Inculcó a sus jugadores que las posiciones estáticas formaban parte del libreto del pasado y que el fútbol moderno se basaba en la ocupación de los espacios, la movilidad y la capacidad de desenvolverse en cualquier zona del campo. Quizás el hecho de que la historia del Real Madrid haya encumbrado más a futbolistas y a generaciones que a entrenadores ha contribuido a que la labor de Beenhakker no tenga toda la luz y los focos que sin duda merece.

Fue Jorge Valdano, que ya estuvo a sus órdenes cuando vestía la zamarra aragonesa, el responsable del primer contacto con el *Tulipán blanco*. Pasado el filtro, Mendoza se reunió con él y cerró el acuerdo. No era la primera vez que el

---

44   https://www.fifa.com/es/news/rinus-michels-el-inventor-del-futbol-total

Madrid sondeó su fichaje, pues la directiva de Luis de Carlos se lo llegó a plantear, aunque finalmente se decidió por Amancio. Y ya saben cómo terminó el cuento...

El 8 de abril rubricó su firma en un acto en el que Mendoza le pidió tres cosas: «seriedad, disciplina y comprensión humana»[45] El holandés tomó nota de las dos primeras y así lo puso de manifiesto muy pronto al prohibir a los jugadores las reuniones técnicas por su cuenta antes de los partidos. Esta costumbre, muy arraigada en la etapa de Molowny, contribuyó, desde la visión de los protagonistas, a mejorar el análisis de los rivales y a solidificar su unión frente a los desafíos. Sin embargo, Beenhakker asumió sus responsabilidades con todas las consecuencias y también prescindió del preparador físico, Fernando de la Mata. Esa parcela la desempeñaría uno de los ayudantes.

Fue la primera vez que Mendoza se vio entre la espada de los jugadores, a los que siempre quiso complacer hasta cierto límite, y la pared de la autoridad del entrenador. Como casi siempre en el fútbol, los resultados darían la razón a unos y se la quitarían a otros.

En esta campaña, el Madrid mantuvo el mismo bloque que la anterior. Sólo se acometieron dos fichajes: el de Mino, del Sporting de Gijón, y el que a la postre sería el portero titular durante la siguiente década, Paco Buyo. Procedente del Sevilla, el gallego destacaba por su agilidad, grandes reflejos y pase largo. Debutó en el Mallorca y militó en el Deportivo de la Coruña, el Huesca y el club hispalense, donde estuvo seis años antes de llegar a la capital. Beenhakker siempre elogió su fichaje: «Con Buyo, el fútbol español tiene la portería bien cubierta»[46].

45   Diario *El País*, 8 de abril de 1986: https://elpais.com/diario/1986/04/09/deportes/513381612_850215.html

46   https://www.realmadrid.com/sobre-el-real-madrid/el-club/historia/jugadores-de-leyenda-futbol/francisco-buyo-sanchez#:~:text=Su%20primer%20t%C3%A9cnico%20en%20el,tardaron%20en%20llegar%20los%20triunfos.

Por su parte, el histórico Miguel Ángel colgó los guantes para formar parte del equipo técnico del club. Tenía 38 años y una vitrina con ocho Ligas, dos Copas de la UEFA, cinco Copas, una Copa de la Liga y un Trofeo Zamora. Casi nada.

CRÓNICA DE LA REMONTADA

El Real Madrid de *La Quinta* debutó en la máxima competición europea después de que el club estuviera cinco años ausente. Y lo hizo con una remontada en la primera eliminatoria. Había que seguir la costumbre. Fue ante el histórico Young Boys suizo.

En la ida, en Berna, los de Beenhakker estuvieron demasiado nerviosos y los helvéticos se aprovecharon para ganar por un gol a cero. Lo anotó Bamert gracias a un cabezazo en el área pequeña mientras los defensas blancos asistían de espectadores. La vuelta, aunque no lo pareció en el marcador, resultó sufrida. El Young Boys se fue con una manita del Bernabéu (Santillana, Valdano, Butragueño -dos- y Hugo Sánchez), pero hasta el minuto 72, cuando llegó el gol que volteaba la eliminatoria, el suspense flotó en las gradas.

Los octavos supusieron la primera prueba de maduración para el equipo. La Copa de Europa es como los amores de verano, que nunca esperan ni perdonan un error. Y al Madrid le tocó bailar con la más fea, la Juventus de Turín. Hablamos del equipo dirigido por Michael Laudrup y liderado por Michel Platini. Respeto era lo mínimo que podías sentir cuando los tenías enfrente.

El partido del Bernabéu estuvo marcado por las trincheras de la *Vecchia Signora*, superadas sólo una vez por medio de Butragueño. El Comunale se vistió de infierno, aunque los blancos dispusieron de al menos las mismas ocasiones que los italianos. Sin embargo, el Madrid perdió por 1-0 en un partido en el que Buyo justificó cada peseta de su fichaje. Fue la pesadilla de los atacantes *bianconeri*, especialmente de

Platini, al que llegó a frustrar un mano a mano clarísimo. Ya en la tanda de penaltis, paró dos y dio la clasificación al Madrid. El último gol madridista lo anotó Juanito con un lanzamiento suave y al centro. A él le iban a venir con pitos y flautas los italianos.

Terror helado

Entonces tocó el Estrella Roja de Belgrado, un rival durísimo con el que se cumpliría el guion de los dos años anteriores en Europa: desastroso partido de ida y necesidad de una machada en el Bernabéu. Pero vayamos paso a paso.

El equipo serbio, donde jugó y al que entrenó el exmadridista Miljan Miljanic, fue fundado el mismo día del partido de ida de la eliminatoria, el 4 de marzo, pero de 1945. Aunque era relativamente joven, ya se había convertido en uno de los más laureados de su país. En Europa, sus mayores éxitos hasta ese momento fueron las dos semifinales de la Copa de Europa (1957 y 1971), una semifinal de la Recopa (1975) y una final de la Copa de la UEFA (1979). Por tanto, siempre habían amagado, pero nunca golpeado.

Vértelas con el Estrella Roja nunca era agradable, y gran parte de culpa la tenía el ambiente de su estadio, conocido como el «Pequeño Maracaná». Con capacidad para casi cien mil personas por aquel entonces, había un jugador en la plantilla blanca especialmente marcado por aquel campo. Sí, lo han adivinado. No podía ser otro que Juanito. Una década antes, el 30 de noviembre de 1977, España superó a Yugoslavia (0-1), en lo que se conoció como «La Batalla de Belgrado»[47], y logró la clasificación para el Mundial de Argentina. El madridista, al ser sustituido en el 76', recibió

---

47   https://www.sefutbol.com/fotos-historia-batalla-belgrado-y-botellazo-juanito#:~:text=Poco%20despu%C3%A9s%20lleg%C3%B3%20la%20acci%C3%B3n,en%20su%20cabeza%2C%20dej%C3%A1ndole%20seminconsciente.

un botellazo en la cabeza como respuesta a su gesto con el pulgar hacia abajo.

Con un ambiente similar, aunque esta vez sin violencia, recibió el Estrella Roja al Real Madrid. La temperatura rozaba lo glaciar y parte del terreno de juego estaba congelado. Las que metían calor, y mucho, eran las gargantas de unos aficionados enfervorizados y dispuestos a conducir a su equipo a una victoria sin paliativos frente un desacertado Real Madrid.

«La idea fue siempre que el libre (Salguero) estuviese por detrás de los marcadores de los puntas yugoslavos para frenar la velocidad del rival», explicó Beenhakker tras el partido. Pero, si atendemos a lo que sucedió aquella noche en Belgrado, o los jugadores no estaban en la misma habitación cuando el entrenador dio la consigna o éste se equivocó de vestuario. Así, todos los males del Madrid fueron fruto de la mala colocación y la deficiente gestión defensiva. Camacho y Solana persiguieron las sombras de Stojkovic y Jankovic en una estrategia de marcaje al hombre que el equipo no estaba acostumbrado a realizar. Y se notó.

Buyo, totalmente vendido, vio cómo en los cuatro goles recibidos, los delanteros llegaban totalmente solos ante su portería. En el último no tuvo más remedio que abrazar a Djurovski, pero el árbitro no entendió el gesto de cariño del gallego y pitó penalti. Por el camino, Hugo Sánchez había errado una pena máxima y anotado un gol a pase de Valdano. En los instantes finales, cuando parecía que todo terminaría con un desastroso 4-1, el defensa Bracun derribó a Gordillo en el área y Hugo marcó con toda la rabia mexicana de su interior. La remontada sería un increíble viaje a dos goles de distancia.

La fuerza del Bernabéu minimiza al Estrella Roja

Condicionado por la baja de Valdano (diagnosticado de hepatitis B), Beenhakker dejó atrás la excesiva prudencia mostrada en Belgrado y tiró de la columna vertebral de las remontadas: Gallego, Camacho, Juanito y Santillana. La consigna para el Bernabéu, aprendida la lección de Belgrado, fue clara: frenar los contragolpes y tapar al suministrador de peligro, el centrocampista Jankovic, al que el Madrid terminaría fichando el 9 de abril.

El sistema del Madrid viró a un 3-4-3 con dos marcadores (Chendo y Camacho) y un libre atrás (Gallego). Sanchís hizo de *stopper* al lado del creativo Juanito, mientras Gordillo y Míchel abrieron el campo. Arriba, la tripleta de lujo: Butragueño, Hugo Sánchez y Santillana.

El inicio del equipo fue dinámico y fulgurante, tanto que en el minuto 5 *El Buitre* dibujó una diablura parecida a la que realizó ante el Cádiz en Copa y provocó el delirio incandescente en la grada. Fue un fogonazo. El juego de combinación tenía un claro objetivo: llegar sin arriesgar. Algo así como el que besa de manera furtiva y no entregada. No le importó al Madrid recular cuando el Estrella Roja manejaba el balón para que esta vez Buyo no sufriera en soledad. Los yugoslavos, aunque sin mordiente arriba, fueron conscientes de la estratagema y no les quemó el balón en los talentosos pies de sus centrocampistas. Esto alteró al exigente público del Bernabéu, menos entusiasta que en anteriores remontadas, y se manifestó en forma de pitada.

Los jugadores blancos percibieron el toque de atención y salieron de la cueva en la segunda parte, dispuestos a adelantar la frontera unos metros y seguir atosigando al Estrella Roja, pues todavía faltaba un gol para pasar la eliminatoria. Llegó en el 60' tras un magnífico cabezazo de Sanchís a centro de Chendo. A partir de entonces, el partido se diluyó entre la carencia de espíritu de los foráneos y el conservadurismo madridista. No hizo falta nada más.

Si alguien sufrió doblemente fue el entrenador del Estrella Roja, Vasovic, pues era la segunda vez que el Real Madrid se interponía en sus sueños. En la primera, perdió la final de la Copa de Europa en 1966 cuando defendía los colores del Partizán.

El Madrid, huérfano en Belgrado, totalmente vulnerable frente al peligro, supo interpretar las amenazas, minimizarlas y aprovechar toda la fuerza de su estadio para decir a Europa, una vez más, que para eliminarlo había que ir más allá de lo imposible. Mucho más.

«Jornada de fiesta en el Santiago Bernabéu con nuevo éxito europeo del Real Madrid», destacó *ABC* en primera. La crónica interior se tituló de forma más literaria, destacando al autor del primer gol: «El Madrid pasó por donde se posó *El Buitre*». *El País,* por su parte, no regaló la vista del aficionado blanco: «El Madrid pasó con lo justo». *Don Balón* compartió el mismo punto de vista en su análisis: «El Bernabéu volvió a vestirse de gala para presenciar una nueva gesta del Real. Esta vez el equipo merengue hizo lo justo».

Ficha técnica

Real Madrid: Buyo, Chendo, Camacho, Juanito (Solana, 66'), Sanchís, Gordillo, Butragueño (Martín Vázquez, 86'), Michel, Hugo Sánchez, Gallego, Santillana.

Estrella Roja: Stojanovic, Milojevic, Krivocapic, Bracun, Elsner, Jankovic, Djurovic, Djurovski, Cvetkovic, Stojkovic, Mrkela (Nikolic, 46').

Goles

1-0 (min. 5): Butragueño.

2-0 (min. 60): Sanchís.

EL PROTAGONISTA: HUGO SÁNCHEZ

Antes de la eliminatoria con el Estrella Roja, en la que luego sería protagonista en el partido de ida al anotar dos goles, Hugo Sánchez desató una tormenta. La *Agencia EFE* y *La Gazzeta dello Sport* publicaron que el delantero había decidido salir del Real Madrid y que tenía un acuerdo con el Inter de Milán. Los italianos le ofrecían 580 millones por cuatro años mientras en el Madrid sólo percibía 70 por campaña. Estaba en su segundo año de contrato y ya quería dar un nuevo salto dejándose arrastrar por su indómita ambición.

El delantero llegó a ofrecer a Mendoza 120 millones por su libertad. Si no llegaba a un acuerdo, acudiría al decreto 1006/85, el origen de las actuales cláusulas de rescisión. Establecía que si un deportista pretendía abandonar su club sin acuerdo, la jurisdicción laboral fijaría el monto de la indemnización. El vestuario, incluidos sus más cercanos (Buyo y Martín Vázquez) se quedó estupefacto y molesto. Por si fuera poco, aparecieron rumores del interés del Barcelona, el Milán, la Juve...

El 14 de marzo *El País* publicó una entrevista[48] en la que el delantero daba sus razones: «Estoy desilusionado. En el Madrid no se valora lo que hago (...) Un amigo mío habló con Mendoza y me dijo: "Mendoza me ha dicho que eres el mejor futbolista del mundo". Bien. Se lo agradezco a Mendoza. ¿Pero dónde está el periódico, la radio o la televisión en la que ha dicho eso?». También reflejó en ella sus pretensiones: «Una vez que llegué al Atlético pensé que el equipo en el que debía triunfar era el Madrid. Una vez que he triunfado en el Madrid pienso en otra cosa. La carrera del futbolista es corta y lo que se quiera conseguir hay que conseguirlo en poco tiempo». Seguramente esto no ayudó en la relación con sus compañeros, pero, por si acaso, Hugo colgó la entrevista en el tablón de la Ciudad Deportiva aquel día y les dijo que, si querían saber sus razones, ahí estaban.

Pasaron las semanas, Beenhakker siguió contando con Hugo y el nubarrón se fue disipando. Mendoza se mantuvo firme de cara a la prensa, mientras, de puertas hacia adentro, le mejoró el contrato. El *9* blanco necesitaba «reconocimiento» y lo tuvo.

Hugo Sánchez quería llegar a la cúspide, pero se encontró con un Real Madrid de época con nombre y apellidos.

---

48   Diario *El País*, 14 de marzo de 1987: https://elpais.com/diario/1987/03/14/deportes/542674805_850215.html

Anhelaba algo tan comprensible por sus méritos como imposible por el contexto: que los focos le apuntaran, al menos, en la misma medida que a los integrantes de *La Quinta*. Pero en un país enamorado de aquella generación y unos medios de comunicación dispuestos a encumbrarla, el deseo del mexicano resultó una quimera y una frustración constante que no se apagaría del todo con aquel desagradable episodio del Inter. «No me hubiese ido con él de vacaciones a ningún sitio, pero no podía estar sin Hugo en el campo». Míchel es cristalino en el documental sobre *La Quinta* de *Informe Robinson*.

Insaciable, indomable, genuino, difícil, especial. Elijan el adjetivo que quieran. Todo eso y más era Hugo Sánchez. Tenía la patente del gol, pero también de la casta y los valores más profundos del Real Madrid, los que te hacen no aceptar la derrota y llevar marcado a fuego el sacrificio hasta el final. Su asociación con Butragueño fue la más digna continuación de aquella formada por Juanito y Santillana.

El delantero azteca era ego y ansia, quizás el perfil que más se asemejó a lo que supuso Cristiano Ronaldo años más tarde. Lo quería todo, no había nacido para esperar ni para bajar del primer escalón. Y esto, en combinación con el interés colectivo, no siempre es fácil de llevar. «Para mí el gol era mi alimento. Necesitaba comer, meter goles, para saciar mi necesidad. Era supervivencia. Necesitaba el gol para estar personalmente bien, estar contento. Si yo marcaba y ganábamos era el más feliz del mundo. Cuando no marcaba o perdía, yo era diferente. Mi estado de ánimo era otro. No estaba satisfecho. Era como no llenarte con una comida»[49]. Palabra de Hugo Sánchez.

Más allá de remates, piruetas y goles, la carrera de Hugo Sánchez está llena de anécdotas que le definieron como jugador y como persona. Sirvan tres como ejemplo: estuvo a punto de rechazar la Bota de Oro de 1990 porque en el

---

49   Entrevista a Hugo Sánchez en *El País*, 5 de febrero de 2015: https://elpais. com/deportes/2015/02/06/actualidad/1423257035_937022.html

Balón de Oro no se consideraba entonces a los futbolistas americanos; llevaba grabadoras a las entrevistas para evitar cambios o tergiversaciones; recibió con gusto de manos de la Federación una botella de champán que le lanzaron a la cabeza en un partido de Copa en Sestao (11-11-87).

Pero si hay una historia que define a Hugo Sánchez es la sucedida en la última jornada de la Liga 89-90 contra el Oviedo. El mexicano, que no pudo jugar el anterior partido frente al Atleti por sanción, sólo disponía de esa oportunidad para alcanzar el récord de goles de Telmo Zarra, 38. Le faltaban tres, así que le solicitó a John Toshack poder dirigirse a sus compañeros en la charla previa al encuentro. Sin cortarse, les pidió ayuda a todos para llegar a la cifra de leyenda y les dijo que ese día le buscaran de forma especial en el campo. Tenía que marcar un *hat-trick*... y lo hizo. Dos pases de Míchel y un gol de penalti le encumbraron junto al mítico delantero español. Con el añadido, eso sí, de haber anotado los 38 de esa temporada a un solo toque.

La mayor virtud del Hugo Sánchez jugador fue explotar al máximo sus capacidades. Todo lo que hacía en el campo tenía un sentido y además lo ejecutaba bien. Era un maestro del engaño y del desmarque, poseía un instinto asesino en el área, remataba con todas las partes de su cuerpo y, además, era un excelente lanzador de faltas y de penaltis. Nunca perdía la concentración, siempre estaba en el lugar correcto para el zarpazo. Cuando se le recuerda el gol más bello de su carrera, la chilena del 10 de abril de 1988 frente al Logroñés, el mexicano siempre responde: «Logroñés al revés se lee "señor gol"». Puro Hugo.

Ficha del jugador

Partidos jugados: 282 oficiales.
Goles: 208.
Internacional: 75 veces.
Palmarés: 5 Ligas, 1 Copa de la UEFA y 1 Copa del Rey y 3 Supercopas de España.

LA ANÉCDOTA: EL MADRID, EN LA CIMA ANTES DE BELGRADO

En los días previos al viaje a Belgrado, el Real Madrid y Butragueño estaban en lo más alto del fútbol mediático europeo. En la gala de *France Football* el club recibió el galardón al mejor equipo del continente durante la temporada anterior, que se había coronado con la consecución de la segunda Copa de la UEFA consecutiva. Por su parte, *El Buitre* repetía Balón de Bronce. El de Oro fue para Ruud Gullit y el de Plata para Paulo Futre. Míchel quedó cuarto, por lo que el Madrid logró colocar a dos jugadores entre los diez primeros.

¿QUÉ PASÓ DESPUÉS?

Con el pase a semifinales, el Madrid selló 15 eliminatorias consecutivas superadas en Europa. Pero la alegría la iba a cortar el Bayern de Múnich y un desastroso partido en Alemania que, además de casi sentenciar al Madrid, decidió el futuro de Juanito como jugador blanco. La eliminatoria tuvo de todo: polémica arbitral, agresiones, cuernos… nada podía salir bien de todo aquello y así fue.

Madrid y Bayern, que sólo se habían visto las caras una vez 11 años antes con triunfo bávaro, llegaban al enfrentamiento como líderes en sus campeonatos. El duelo se fue caldeando desde antes del primer partido, y a ello contribuyó gustoso Udo Lattek, entrenador de los germanos, que aseguró a la prensa que ganarían «sobrados».

El Madrid, que a la baja de Valdano unió la de Hugo Sánchez para la ida, se desquició pronto. A la ocasión desaprovechada por Butragueño nada más comenzar, le siguieron dos goles del Bayern, uno correcto y otro tras un penalti muy polémico cometido por Buyo. Desde ese instante, el equipo, que había salido con orden y tratando de jugar, cambió la estrategia por el juego duro y la intensidad. Y claro, así llegó el 3-0 y la película de terror de Juanito. Entrada dura de Matthäus a Chendo y pisotón del malagueño digno de expulsión y sanción por cinco años. Curiosamente, su predecesor con el 7, Amancio, también fue expulsado en Múnich en el que sería su último partido internacional con el Madrid. Al final, el marcador reflejó un contundente 4-1.

En la vuelta se hizo más fuerza para invocar a los demonios de la venganza que a los dioses de las misiones imposibles. Quizá por ello no se pudo consumar la remontada. Por eso y por Plaff, claro. El guardameta belga, que ya había amargado a los españoles en el Mundial de México, tuvo una noche casi perfecta y acabó con el sueño madridista de la Copa de Europa esa temporada.

La crispación y la tensión fueron las protagonistas del partido del Bernabéu, que incluso retrasó su comienzo por el lanzamiento de objetos y quien sabe si de ilusiones ante un Bayern que había demostrado su adaptación a la rudeza. Santillana inflamó la esperanza con su gol en el 28' y unos minutos más tarde Augenthaler fue expulsado por agredir a Hugo Sánchez (su gesto haciendo los cuernos a la grada sería la imagen del encuentro). Pero ni por esas. El Madrid no logró aumentar su renta con un jugador más sobre el campo y pasó un Bayern que terminaría perdiendo la final contra el Oporto. Así resumió Paco Buyo la eliminatoria: «En la Copa de Europa no se pueden cometer errores y frente al Bayern de Múnich los cometimos. Fue imposible doblegar la potencia del equipo alemán»[50].

En España, el equipo blanco hizo historia al proclamarse campeón de la primera y única Liga del *play-off*. Esta ocurrencia, que sólo se mantuvo ese año, se basaba en realidad en una tercera vuelta dividida en grupos. Así, tras los 34 partidos habituales del campeonato, los seis primeros se

---

50   *Cien años de leyenda, 1902-2002*, Luis Miguel González. Editorial Evergráficas S.L., 2002.

enfrentarían a ida y vuelta para dilucidar el campeón, los seis siguientes se disputarían una plaza para la Copa de la UEFA, y los seis últimos tratarían de evitar el descenso. En definitiva, fue una Liga más larga, pero no con eliminatorias tras la fase regular.

El equipo, consolidado de la temporada anterior y basado en una sólida defensa y la eficacia del ataque, ganó el campeonato después de los 66 partidos disputados. Hugo Sánchez, que se llevó su segundo *Pichichi*, fue elegido por los jugadores como el mejor del año, y Paco Buyo resultó el segundo portero menos goleado.

Respecto a la Copa, la historia fue muy diferente. No se hizo una mala campaña, pero las semifinales pusieron el límite ese año. Una vez superados Cádiz (0-0 y 6-0) y Osasuna (1-2 y 4-1), el Atlético eliminó al Real Madrid tras remontarle en el Calderón la renta de 3-2 que consiguieron los blancos en la ida.

El 26 de mayo de 1987 se hizo oficial lo inevitable. Juanito, después de 10 años en el club, firma por el Málaga, que aquellos años estaba en Segunda División. La raza de Juan no entendía de categorías y, en su primer año en casa, lograría el ascenso y anotar 10 goles con la camiseta de su ciudad. En el Madrid quedaron su grandes actuaciones, goles, regates, cabalgadas... pero, sobre todo, su ejemplo.

REAL MADRID – BAYERN DE MÚNICH

CUARTOS DE FINAL DE LA COPA DE EUROPA. TEMPORADA 87-88

UNA *BESTIA* MENOS *NEGRA*

En 1988 España estaba de moda. Nuestro país se consolidó como uno de los destinos favoritos del mundo y por primera vez superó la cifra de 50 millones de turistas. En el Madrid, el «modelo Beenhakker» caló e incluso se perfeccionaría con un complemento que dio equilibrio al equipo coral que arrasaba por todos los campos del territorio nacional.

LOS ANTECEDENTES. ASÍ LLEGABA EL REAL MADRID

En su segunda temporada, Leo Beenhakker consideró que el bloque estaba hecho y en fase de crecimiento, por lo que sólo necesitaría de algunos retoques. A la exitosa incorporación de Milan Jankovic, al final de la campaña anterior, se unieron Miguel Tendillo y Paco Llorente. También subieron los castillistas Aldana, Maqueda y Aragón.

La contratación que más revuelo provocó, por su ascendencia y trayectoria, fue sin duda la de Llorente. 34 años después de que Gento llegara al Real Madrid, su sobrino firmó por el club blanco. Criado en la Ciudad Deportiva, no fue valorado en primera instancia y se marchó al Moscardó para recalar finalmente en el Atlético de Madrid. Allí la afición rojiblanca lo llegó a llamar «el Butragueño del Calderón». Rápido y de regate vertiginoso, aprovechó también esas virtudes en los papeles e incluyó una cláusula de 50 millones de pesetas para su liberación acogiéndose al decreto 1006/85. Mendoza hizo el resto y lo firmó por cinco temporadas a razón de otros 50 millones por cada una de ellas.

Nunca llegó a tener continuidad como titular debido a la gran competencia en la delantera, pero resultó un suplente de lujo que alteró los partidos con su desequilibrio y entrega. A estos jugadores se les llama «revulsivo», pero ellos huyen de rol y no siempre con éxito. Fue protagonista involuntario del primer enfrentamiento serio entre Mendoza y Beenhakker cuando el preparador lo incluyó en el once frente al PSV[51] en detrimento de Butragueño. El presidente, indignado, cuestionó esta decisión por haber dejado en el banco a parte del «patrimonio del club». Llorente se mantendría en el Madrid hasta 1994. Ganó 3 Ligas, 2 Copas y 4 Supercopas de España.

Miguel Tendillo llegó procedente del Murcia después de jugar 284 partidos con el Valencia, donde, curiosamente, en la temporada 82-83 logró marcar un gol contra el Madrid que supuso la permanencia del conjunto *ché*. Fichó como un jugador contrastado de 26 años para suplir la baja de Salguero y las continuas ausencias por lesión de Maceda.

El valenciano debutó con el equipo de Mestalla en febrero de 1979. Tenía sólo 18 años y esa temporada ganó la Copa del Rey al Real Madrid (2-0). Un año después, Di Stéfano le dio la

---

51   Sucedió en el partido de ida de las semifinales de la Copa de Europa 87-88, versado en el presente capítulo.

oportunidad de convertirse en un referente de la zaga valencianista, donde tuvo actuaciones destacadas como el marcaje a Cunningham. En la Eurocopa de Italia'80 fue titular en dos partidos. También disputó el Mundial de España'82 (esta vez todos los encuentros) y se convirtió en un icono del valencianismo por su gran solvencia. Sin embargo, tras una aciaga temporada en la que el equipo del Turia bajó a Segunda, Tendillo salió y recaló en un Murcia recién ascendido. De ahí al club blanco, donde firmó el 24 de junio de 1987 por 78 millones de pesetas.

«Me considero ya como si llevara mucho tiempo en esta entidad y tengo los objetivos puestos en ser titular, jugar el mayor número de encuentros posibles y alcanzar junto a mis compañeros el mayor número de éxitos posibles», declaró al *Boletín Oficial del Real Madrid* correspondiente a julio-agosto de ese año. Y lo cierto es que su adaptación fue perfecta y durante sus dos primeras temporadas brilló en la retaguardia con Sanchís como escudero. Luego llegarían los fichajes de Hierro, Ruggeri y Rocha, y las circunstancias nunca fueron las mismas para Tendillo, sobre todo con Benito Floro en el banquillo. El 20 de noviembre de 1992 declaró a *El País*: «Floro me echó una mano, pero al cuello»[52]. Se marcharía esa misma temporada al Burgos, donde se retiró en 1993.

Así las cosas, la máquina blanca arrancó la temporada 87-88 con un once llamado a hacer historia: Buyo, Chendo, Sanchís, Tendillo, Camacho; Míchel, Jankovic, Martín Vázquez, Gordillo; Butragueño y Hugo Sánchez. Las aspiraciones no tuvieron límites, tampoco las expectativas, pues la afición deseaba ver a su equipo avasallar. Y faltó poco para lograrlo.

---

52 Diario *El País*, 20 de noviembre de 1992: https://elpais.com/diario/1992/11/20/deportes/722214006_850215.html

CRÓNICA DE LA REMONTADA

El fútbol es tan generoso que siempre ofrece una segunda oportunidad. Y este año se la concedió al Real Madrid poniéndole al Bayern de Múnich de nuevo en el frente tras la dramática y violenta eliminación del curso anterior. Pero antes de llegar a este momento de gloria, tuvo que superar a dos colosos, lo que fue alimentando todavía más la obligación moral (si es que esto se puede dar) de conquistar el máximo título continental.

Para empezar con alegría, el primer rival fue el Nápoles de Maradona. No había uno más sencillito. El argentino, en la cúspide de su carrera, acababa de ser reconocido como el mejor jugador del Mundial de México'86. En la temporada anterior, el *pibe* condujo a su equipo a la conquista del *Scudetto*, superando a Milán y Juventus, además de ganar también la Copa de Italia. Doblete histórico. Por si fuera poco, se había reforzado con Careca, uno de los atacantes más cotizados del momento.

El partido de ida se disputó a puerta cerrada por los incidentes en el partido contra el Bayern. Para prepararlo, durante la semana anterior, Beenhakker organizó partidillos contra los equipos inferiores del Madrid, que se tuvieron que vestir con las camisetas azules del Nápoles. Sólo los periodistas y la Junta Directiva, que abandonó el palco para sentarse en una grada decorada con pancartas y bufandas, pudieron presenciarlo *in situ*. Camacho, desde el banquillo, se encargó de que su voz se escuchara casi como las 100.000 gargantas que hubieran poblado el Bernabéu aquella noche.

El Madrid salió sin complejos, el Nápoles encerrado y Chendo cumplió con el plan asignado: anuló completamente a Maradona. Así se logró un 2-0, que incluso pudo ser más amplio, gracias a los goles de Míchel y Tendillo. *La Gazzetta dello Sport* tituló: «Nápoles está dolorido», y añadió: «Demasiado fuerte este Real».

El astro argentino declaró que los blancos no iban a ganar en Italia ni aunque jugaran Puskas y Di Stéfano[53]. Acertó, pero el resultado fue un empate y pasó el Real Madrid. Desde la llegada a la ciudad de Nápoles, su afición se encargó de trasladar el *catenaccio* a las calles. Los jugadores fueron increpados en todo momento, el autobús apedreado y el equipo recluido en un hotel rodeado por antidisturbios y vallas que no evitaron, eso sí, que los *tifosi* se pasaran la noche anterior al partido haciendo todo el ruido posible para medrar el descanso de los futbolistas. No les sirvió de mucho, pues el Madrid miró de frente al infierno y no se dejó intimidar por la ira napolitana. 1-1, con goles de Francini y Butragueño, y a la siguiente ronda.

Entonces tocó el segundo monstruo, el Oporto, vigente campeón de Europa. Ya no contaba con Futre, que se había ido al Atlético de Madrid, pero sí con grandes jugadores como Radah Madjer o Joao Pinto. No en vano, esa temporada acabaría ganando Liga, Copa de Portugal, Intercontinental y Supercopa de Europa. Casi nada.

Si la ida ante en Nápoles fue «el partido del silencio», contra los portugueses se jugó «el partido del destierro», pues tuvo lugar en el Luis Casanova como última parte de la sanción del año anterior. No resultó sencillo para el Madrid, que apostó por su estilo alegre y al ataque, pero se estrelló continuamente contra las líneas bien juntas del Oporto. Incluso se adelantaron los portugueses, pero el guion cambió con la entrada de Santillana y la apuesta por la casta. Los goles de Hugo Sánchez y Sanchís darían la vuelta al partido.

En el Estadio do Dragão el Madrid también comenzó perdiendo, pero la entrada de Llorente por la banda izquierda fue un ciclón que arrasó con la defensa portuguesa. Dos jugadas para enmarcar, con servicios para un acertado Míchel, pusieron a los de Beenhakker en los cuartos de final. «Colosal Real», tituló la crónica del *As*, que destacó:

53   *Tormenta Blanca*, Phil Ball. TB Editores, 2018.

«La salida del sobrino de Gento, más parecido a su tío que nunca, dio la vuelta al partido»[54].

Derrota en el resultado y victoria moral

Y así llegó el desafío alemán, la cita que el vestuario blanco no esperaba vengar tan pronto. Esa temporada dirigía al Bayern un gran conocido por la afición merengue, Jupp Heynckes. A los clásicos como Pfaff, Rummenigge, Matthäus y Augenthaler, los bávaros sumaron al galés Mark Hughes esperanzados en que mejorara su registros con el Barcelona, donde sólo anotó cinco goles en 36 partidos. *Spoiler*: no lo consiguió y fichó por el Manchester United al final de temporada, donde sí volvió a triunfar.

En dieciseisavos de final, los germanos superaron de forma contundente al CSKA de Sofía ganando los dos partidos, 4-0 en la ida y 0-1 en Bulgaria. En cuartos se impusieron al Neuchâtel dando la vuelta a la eliminatoria en Alemania: 2-0 tras ser superados por 2-1 en Suiza.

El partido de ida en el Olímpico ante el Madrid se disputó un 2 de marzo de 1988 en un césped helado que nada bueno hacía presagiar. Ya saben: equipo alemán, nieve y superioridad física era igual a goleada segura. Pues casi.

Los de Beenhakker salieron con la idea de sacudirse el complejo de inferioridad que podría atenazarles, aunque el Bayern mandó un aviso en forma de balón al larguero en la primera acción del partido. Bien colocados y con fluidez de balón, poco a poco los blancos se hicieron con el control del partido y lograron acercarse a la portería alemana. A la media hora de juego, Butragueño fue derribado en el área, pero el árbitro italiano Casarin decidió nacionalizarse en Suecia. En Europa, y sobre todo en aquellas fechas, si querías que te pitaran una pena máxima fuera de casa, debías

---

54   Diario *AS*, 5 de noviembre de 1987.

de ser atropellado por una manada de búfalos o recibir un misil de largo alcance. Como poco.

En los últimos minutos de la primera parte se desataron los fantasmas con dos goles del Bayern en cinco minutos. En el 40', un desajuste de la defensa tras un córner permitió el primero y, antes del descanso, llegó el segundo gracias a una brillante acción de Hughes rematada por Eder. El central había pisado la espalda de *El Buitre* minutos antes tras cometer una falta, pero el colegiado confirmó que ya tenía los papeles en regla del país escandinavo. Y a la vuelta de la caseta, el terror. En el primer minuto de la segunda mitad, Buyo no consiguió blocar una falta lanzada por Matthäus y Wolfhart pareció fusilar las ilusiones blancas.

Pero el Madrid no se vino abajo, dominó el juego y dispuso de varias ocasiones de gol, entre ellas dos clarísimas de Butragueño y Hugo Sánchez, que se estrellaban en Pfaff o salían fuera por muy poco. Los minutos pasaban y la losa del 3-0 iba adquiriendo un peso cada vez más insoportable. El seleccionador español, Miguel Muñoz, ya había advertido en la previa que la superioridad técnica no sería suficiente contra la fortaleza alemana. Y tenía razón, harían falta pundonor y entrega hasta el final. Por suerte, ambas virtudes figuran en el DNI blanco. En los últimos seis minutos el Madrid pasó de estar muerto a dar saltos de alegría con dos tantos para la esperanza.

El primero lo firmó Butragueño al aprovechar un fallo de Eder (ay, el *karma*), que cedió al portero sin percatarse de que el más listo sobre el césped andaba en el área. Error. El 7 también sería la mecha del segundo, pues provocó la virulenta falta de Augenthaler que propició la maravillosa locura de Hugo Sánchez. Cuando lo más natural hubiera sido un centro al área, dado lo escorado del balón, el mexicano le pegó con toda la rabia del madridismo y provocó la pifia de Pfaff. Delirio. Dos rendijas y dos goles. La eficacia se pasó de bando. Unos minutos más y Matthäus hubiera desertado.

Los tantos fuera de casa valían doble, por lo que el 3-2 definitivo fue interpretado como un buen resultado. Y más si tenemos en cuenta que, al fin, los alemanes se toparon con la furia española, que permitió al Madrid no rendirse ni ante un Goliat con tres goles en su haber. Malabarista del sufrimiento, el equipo puso la primera piedra de la remontada ya en territorio hostil.

«El gran Real estalló en los últimos minutos», tituló *ABC* en su primera. «Al final marcó la furia», resaltó *Marca*. *El País* fue más lejos y calificó al Real Madrid como «gran favorito de la eliminatoria». Pero enfrente seguía estando el Bayern de Múnich. Los blancos adjetivan sobre el césped, nunca fuera, y así lo harían dos semanas después en su fortín.

Maldición superada

16 de marzo de 1988. Día del exorcismo blanco frente a *Bestias Negras* y demonios propios y ajenos. El éxito de la remontada se basó en dos hechos clave. El primero fue mantener la cabeza fría. Los partidos contra el Bayern, y más tras los acontecimientos del año anterior, eran calientes y propensos a discurrir por el camino de la rudeza, territorio siempre hostil para un equipo cuya virtud dependía principalmente del balón. El segundo fue acierto de Beenhakker, que siguió apostando por el mismo sistema y carácter ofensivo que el equipo estaba desarrollando durante toda la temporada. Esto es, centro del campo formado por un 5 clásico acompañado de un jugador más adelantado con funciones creativas. Por eso, aunque tenía la baja de Martín Vázquez, no jugó con Gallego y Jankovic en doble pivote, sino que situó al serbio en la mediapunta para enlazar con los jugadores de arriba. Si se quería vencer sería con las armas que se estaban demostrando más eficaces.

Los alemanes salieron con tres delanteros, dejando claras sus intenciones en la primera acción de peligro. Afortunadamente Wohlfarth cortocircuitó ante la valiente salida de Paco Buyo y disparó fuera en una ocasión clarísima. El Madrid no se amedrentó y jugaría un partido serio, inteligente, quizás menos vistoso que otros días, pero demostrando grandes dosis de experiencia y autoridad. Se trataba de vigilar a los cerebros, Matthäus y Brehme, para que el centro del campo blanco terminara por imponerse con sus dosis de temple y sentido del juego.

El primer gol del Madrid, por el que la eliminatoria pasaba de perdida a ganada, llegó como el último de Múnich, de falta. Esta vez Gallego tocó para que su socio Jankovic mandara a la red un tanto que desesperó al Bayern, impotente ante la realidad del Bernabéu. Toda la rabia de la afición se tornó en una revolución de alegría tantos años contenida. Fue un resoplido mayúsculo. Unos minutos después, Hugo Sánchez pudo sentenciar, pero hizo lo que no sabía: fallar en el área pequeña un envío de Míchel peinado por Tendillo.

El segundo tanto salió del manual. Saque en largo de Buyo que recoge Gordillo. El extremo se apoya en Jankovic, que lo lanza por la banda y su centro, de precisión milimétrica, termina rematado por Míchel con una espectacular volea. El fútbol tumbaba a la fuerza. Los alemanes tendrían que marcar dos goles si querían sobrevivir a la noche de terror que se les estaba viniendo encima.

Fue el momento de la verdad, cuando se iban a calibrar los nervios y se tendrían que multiplicar los esfuerzos para minimizar los cañonazos rojos, que los habría. Gordillo se esforzó en su banda, Míchel no escatimó una carrera, Hugo corrió como nunca, Gallego y Jankovic apaciguaban. El plan se mantenía. Incluso el serbio, en un alarde de suicida osadía, regaló un caño en el centro del campo.

Los germanos se encomendaron a los lanzamientos en largo de Pfaff y a la brusquedad en cada disputa para tratar de asustar al Madrid. Y casi lo consiguieron. Primero fue Hughes el que, solo ante Buyo, erró la ocasión más clara del Bayern. No era su partido... ni su año. Y luego, un córner que Chendo sacó bajo palos. Para ganar en la Copa de Europa hay que sufrir, y si es contra un equipo alemán, este axioma se transforma en ley. Con todo, la última ocasión la tuvo Butragueño, que destrozó la cadera de Brehme, pero su toquecito, siempre de seda asesina, no encontró portería. Hubiera dado la vuelta al mundo.

Las caras de los jugadores del Bayern cuando el árbitro pitó el final reflejaron el desconcierto por lo vivido. Habían marcado tres goles al Real Madrid en una eliminatoria de Copa de Europa. Tres. Esto, frente a cualquier equipo, era sinónimo de pase a la siguiente ronda. Pero se encontraron con un conjunto que apretó los dientes, no perdió ni un segundo la fe y, a continuación, metió cuatro goles en un admirable ejercicio de sacrificio, paciencia, orgullo y talento. La historia es un valor que no se puede comprar e imponer, y el Bayern acababa de sufrirlo en sus carnes. Por fin.

El entrenador blanco subrayó la importancia de lo vivido tras el partido: «El Bayern es un gran equipo, como se ha demostrado, y eso da más mérito a nuestro triunfo». Por su parte, Heynckes, que criticó sin tapujos a alguno de sus jugadores por su supuesta baja forma, reconoció que «es cierto que ha habido más nervios que juego, pero eso siempre pasa en el Bernabéu. Venir a este campo es un gran espectáculo, se ha visto que el público es importante en partidos como este». El presidente del club alemán, Fritz Scherer, estuvo especialmente elegante: «Contra un equipo que ha eliminado al Nápoles y al Oporto se sale siempre por la puerta grande, aunque se salga derrotado».

«Apoteosis madridista» fue el gran titular de *Marca*. «Adelante» y «Se rompió la tradición», destacó el diario *AS*, que hizo hincapié en que en el Bernabéu se vio «más emoción que juego». *El País* tituló su crónica con un eufórico «Al Madrid no le frena ni el Bayern de Múnich» y *ABC*, más explicativo, resaltó: «Salió el Madrid con la cabeza fría y desarboló al Bayern».

Años después, el capitán Lothar Matthäus rememoró en *Sport Bild* la eliminatoria con esta reflexión: «En la ida se nos fue de las manos una ventaja de tres goles y nos hicieron dos tantos en los últimos cinco minutos (…) En la vuelta no nos dieron oportunidad alguna y perdimos 2-0. Fue entonces, sobre el césped, cuando entendí el significado de la frase de Juanito de "*90 minuti en el Bernabeu son molto longos*". No conozco un solo estadio en el que el tiempo dé la sensación de pasar más lentamente para el rival que allí. Cada minuto fue pura pugna»[55].

Ficha del partido

Real Madrid: Buyo, Chendo, Sanchís, Tendillo, Camacho, Míchel, Gallego, Jankovic, Gordillo, Butragueño y Hugo Sánchez.
Bayern de Múnich: Pfaff, Winklofer, Pflüger, Eder, Augenthaler, Flick, Wohlfarth, Matthäus, Hughes, Kögl y Brehme.
Goles
1-0 (min. 26): Jankovic.
2-0 (min. 41): Míchel.

EL PERSONAJE: MILAN JANKOVIC

Leo Beenhakker se descubrió ante Milan Jankovic en la rueda de prensa posterior al partido frente al Bayern: «Ha estado fenomenal. Marcó un gol muy importante y realizó un trabajo elogiable. Además, no jugó en su sitio normal, tuvo que hacer las funciones de Martín Vázquez, y eso hace que su labor tenga más mérito».

El paso del yugoslavo por el Real Madrid fue casi casual, brillante y efímero. Por azar, gracias a la conjunción de la baja obligada de Jorge Valdano y a su gran papel frente al Real Madrid liderando al Estrella Roja (1987); sobresaliente porque supuso el equilibrio y el toque de clase necesarios para sostener a *La Quinta*; y fugaz debido a que sólo estuvo un año y medio al consumarse la contratación de Bernd Schuster en el verano de 1988.

---

55 Diario *AS*, 20 de marzo de 2017: https://as.com/futbol/2017/03/29/champions/1490782039_186407.html

Jankovic nació en Belgrado, una ciudad que además de acumular historia, tiene una gran cultura de fútbol. Entró en las categorías inferiores del Estrella Roja, donde se consolidaría como uno de los grandes jugadores del país después de un paréntesis de dos años en el Maribor. Ganó dos Ligas y dos Copas y alcanzó la internacionalidad antes del choque que marcaría su vida.

Su fichaje por el Madrid se cerró dos semanas después de la remontada blanca en el Bernabéu ante el equipo yugoslavo. Leo Beenhakker se quedó enamorado de su juego y el Madrid movió ficha. Entonces, el presidente del Estrella Roja le preguntó a Jankovic si estaría dispuesto a irse a otro club, a lo que contestó que no. Pero cuando le dijo que se trataba del conjunto blanco, el bueno de Milan no se anduvo con rodeos: «iría ahora mismo y, si hiciera falta, andando»[56]. La clave, según Mendoza, fue que le hizo un regalo al jugador de 100.000 pesetas para que lo gastara de compras en *El Corte Inglés*[57].

Era abril de 1987 y el Madrid se estaba jugando la Liga del *play-off*. Sólo quedaban 10 partidos, de los que Jankovic jugó 9 a un nivel excepcional. Su debut no pudo ser más dulce: gol y victoria en El Molinón. El fútbol sencillo y ordenado del yugoslavo llegaron en el momento ideal y el título se fue a Chamartín. Jankovic cayó de pie en la afición merengue.

Sin embargo, en la pretemporada siguiente, las cosas comenzaron a torcerse por una grave lesión de rodilla ocurrida el 11 de agosto. Por deseo de Beenhakker, precipitó su vuelta para estar contra el Nápoles y lo pagó caro. No volvió a tener la continuidad en el juego del año anterior y encadenó brillantes partidos como director de orquesta con otros más que discre-

---

56   *Historia viva del Real Madrid*. Diario *ABC*, 1987.
57   Diario *El País*, 7 de noviembre de 1995: https://elpais.com/diario/1995/11/20/deportes/816822050_850215.html

tos. «Mi rodilla no estaba bien para jugar 28 días después, pero el míster me necesitaba», reconoció el propio jugador[58].

Entonces surgió la oportunidad de fichar a Schuster, que andaba a palos con el Barcelona y no había renovado su contrato, y Mendoza no la desaprovechó. Tras sólo un año y medio como madridista, Milan Jankovic se fue al Anderlecht, donde ganó una Copa, aunque pronto se arrepintió de su salida: «Quiero volver a España», manifestó en enero de 1989[59]. Su retirada del fútbol se produjo en 1990 con sólo 30 años, después de no ser convocado para el Mundial de Italia'90.

Jankovic únicamente disputó 57 partidos de blanco, pero dejó una gran imagen en el club, del que nunca dijo una sola palabra altisonante, y en la afición, que disfrutó del que llegó como un desconocido y se fue con un sello de elegancia y calidad.

Ficha del jugador

Partidos: 53 oficiales.
Goles: 5.
Internacional: 12 veces.
Palmarés: 2 Ligas.

LA ANÉCDOTA: AMENAZAS DE BOMBA, LA CAMISETA DE BUTRAGUEÑO Y LOS MERCEDES

La eliminatoria contra el Bayern de Múnich fue de tal magnitud que su onda expansiva provocó innumerables historias dignas de recordar. Nos quedamos con tres.

---

58   Diario *El País* el 7 de febrero de 1988: https://elpais.com/diario/1988/02/07/deportes/571186813_850215.html
59   Diario *El País*, 25 de enero de 1989: https://elpais.com/diario/1989/01/25/deportes/601686014_850215.html

La primera fue previa al partido y pudo afectar al rendimiento del Real Madrid, pero si lo hizo, no se notó. La madrugada de antes tuvo lugar un aviso de bomba, que resultó ser falsa, en el hotel donde se alojaban los blancos. Esto provocó que técnicos y jugadores abandonaran las instalaciones y finalmente fueran a dormir a sus domicilios, con el consiguiente trastorno. El día del encuentro la amenaza de bomba se repitió, tanto en el hotel del Madrid, como en el del Bayern, pero también fue falsa.

La segunda acaeció en cuanto el árbitro pitó el final en el Bernabéu. El portero del Bayern, Jean Marie Pfaff, había hecho pública su intención de intercambiar camisetas con Emilio Butragueño. Quería sumar la del español a su colección, en la que ya estaban las de Platini o Maradona. El madridista, que fue sustituido, encargó al utillero que le llevara su zamarra al belga, pero cuando éste regresó no obtuvo la de Pfaff como intercambio, sino que le dieron la del *6* de Flick. No se sabe si el portero se arrepintió o no tenía humor para camisetas después de la remontada…

La última fue quizás la que más satisfizo a los jugadores del Madrid. Ramón Mendoza, único también en su gestión de las primas, prometió a los futbolistas que les regalaría un Mercedes si superaban al Bayern de Múnich. Ya cobraron un millón de pesetas después del Nápoles, pero el mandatario blanco ofreció un coche de la marca alemana después de jugar contra el Oporto si acaban con la leyenda de la *Bestia Negra*. Al parecer, para que el golpe en las cuentas no fuera tan duro, Mendoza llegó a un acuerdo con un concesionario para obtener un descuento del 30%. Genio y figura.

¿QUÉ PASÓ DESPUÉS?

«Ya somos el equipo a batir (…) ahora quiero que nos toque el PSV. No hay que cortar la racha de enfrentarnos y vencer a los mejores», decía un eufórico Ramón Mendoza justo después de eliminar al Bayern de Múnich. Le secundaron tres pesos pesados del vestuario: Chendo, Gallego y Butragueño. «El mejor equipo que nos puede tocar es el PSV», aseguraron. Lo malo de los deseos es que a veces corres el riesgo de que se cumplan. ¿Querían a los holandeses? Los tuvieron. Y las consecuencias fueron dolorosísimas.

En el sorteo entraron en liza el Benfica, el Steaua de Bucarest y el PSV, que atravesaba un gran momento de forma. El Madrid consideró que el equipo que entrenaba Guus Hiddink (otro que sería muy conocido por la afición blanca años después) era el gran obstáculo antes de la ansiada Séptima, por lo que lo mejor sería enfrentarse a ellos a doble partido.

El equipo de Eindhoven ya no contaba en sus filas con Ruud Gullit, vigente Balón de Oro, pues lo había traspasado al Milán el verano anterior. Aun así, formó un magnífico bloque con jugadores patrios, como Ronald Koeman, Van Breukelen, Willy van der Kerkhof, Vaneriburg, Gillhaus y Kieft. Era líder destacado de su liga, superando en ocho puntos al Ajax. En la competición europea, el PSV se deshizo del Galatasaray (ganó por 3-0 en Holanda y perdió por 2-0 en Turquía), del Rapid de Viena (venció en los dos partidos por 2-0 y 2-1) y del Girondins de Burdeos (empató, 1-1 y 0-0, y se clasificó por el valor doble de los goles en campo contrario).

El Madrid afrontó la eliminatoria con su plan habitual, basando su fútbol de ataque en la libertad de los jugadores y su intercambio de movimientos. El PSV lo estudió a fondo y le opuso férreos marcajes, velocidad y disciplina. Con eso le bastó. En la ida un gol de penalti de Hugo Sánchez y otro con la espinilla de Linskens le dieron la suficiente ventaja a los holandeses para resistir en casa el acoso blanco. El portero Van Breukelen cuajó una memorable actuación y condujo a los suyos a una final que, eso sí, a la postre perdería frente al Benfica.

Para el Real Madrid, la eliminación en esta Copa de Europa supuso un trauma y el recuerdo más negro para una generación. Lo tenían todo, la calidad, el juego, el alma... pero no bastó para hacer historia continental. Brasil tampoco ganó el Mundial del 82, pero, como *La Quinta*, serán recordados para siempre. Fueron la poesía frente a los cañones.

Tres días después del partido en Eindhoven tocaba olvidar y ganar para cantar el alirón liguero. Todo lo que no entró contra el PSV, lo hizo frente al Betis, derrotado por 6-0. Fue una temporada espectacular, tanto en fútbol como en resultados. Se dieron rachas grandiosas, como la de las ocho primeras jornadas ganando, y goleadas de escándalo, como el 7-0 al Sporting de Gijón y el 1-7 al Zaragoza. Incluso se llegó a provocar la destitución de Menotti del banquillo del Atlético con la victoria en el Calderón. Sólo se perdió en cuatro ocasiones y la diferencia con el segundo, la Real Sociedad, fue de 11 puntos. Para redondear, Hugo Sánchez volvió a ganar el *Pichichi* y Buyo fue el *Zamora*.

En la Copa del Rey tocó arena. En la primera eliminatoria se superó al Sestao (0-0 y 3-0), en cuyo campo se vivieron lamentables incidentes, como el botellazo en la cabeza a Hugo Sánchez. En la segunda, el Cádiz fue el rival batido (1-1 y 4-2). En cuartos, el Sabadell se impuso en la ida (3-2), pero finalmente quedó eliminado en el Bernabéu (2-0). Las semifinales, como en Europa, fueron la última frontera. La Real Sociedad ganó los dos partidos, 1-0 en Anoeta y 0-4 en el Bernabéu, y salió ovacionada del coliseo blanco.

El Real Madrid de *La Quinta* todavía ganó dos Ligas más, estableciendo el récord de títulos domésticos consecutivos (cinco). En la tercera y última temporada de Beenhakker, se consiguió un triplete, al alzarse además con la Copa del Rey y la Supercopa de España. Pero, de nuevo, se cayó en semifinales de la Copa de Europa, esta vez contra el Milán de los holandeses. En la ida, se empató a uno en el Bernabéu, pero la vuelta fue un descalabro total que anticipaba el cambio de ciclo en el fútbol: 5-0. El tiempo del virtuosismo estaba dando paso la supremacía de la táctica y la estrategia.

Beenhakker consideró agotado su propio crédito y dimitió, dando paso a Benjamin Toschack, que venía de hacer un gran papel en la Real Sociedad. El cambio fue radical, tanto en el libreto (el Madrid jugó con tres centrales), como en las formas. Con todo, temporada 89-90 pasó a la historia al conseguir el título con el récord de goles en Liga (107). La Copa de Europa se desbarató de nuevo por culpa del Milán de Sacchi, en octavos, y la final de Copa del Rey se perdió contra el Barcelona.

A partir de aquí comenzó el crepúsculo de *La Quinta del Buitre*, que vivió sus horas más bajas en el campeonato doméstico durante las infaustas visitas a Tenerife. Los entrenadores se sucedían: Di Stéfano, Radomir Antic, Beenhakker, Benito Floro, Del Bosque... y sólo dos títulos se sumaron a las vitrinas: la Copa del Rey y la Supercopa de España de 1993. Fue en el último año de Butragueño como madridista (1995), cuando al fin se recuperó la hegemonía en la Liga, ya con Valdano como entrenador.

Dos temporadas más tarde (96-97), con Lorenzo Sanz en la presidencia, el Madrid se puso en manos de la autoridad contrastada de Fabio Capello. Raúl era el líder de la nueva era, junto a Hierro, y Sanchís se mantenía como el último superviviente de la etapa anterior. Se ganó esa Liga sumando dos puntos más que el Barcelona de Ronaldo Nazario y quedaron sentadas las bases de la Séptima.

El Madrid reconquistó el cielo el 20 de mayo de 1998. Habían pasado nada menos que 32 años desde la última Copa de Europa y 10 del fracaso del PSV. Tras la victoria contra la Juventus (1-0), Manolo Sanchís llamó por teléfono a Emilio Butragueño, Míchel, Pardeza, Martín Vázquez... y a Ramón Mendoza. El círculo se cerró en Ámsterdam. Lo habían conseguido. Su espíritu estaba ahí. El fútbol se lo debía a *La Quinta*.

REAL MADRID – GALATASARAY

CUARTOS DE FINAL DE LA CHAMPIONS LEAGUE. TEMPORADA 00-01

RAÚL DEJA SU SELLO GUERRERO

2001 quedó marcado por los atentados contra las Torres Gemelas. Unos meses antes se firmó el Tratado de Niza, que resultó definitivo para la consolidación de España dentro de la Unión Europea, y Madrid fue elegida «Capital Mundial del Libro». En la *Casa Blanca*, Florentino Pérez afrontaba su primera temporada como presidente tras provocar un terremoto mundial con la llegada de Luis Figo.

LOS ANTECEDENTES.
ASÍ LLEGABA EL REAL MADRID

Después de conquistar la Séptima, Lorenzo Sanz quiso dar un volantazo en el banquillo con la contratación de José Antonio Camacho para la campaña 98-99, pero no comprobó los frenos del coche. Al de Cieza le obviaron en la venta de algunos canteranos y no atendieron sus dos peticiones clave: Joseba Etxeberría, jugador del Athletic, y Carlos Lorenza, preparador físico. Y con Camacho no puedes empezar mal. Tuvo tanto respeto por el escudo que a los 22 días en el cargo presentó su dimisión. El sustituto fue Guus Hiddink, que perdió la Supercopa de Europa contra el Chelsea, ganó la Intercontinental frente al Vasco de Gama y fue destituido en febrero de 1999. Sus pecados emanaron del descontrol del vestuario y se reflejaron en lo poco fiable que era el Madrid esa temporada.

Se volvió entonces al principio de autoridad y John Benjamin Toshack fue el elegido. «Toshack es el dueño del vestuario; les he dicho a los jugadores que él es quien manda. Nosotros no vamos a entrar en las alineaciones. Quien no acate las normas, no tendrá un sitio en el Real Madrid», aseveró Lorenzo Sanz en la presentación del galés[60]. Finalmente, se salvó la cara y el equipo se clasificó para la *Champions League* como segundo en la Liga.

Toshack contó para la temporada 99-00 con el fichaje estrella de Nicolas Anelka, por la mareante cifra de 5.600 millones de pesetas. Además, también se incorporaron Iván Helguera, Míchel Salgado, McManaman, Geremi, Julio César y Elvir Baljić. En el capítulo de bajas, se deshizo de la plana mayor de *La Quinta del Ferrari*: Mijatovic, Suker y Panucci. El galés quería ser el único que levantara la voz, lo que a la larga le costaría el puesto.

El equipo no terminó de arrancar, las desavenencias en el vestuario eran constantes y, para colmo, Toshack no sólo incumplió el pacto de silencio con Sanz, sino que hizo unas declaraciones publicadas por *Marca* que resultaron insostenibles: «Es más fácil ver un cerdo volando encima del Bernabéu que yo rectifique (...) No voy a soportar que me quiten la autoridad, porque después de eso no hay nada que hacer (...) En un bar, los camareros no dicen lo que tiene que hacer el jefe (...) No rompo ningún pacto, los entrenadores no pactan». El presidente no aguantó y pagó el contrato íntegro al galés para que abandonara el club. 10 meses se pro-

60   Diario *El Mundo*, 25 de febrero de 1999: https://www.elmundo.es/ elmundo/1999/febrero/25/deportes/toshack.html

longó su segundo periplo como entrenador del Madrid. Un tiempo que le sirvió, eso sí, para apostar por un joven portero que se convertiría en todo un emblema del club: Iker Casillas[61].

Del Bosque, la Octava y elecciones

A Toshack le sucedió el Molowny moderno, Vicente del Bosque, que ya había apagado los fuegos de Benito Floro y Valdano. Con él llegaron el sosiego y la tranquilidad de las formas, algo que la complicada plantilla de aquel entones sin duda agradeció. En la Liga no se pudo remontar, pero las actuaciones en Europa lo iban tapando todo, como ya sucediera dos años antes.

El 24 de mayo de 2000 el Madrid volvió a la cima europea al ganar la Octava contra un Valencia sin oficio en las finales (3-0). Reaparecía la sonrisa en el césped para el club. Sin embargo, en lo institucional no levantaba cabeza, con una sucesión de escándalos financieros, conspiraciones, motines... Así que Sanz lo vio claro: adelantó las elecciones con la idea de que el socio no daría la espalda al presidente que había traído dos Copas de Europa en tres años después de 32 de sequía.

Pero no contó con un Florentino Pérez que llevaba meses trabajando soterradamente y tomando la temperatura de la afición. Ingeniero de caminos, exconcejal del Ayuntamiento de Madrid y presidente de *ACS*, perdió las elecciones en 1995 contra Mendoza debido al voto por correo por sólo 600 papeletas de diferencia. Tomó nota. Ahora la situación económica era incluso peor que entonces, pero si quería persuadir al madridismo de verdad tendría que lanzar una bomba. Luis Figo, emblema del Barcelona, fue su gancho electoral.

Curiosamente, el exatlético Paulo Futre actuó de enlace para cerrar la operación, argucia incluida: ante la nega-

---

61   El guardameta debutó el 12 de septiembre de 1999 en San Mamés. Ese día el Real Madrid empató a dos con el Athletic de Bilbao. Tenía sólo 18 años.

tiva del representante de Figo, José Veiga, de escucharle siquiera en primera instancia, planteó a Florentino por su cuenta y riesgo que éste pedía una comisión de 10 millones de euros. Cuando de nuevo habló con su compatriota y le contó que había logrado negociar seis para ambos, el traspaso comenzó a tomar forma. Fue el más caro de la historia hasta el momento, 60 millones de euros, aunque su gran impacto radicó en la explosión mediática generada y en el golpe moral asestado al gran rival.

Resultó algo inaudito, a punto de romperse en varias ocasiones, por lo que el futuro presidente blanco prometió saldar todas las cuotas de los socios de la siguiente temporada si el portugués no firmaba (dinero que saldría de la indemnización de 30 millones que le hizo firmar a Veiga si Figo se retractaba). No hizo falta.

El 16 de julio de 2000, tras 13 horas de recuento, algunas dudas sobre el voto por correo y toda la incertidumbre posible, se confirmó que Florentino Pérez había ganado las elecciones con el respaldo de 16.469 socios, por los 13.302 apoyos que recibió Lorenzo Sanz. El madridismo se inclinó por el cambio y vaya que si lo tuvo. «Los socios quieren algo más que resultados», tituló *Marca*[62]. «Saltó la sorpresa. El aspirante derrota a Lorenzo Sanz. Con él nace un nuevo Madrid», destacó *Don Balón*[63].

El balance del lustro de Lorenzo Sanz como presidente del Real Madrid es positivo en lo deportivo (dos Ligas, dos Copas de Europa y una Intercontinental), pero devastador en lo económico. Aunque tuvo la pericia de adelantarse al *boom* de los precios de las contrataciones en 1996 (fichó a Mijatovic, Suker, Roberto Carlos y Seedorf por 3.000 millones de pesetas), dejó al club con una deuda que ascendía al triple del montante que recibió. Sus detractores siempre le achacaron que ningún proyecto deportivo le duró más de

62   Diario *Marca*, 17 de julio de 2000.
63   Revista *Don Balón*, 17 de julio de 2000.

una temporada, pero lo cierto es que siempre será recordado con cariño por traer de nuevo la gloria europea a casa.

El primer proyecto de Florentino Pérez

Las primeras decisiones de Florentino Pérez fueron nombrar a Alfredo di Stéfano Presidente de Honor y mantener la confianza en Vicente del Bosque. Después de once años en la cantera, ahora tenía el aval de la Octava. Conocedor de todos los vericuetos del club y del vestuario, se apostó por su visión de la relación con los jugadores, siempre enemigo de la vanidad, para volver a la senda del éxito. El libreto del salmantino era sencillo: convencer en lugar de imponer, corregir antes que reprochar y ayudar como base de la relación entre compañeros. Lo que había mamado de su Madrid como futbolista. Ni más, ni menos.

Florentino y Butragueño. Foto: Instituto Cervantes de Tokio

También regresaron al club dos históricos: Jorge Valdano como director general y Emilio Butragueño para sumir el puesto de adjunto. Dos héroes sobre el campo que ahora trabajarían desde los despachos. El objetivo quedó claro: impregnar de madridismo todo aquello que en el pasado había estado corrompido por los intereses particulares.

De eso justo presumía Florentino Pérez, de sentimiento puro y real por el club. Socio desde los catorce años, creció acompañando a su padre al Bernabéu para ver a un Madrid que acumulaba Copas de Europa bajo la preciosista dictadura de Di Stéfano, Puskas, Kopa, Rial... Aquello se le quedó en el corazón y así hay que entender toda su trayectoria. Acudía siempre al estadio, analizaba todo lo que se hacía bien y lo que no, se movía silencioso, hasta que decidió dar el paso y a la segunda lo consiguió.

Todo le sonó bien al madridista hasta la salida de Fernando Redondo, que fue traspasado al Milán por 3.000 millones de pesetas. Se produjo un notable rechazo por parte de la afición, pues pocos jugadores han impregnado el centro del campo de tanta clase y solvencia como el argentino. A su baja se unió la de Anelka, que se marchó al PSG por un montante similar al que costó. En este caso nadie dijo nada, obviamente. En el capítulo de altas, la clase media que suponían las figuras de Munitis, Solari, Celades, Makelele y Flavio Conceiçao se unieron a la llegada del excapitán del Barcelona.

Del Bosque cimentó el equipo de la temporada 00-01 en torno a un once muy reconocible al que sólo le hizo retoques por refresco o sanciones. Su sistema no era estático, sino que se basaba en la movilidad y la versatilidad de los futbolistas, aunque tenía un esquema de 4-4-2 como base. En la portería dio continuidad a Iker Casillas. La defensa la formaron un Míchel Salgado en alza, el veterano Fernando Hierro, Karanka y Roberto Carlos, por aquel entonces el mejor lateral del mundo. El centro del campo fue para dos hombres clave en las coberturas, Makelele y Helguera. La banda derecha la ocupó Figo, que además ganó en juego interior, mientras que McManaman se adaptó perfectamente a jugar en la izquierda a pierna cambiada. En la delantera, la gran sorpresa la dio Guti, que se impuso a Fernando Morientes como pareja de un incuestionable Raúl.

CRÓNICA DE LA REMONTADA

La *Champions League* 00-01 fue la segunda con un formato peculiar: se disputaron dos fases de grupos de cuatro equipos previas a las eliminatorias de cuartos de final. En la primera liguilla, pasaron los dos primeros, los terceros accedieron a la Copa de la UEFA y los cuartos quedaron eliminados. En la segunda, volvían a clasificarse los dos primeros. Este dudoso invento confirmó su fracaso en la temporada 03-04, última en la que se utilizó el formato.

Spartak de Moscú, Bayern Leverkusen y Sporting de Portugal fueron los rivales de la primera liguilla. Aunque empezaron dubitativos con un empate en Lisboa (2-2), los madridistas terminarían siendo líderes con cuatro victorias, un empate y una sola derrota. La tercera jornada pasaría a la historia porque, por primera vez, el Madrid consiguió vencer en territorio alemán. 34 años y 14 partidos dolorosos contra Kaiserslautern, Hamburgo, Borussia o Bayern quedaban atrás. Además, en este encuentro contra el Leverkusen (2-3), el Real Madrid consiguió su gol 500 en Copa de Europa. Guti, en pleno auge anotador, sería su autor gracias a una asistencia de Figo.

El Madrid superó la segunda fase con idéntica suficiencia estadística: cuatro triunfos, un empate y un solo partido perdido. Jugó contra el Leeds, al que Raúl metió un gol con la mano en Elland Road, un viejo conocido como el Anderlecht y la Lazio de Nedved y Crespo. Como curiosidad, cabe destacar que el club inglés adoptó el color blanco en su camiseta después de que su entrenador por entonces, Don Revie, quedara prendado del juego del Madrid en la final de la Copa de

Europa de 1960[64]. Y es que el fútbol sin romanticismo es un insulso negocio de césped, balones y travesaños de madera.

En los cuartos salió la bola del Galatasaray. Los turcos habían ganado al Real Madrid el primer título de esa temporada, la Supercopa de Europa. Aquel 25 de agosto, en Mónaco, Del Bosque alineó un equipo de circunstancias, con Celades, Geremi e Iván Campo como titulares. El partido fue igualado en el juego y en el marcador. 1-1 al término de los primeros noventa minutos con goles de Jardel y Raúl, ambos de penalti. En la prórroga, el portugués anotó de nuevo y dio el título al equipo otomano. Pero la venganza es un plato que se sirve frío… y en el Bernabéu.

El Galatasaray, fundado en 1905, presume de ser el equipo más laureado de Turquía por encima de sus grandes rivales: Fenerbahçe y Besiktas. Hasta esa fecha, era el único de su país que había conquistado un torneo europeo (el impronunciable Kayserispor ganó la ocurrencia de la Intertoto en 2006). Lo que todavía no han alcanzado sus competidores patrios es el número uno mundial en el ranking IFFHS[65], hito que consiguió el Galatasaray en agosto de 2000.

Después de lograr algunos títulos en los 60 y a principios de la siguiente década, los 80 fueron años de sequía. El cambio para *Los leones* se produjo con el fichaje del técnico Fatih Therim en 1996, una especie de Miguel Muñoz a la turca. Con él se sucedieron las victorias y firmó la mejor temporada de la historia del club, la que precedió al enfrentamiento con el Real Madrid en *Champions*. Ganaron el triplete: Liga, Copa y Copa de la UEFA, para luego rematar con la mencionada Supercopa de Europa.

En la 00-01 se hizo con el timón el técnico Mircea Lucescu, que siguió apostando por un equipo compacto, batallador y con jugadores contrastados, de los que representan un peli-

---

64   El Real Madrid se impuso al Eintracht de Fráncfort por 7-3 en el calificado como «El mejor partido de la historia».

65   Federación Internacional de Historia y Estadística de fútbol: https://www.iffhs.com

gro real para cualquiera. Aquel Galatasaray no regalaba ni el saludo. El *general* rumano lo tenía claro: para vencer bailaba sobre el reglamento, pero sin renunciar al salto de calidad que le ofrecían los futbolistas de su plantilla.

Destacaban Cláudio Taffarel, campeón del mundo en 1994 y subcampeón en 1998, el exmadridista *Gica* Hagi, maduro pero con la chispa de los genios, y Mário Jardel, que llevaba cinco goles en sus tres enfrentamientos previos con el Real Madrid. El espigado portugués era un delantero a la vieja usanza, con una facilidad asesina para ver puerta. En el momento de jugar frente al Madrid sumaba la aterradora cifra de 30 goles en la liga turca. Lucescu alabó la virtud de su principal baza ofensiva en la previa: «Tú miras a Jardel y, aparte de su estatura, no es demasiado fuerte, no tiene técnica, no es rápido, no tiene una gran movilidad... Pero la mete. Y no sólo contra el Madrid. Siempre es así»[66].

Ruido y furia turca

La ida se disputó en Estambul el 3 de abril de 2001. En el Madrid satisfizo que Pierluigi Collina fuera el árbitro designado, pues temían que el infernal ambiente pudiera amedrentar a otro colegiado más, digamos, voluble.

Las eliminatorias suelen decantarse por detalles y la afición turca no es uno menor. «Yo creía que como en Brasil no había nada en cuanto a forma de apoyar a un equipo, pero aquí se sobrepasan todos los límites» avisó Taffarel[67]. Tal era la efervescencia del ambiente que 8.000 seguidores turcos entraron a la caldera del Ali Sami Yen seis horas antes del partido. Como si se tratase de un festival, con la diferencia de que la música (o el ruido) la iban a poner ellos. Y más si contaron con la motivación extra de Lucescu, que los citó para «el partido más importante de la historia» del club, y

66 Diario *El País*, 3 de abril de 2001: https://elpais.com/diario/2001/04/03/deportes/986248801_850215.html#?rel=listaapoyo
67 Diario *ABC*, 2 de abril de 2001.

de Jardel, que no se cortó en acercarse a la grada cercana al sector del campo donde calentó el Madrid antes del partido para arengar a los suyos. En la guerra no hay límites ni concesiones.

Los blancos, por su parte, llegaban con ciertas dudas. No en las matemáticas, pues sus números en Liga y *Champions* eran sobresalientes, pero sí en eso tan intangible pero fundamental en el fútbol: las sensaciones. De un mes a esa parte, se percibía en el Madrid cierta suficiencia o agotamiento. La soltura de los inicios se transformaba en algunas fases de los partidos en una falta de concentración que podría costar muy cara en Europa. Roberto Carlos lo admitió: «estamos convencidos de que si el rival nos sorprende con un gol, nosotros meteremos dos» y Del Bosque ordenó: «en una cita de semejante envergadura, estamos obligados a dar nuestra mejor versión».

El salmantino puso a su once habitual, con Morientes como punta de lanza, mientras que a Lucescu se le acumulaban los problemas. Se quejó amargamente de que el sábado anterior no se hubiera aplazado el enfrentamiento con el Besiktas y, además, le faltaba su estrella, el joven Emre. Para contrarrestar, debió pensar, plantó a un lateral de apellido Capone con el objetivo de tapar las embestidas de Roberto Carlos.

Los medios personalizaron el duelo entre los dos máximos goleadores de la competición hasta ese momento: Raúl, con 26 dianas, y Jardel, con 24. Los dinosaurios Cristiano Ronaldo y Messi arrasarían años después estas cifras con números marcianos de tres cifras.

El partido se pareció a una película de suspense en la que crees conocer al asesino y, de repente, un giro desbarata tus elucubraciones. Todo tuvo cabida en 90 minutos: un ambiente del más allá, un Real Madrid que de inicio impuso su historia y aprovechó las oportunidades, un Galatasaray que no se entregó en la derrota y, finalmente, vuelco total y debacle blanca.

En la primera mitad, el Madrid logró abstraerse de la fuerza de las gradas, mantuvo el orden y aceleró cuando debió. Hagi, que jugaba su propio partido, trató de asustar al joven Casillas con dos lanzamientos desde el centro del campo, pero quedaron en anécdotas de su buen toque. Al Galatasaray le iba la vida en la presión, pero, una vez con la pelota, su fútbol resultaba lento y predecible. Incluso así, los turcos reclamaron dos penaltis bastante dudosos de Hierro, uno por mano y otro por un derribo.

Y en estas llegó el primer mazazo blanco. Centro lateral de Figo que Iván Helguera envía a la red exhibiendo una de sus grandes cualidades, el remate de cabeza en anticipación. Como respuesta, Jardel asustó en área pequeña, pero no concretó. Y cuando en Europa perdonas, el castigo es inminente. En una jugada de las que luego ponen en bucle los entrenadores, Roberto Carlos sacó de banda para que Raúl, marcado por dos defensas al borde del área, dejara de cabeza a Makelele, que llegó desde segunda línea como un rayo y fusiló para poner el 0-2.

El rostro de los jugadores turcos lo decía todo. Habían seguido el plan a pies juntillas, presionando, dominando partes del partido, disfrutado de ocasiones de peligro... sin embargo, perdían por dos goles de diferencia. Pero Lucescu tenía un as: hizo dos cambios y mandó redoblar esfuerzos. ¿Que el enemigo había superado la asfixia? Lo ahogarían más fuerte. Y funcionó.

Los blancos se transformaron en un equipo romo, a la expectativa, mientras que el Galatasaray asumió todo el peso del partido inclinando el campo sobre la portería de Casillas. Helguera, Makelele y McManaman, que tan bien habían sostenido el centro del campo en la primera parte, comenzaron a perder balones y a no ganar ningún duelo, lo que provocó que la defensa se replegara y el miedo fuera ganando espacio.

Primero fue un penalti sobre el eléctrico Hasan Sas, una pesadilla que no se quedaba quieto ni por orden judicial. Gol y rugido de las gradas. El 1-2 no hubiera sido mal resultado, pero, como en Constantinopla, sólo era cuestión de tiempo que los cañones otomanos terminaran por derribar el endeble muro blanco. El empate llegó tras una serie de desbarajustes en la banda izquierda. El balón terminó en Sas, que fue el hombre más feliz del mundo cuando superó a Casillas. Jardel culminaría el 3-2, de cabeza, tras otra ausencia de Roberto Carlos en su banda que permitió un centro teledirigido. El destrozo pudo ser aún mayor si Okan hubiera aprovechado la última ocasión del partido. Aun así, el Galatasaray celebró la victoria en la primera batalla como si no quedara el enfrentamiento definitivo.

La crónica del diario *ABC* fue la más contundente al narrar lo sucedido: «El Madrid tira el partido. Ganaba 0-2 y en una segunda parte nefasta el Galatasaray le arrasó».

El Real pasó de virtualmente clasificado a boxeador contra las cuerdas. Había golpeado primero, y dos veces, pero la respuesta del rival le obligaba a dar la cara en la vuelta. Una remontada tendría que ser respondida con otra que supusiera el pase a la siguiente ronda. Habría que poner en práctica, una vez más, lo que mejor define a los de Chamartín: su espíritu de supervivencia.

El peso del escudo

Para la vuelta se acertó en el diagnóstico. Los días de reflexión después del sonado varapalo habían dado sus frutos. El Madrid tenía que evitar el desorden que impuso el Galatasaray en la segunda parte del partido en Turquía. El caos resultó una fortaleza que disimuló las carencias otomanas y potenció sus virtudes. Para contrarrestarlo, los blancos debían hacer valer su estilo, no perder las posiciones y tampoco la concentración. «No necesitamos un remontada enorme, sólo se precisa ganar, por lo que hay que jugar con la cabeza», templó Míchel Salgado en la previa. Del Bosque le siguió: «Espero que no debamos recurrir a la épica y que podamos ganar de manera ortodoxa».

Las estadísticas estaban del lado blanco. El Galatasaray desinflaba su pecho fuera de casa y todavía no había ganado como visitante en esa *Champions*, mientras que el Madrid no conocía la derrota en su estadio. Además, en las dos veces que los blancos tuvieron que remontar un 3-2 en Copa de Europa (Niza en la temporada 57-58 y Bayern en la 87-88), salieron airosos.

Los turcos no podrían contar con el sancionado Popescu, pero sí con la brújula de Emre en el centro del campo. Lucescu, viejo zorro, restó tensión a los suyos (que llevaban un atraso de tres meses y medio de cobros), y les dio libre la mañana del día anterior al partido para que fueran de compras por Serrano con Hagi como *cicerone*. Pero cometió un error fatal. «Ya hemos ganado dos veces al Madrid, ¿por qué no una tercera? Los equipos están técnicamente equilibrados y nosotros sabemos lo que es jugar contra el miedo escénico. El Bernabéu no es el único estadio con clima hostil», soltó.

Puedes no creer en los fantasmas o dudar de las leyendas, pero nunca los desafíes... sobre todo si visten de blanco. Al Madrid le valía una victoria por la mínima, pero esta remontada quedó para la historia como ejemplo de que a los gigantes dormidos les basta con un bostezo para borrarte del mapa.

La afición respondió y fue una caldera incandescente todo el partido. Presionó al máximo a los turcos transmitiendo su aliento al equipo. Era un partido para no esconderse e ir al choque, por lo que ahí estuvo la grada para empujar como uno más. Habían herido al Madrid sobre el césped, pero también en su orgullo... y eso tendría consecuencias. Completar el expediente con una victoria por la mínima no sería suficiente. Se quería sangre y hubo sangre, aunque no de la manera más ejemplarizante.

El Madrid salió a llevar la iniciativa, pero sin perderse en la anarquía de los excesos. Se trataba de jugar al ataque, lucir las individualidades y ganar con fútbol lo perdido por la furia. A esto el Galatasaray sólo pudo imponer su fuerza, rayana en violencia en algunas entradas a destiempo. Estilistas contra francotiradores.

El primer gol nació de una jugada por la derecha, con centro de Salgado al primer palo, donde Raúl solía lucir su asesina picardía. El capitán se besó el anillo tras adelantarse a todos y provocar el primer éxtasis de la noche. El segundo, firmado por Helguera, fue un calco de su gol en Turquía. El imperial cabezazo resultó la guinda de su gran actuación durante todo el partido. Diez minutos después, Raúl aprovechó una filtración de McManaman para sorprender a Taffarel y vencerle en el primer palo. En sólo 37 minutos el Madrid no sólo había cumplido el objetivo, sino que además se permitió hacerlo con la autoridad de una goleada.

El Galatasaray se encontró con que debía de marcar dos goles para lograr al menos la prórroga. No tenía nada que perder, por lo que decidió perfeccionar su estrategia de guerra de guerrillas. No escatimó en faltas para desconectar al Madrid, mientras los blancos desaprovechaban claras ocasiones de Guti, Roberto Carlos y Figo, que en un encontronazo con Emre terminó con la nariz ensangrentada. El único peligro de los turcos lo protagonizó el archienemigo Jardel, pero ninguno de sus intentos encontró puerta esta vez. Sin centro del campo, entre codazos, patadas y agresiones, el marcador no se movió y el Madrid salió vivo de una recreación de Vietnam en la alfombra del Bernabéu.

«El Madrid se dio el baño turco», tituló *ABC*, en cuya crónica destacaron que, al fin, el Real Madrid demostró en el campo y el marcador la incuestionable superioridad frente al Galatasaray. «El Real Madrid entra en semifinales a ritmo de goleada», subrayó *El País* en su relato.

Ficha del partido

Real Madrid: Casillas; Míchel Salgado, Hierro, Karanka, Roberto Carlos (91' Solari); Makelele, Helguera; Figo (85' Savio), McManaman; Guti (74' Flavio Conceiçao) y Raúl.
Galatasaray: Taffarel; Umit Davala, Bulent, Asik, Fatih; Okan, Emre; Suat (46' Akim Bulent), Hasan Sas (66' Arif); Hagi y Jardel.
Goles
1-0 (min. 15): Raúl.
2-0 (min. 28): Helguera.
3-0 (min. 37): Raúl.

EL PROTAGONISTA: RAÚL

Raúl era ese tipo de jugador al que darle la pelota cuando la cosa se ponía difícil. Su ambición e instinto le hacían sobresalir por encima del resto. En la remontada contra el Galatasaray marcó dos goles, pero, sobre todo, fue el faro al que sus compañeros miraron, algo habitual en su carrera con el Real Madrid.

Raúl haciendo el gesto que le caracterizó en la recta final de su carrera como madridista.

«A los cuatro minutos perdió un gol increíble, justo lo que no debe pasarle a un debutante, pero, lejos de derretirse, siguió jugando como si nada. ¿De qué material está hecho? No sé, en todo caso se le ve distinto»[68]. Esto es lo que escribió Jorge Valdano sobre Raúl en su cuaderno de notas después del partido amistoso frente al Karlsruher disputado el 25 de octubre de 1994. Le había metido en el 63', con empate a

---

68 *Raúl, el futuro*, Luis Villarejo y Carlos Bonelli. El País Aguilar, 1996.

uno, y el Madrid terminaría remontado 1-3 con un gol de Raúl. Estaba decidido. Apostaría por ese chaval de insultante desparpajo con sólo 17 años.

Cuatro días después, camino del estadio de la Romareda, Valdano se levantó de su asiento en el autobús para acercarse a transmitir tranquilidad y confianza al debutante que iba a sentar a Emilio Butragueño. Pero se lo encontró relajado, dormitando. A Raúl no le atenazaban los nervios, pues iba a hacer algo tan sencillo para él como jugar al fútbol. Ese autocontrol y calculada frialdad no pasó desapercibida por sus compañeros, que rápido fueron conscientes de que eran testigos del nacimiento de una era.

En el fútbol y en la vida, ciertas casualidades son en realidad señales. El día de su debut, Raúl tuvo enfrente al mismo portero que diez años antes había sido testigo del estreno de *El Buitre*: Andoni Cedrún. No marcó, pero sus primeros pasos en el Madrid fueron tan fulgurantes como los de su predecesor, pues una semana después la rompió contra el Atlético de Madrid: gol, asistencia y un penalti provocado. Raúl heredó el 7 de Butragueño, pero también su astucia, afán de superación, capacidad asociativa y entrega insaciable. La saga de ese número mágico que vistieron Kopa, Amancio, Juanito y el líder de *La Quinta* tuvo un digno sucesor.

Raúl era valiente, pero carecía de la hosquedad del provocador. Nunca ejerció la altivez, más bien al contrario, pues comprendió que el éxito se desprende de la humildad, el esfuerzo y la constancia. Su primera experiencia europea, los cuartos de la *Champions* contra la Juventus en 1996, pusieron el molde a este aprendizaje. Después de ganar en el Bernabéu por uno a cero con gol suyo, el Madrid se vio superado en Italia por un equipo extraordinario en el que comenzaba a brillar Del Piero. Toda victoria tendría el coste de la conquista, eso le quedó cristalino.

Después de sus dos primeros éxitos, las Ligas de Valdano y Capello, Raúl entró en la historia del Madrid como protagonista de una generación que conquistó la Copa de Europa y la Intercontinental 32 y 38 años después, respectivamente.

Luego ganaría cuatro Ligas y dos Copas de Europa más, entre muchos títulos colectivos e individuales.

En el campo era un solucionador de problemas. Siempre daba la cara y afrontaba cada jugada como la practicó en el barrio, con sencillez y frialdad. Buscaba el recurso más efectivo, aunque eso no le privó de jugadas excelsas, como el *Aguanís*[69] o el gol de la Octava. Dignificó como nadie la camiseta del Madrid, permitiéndose silenciar al Camp Nou en un gesto a la altura de su figura.

Zamorano, Mijatovic, Suker, Morientes, Ronaldo, Van Nistelrooy, Higuaín, Benzema, Cristiano... Cada año tenía a los mejores a su lado, pero ningún entrenador prescindió de Raúl porque hacerlo hubiera sido obviar parte del escudo blanco. Con todos se complementó y los hizo mejores, a todos les mostró que el camino de la excelencia define al madridista de corazón. Como el *Ferrari*[70] que era, batió incontables récords de blanco: partidos jugados, goles en Liga, en *Champions*...

Con la Selección, el madrileño también fue la referencia y copó los registros goleadores, pero siempre le quedó la espina de haber vivido justo antes de la eclosión ganadora que inició Luis Aragonés. Cuando éste le apartó, Raúl comenzó a señalarse el dorsal tras cada gol, único detalle reivindicativo en su carrera que no salió de sus botas.

Abandonó el Bernabéu 2010, después de 16 temporadas, para seguir sintiéndose futbolista. Mourinho había insistido en que se quedara, pero él quiso sumar otra experiencia. «Intenté siempre dar lo mejor, por eso en mi cabeza nunca existió la palabra rendición», señaló en el acto de despedida. Los tiempos habían cambiado en el club con la segunda entrega de *Los Galácticos*. Cristiano llenó el Bernabéu el día

---

69 Nombre que recibe el doble regate que realizó al portero del Vasco da Gama, Carlos Germano, en la final de la Copa Intercontinental de 1998.
70 Así lo definió su compañero y amigo, Fernando Hierro.

de su presentación; Raúl sólo congregó a 300 personas en su adiós.

Estuvo dos años en el Schalke 04. Allí se convirtió en un icono, al punto de que el club alemán retiró el 7 para la temporada siguiente de su marcha. Marcó 40 goles, ganó una Copa y una Supercopa, pero, sobre todo, recibió el cariño incondicional de una afición que tuvo la suerte de que un mito defendiera sus colores. La retirada le llegó a los 38 años en el New York Cosmos, después de su paso por el Al-Sadd de Catar.

Raúl vivió deprisa, lo ganó todo, pero su gran madurez y sentido del club le hicieron que un día todos los niños quisieran ser Raúl. Y eso es inalcanzable.

Ficha del jugador

Partidos: 741.
Goles marcados: 323.
Internacional con España: 102 veces.
Palmarés: 3 Copas de Europa, 2 Copas Intercontinentales, 1 Supercopa de Europa, 6 Ligas y 4 Supercopas de España.

LA ANÉCDOTA: MULTAS, BRONCAS Y CIERRES

El enfrentamiento contra el Galatasaray fue un duelo en el sentido *westerniano* de la palabra. Al conocido carácter guerrero de los equipos turcos y su caliente afición, se sumaron otros factores que tuvieron nefastas consecuencias en forma de sanción para los dos equipos.

La permisividad de los responsables del Galatasaray le costó que la UEFA cerrara su estadio un partido por «falta de medidas de seguridad». En la vuelta, la agresividad exhibida en el césped, con faltas que rozaron el Código Penal, tuvo su extensión o provocación en la grada. Ese día (no hubo uno mejor) volvían a su sitio en el estadio los *Ultras Sur,* responsables de la caída de la portería contra el Borussia Dortmund tres años antes[71]. Los principales incidentes fueron el lanzamiento de objetos y la devolución de un balón a Taffarel con tardanza premeditada. La UEFA multó con 7,5 millones de pesetas al Real Madrid y con dos partidos al turco Okan por fingir que un objeto le había dado en el rostro y dedicar una peineta al respetable. Se le daban mejor las asistencias que el teatro, de eso no hay duda.

¿QUÉ PASÓ DESPUÉS?

Nada más eliminar al Manchester United en cuartos de final, el jugador del Bayern Stefan Effenberg lanzó el primer aviso: «le tenemos ganas al Real Madrid». El año anterior, después de que el Madrid se coronara en el «Teatro de los Sueños»[72] y los alemanes superaran al Oporto en cuartos, ambos se vieron las caras en lo que resultó una final adelantada. Aquella eliminatoria fue el único petardazo de Anelka, que anotó dos goles: uno en el Bernabéu (2-0) y otro en el Olímpico de Múnich (2-1). Los germanos prometieron venganza y Khan, Elber, Babbel, Salihamidzic y compañía no eran de olvidar afrentas. Jugársela era como cabrear a un banco de pirañas.

El Bayern llevaba 25 años sin levantar la Copa de Europa y, como reconoció su propio entrenador, tenía con la motivación extra de querer cicatrizar la herida. Lo último que deseaban era que el Madrid igualara el duelo de enfrentamientos entre ambos en semifinales, en ese momento a favor de los alemanes con dos rondas superadas (años 76 y 87) frente a una del Madrid (2000).

---

71 Por este incidente, acaecido en la ida de las semifinales de la *Champions League*, el 1 de abril de 1998, el Real Madrid fue sancionado con 130 millones de pesetas y el cierre del estadio durante un partido.
72 El Real Madrid se impuso al Manchester United a domicilio (3-2) en un partido recordado por la gran jugada de Fernando Redondo antes de dar una asistencia a Raúl.

Los dos entrenadores conocían de memoria al equipo rival, por lo que ganaría aquél que explotara mejor las debilidades del otro. El Madrid era consciente de que los bávaros sufrían en su última línea, por lo que deberían utilizar las bandas como aviones. El Bayern sabía que los blancos dejaban espacios cuando atacaban, así que el contragolpe sería su baza, sobre todo en el Bernabéu.

No hubo sorpresas y sí decepciones en la eliminatoria. Sin rubor, el Bayern defendió siempre con siete jugadores: las tres torres que tenía como centrales, los dos carrileros refugiados atrás, el medio-tapón Jeremies y Salihamidzic, en misión de cortafuegos de Roberto Carlos. Consciente de la falta de frescura blanca, basó su victoria en la resistencia combinada con los errores que el Madrid cometió atrás. En el Bernabéu, Elber cazó un disparo en el que Casillas pudo hacer mucho más (0-1), y en Alemania, donde los de Hitzfeld se volvieron a imponer (2-1), sus goles tuvieron colaboración blanca. Y así es imposible. Sólo la insistencia de Raúl y el desborde de Figo mantuvieron vivo al equipo. Pero esta vez el físico, el rigor táctico y la fortaleza mental del Bayern pasaron por encima de la ilusión de alzar la segunda Copa de Europa consecutiva. Ese hito todavía tendría que esperar.

La Liga fue el primer éxito del proyecto de Florentino Pérez, pues la Copa se tiró en Toledo en el primer partido (2-1). El equipo comenzó la competición doméstica con algún traspiés, como la derrota frente al Barcelona (2-0) en la vuelta de Figo al Camp Nou. Ese día, los culés agotaron el diccionario de insultos y se dejaron el oxígeno en pitar cada vez que el portugués se hacía con el balón. A partir de la décima jornada, el Madrid fue cogiendo confianza y encadenó nueve victorias consecutivas que le auparon al liderato. Y de ahí no lo movería nadie.

En la segunda vuelta logró otra buena racha, esta vez de 12 partidos sin conocer la derrota, lo que hizo que se mantuviera siempre una distancia de seguridad con el Deportivo de la Coruña, que llegó a ser de 11 puntos. En el partido contra el Villarreal (5-0) se honró la memoria de Ramón

Mendoza, fallecido el 4 de abril de 2001. Su hijo recibió una emocionante ovación cuando recogió la Medalla al Mérito Deportivo concedida por el Gobierno.

La regularidad blanca, la nula capacidad de los rivales para aprovechar los errores del Madrid y, sobre todo, la perfecta comunión de la plantilla con Del Bosque, resultaron fundamentales para cimentar el título. El alirón se cantó contra el Alavés (5-0) en un partido en el que Raúl celebró su participación 250 en Liga y Hierro su gol 100 en la competición. El Madrid acabó sumando 80 puntos, récord hasta entonces, y el 7 fue el *Pichichi*, con 24 goles, uno por encima de Rivaldo.

El último partido de Liga sirvió de merecido homenaje a Manolo Sanchís, postrero representante de una estirpe. Estuvo presente su familia, Leo Beenhakker y también sus compañeros de *La Quinta*. La afición, que le homenajeó con pancartas que decían «Eres una leyenda» asistió emocionada al traspaso del brazalete de capitán a Fernando Hierro. Sanchís jugó 18 temporadas en el club y ganó 20 títulos, sólo por debajo de Gento y Di Stéfano en aquel momento: ocho Ligas, dos Copas de Europa, una Intercontinental, dos Copas de la UEFA, dos Copas del Rey, cuatro Supercopas de España y una Copa de la Liga. Sencillo y equilibrado, Sanchís siempre declaró que quería ser recordado «como un buen tipo». Y fue mucho más que eso para el Madrid... y para el fútbol.

REAL MADRID – BAYERN DE MÚNICH

CUARTOS DE FINAL DE LA CHAMPIONS LEAGUE. TEMPORADA 01-02

KAHN SE TRAGÓ SUS PALABRAS

El año del centenario del Real Madrid, acontecimiento que condicionaría todas las acciones del club esa temporada, fue el de la entrada en vigor del euro. Ese 2002 también se comenzó a cartografiar por primera vez el planeta Marte y en España vivimos el estrambótico incidente del islote Perejil.

LOS ANTECEDENTES.
ASÍ LLEGABA EL REAL MADRID

Si Luis Figo había supuesto la promesa deportiva de Florentino Pérez, la económica fue la eliminación de la deuda, estimada en 60.000 millones de pesetas. Y ello pasó por decir adiós a la histórica Ciudad Deportiva, fundada en 1963 como el mayor centro deportivo de un club europeo hasta la fecha (110.000 m^2). La operación, por llamativa y ágil en el tiempo, no estuvo exenta de relumbrón y polémica.

El presidente del Real Madrid urdió un plan para que todas las partes implicadas obtuvieran beneficios. Los terrenos de la Ciudad Deportiva se recalificarían y, en su lugar, se construirían cuatro torres, un parque público y quedaría la posibilidad de realizar también un pabellón multiusos. El Madrid se llevaría el importe de dos torres (80.000 millones); el Ayuntamiento, el de una torre y media (60.000); y la Comunidad de Madrid, el de la otra media (20.000).[73].

El 7 de mayo de 2001 se firmó el acuerdo tripartito en la sede de la Comunidad. «Esta operación es básica para la vida del club (...) A partir de hoy el Real Madrid disfrutará de normalidad económica», declaró un exultante Florentino. Veinte días después, los socios tendrían que refrendarla en un ambiente que estuvo algo caldeado por declaraciones de opositores como el periodista José María García y el exvicepresidente Juan Onieva. Finalmente, la decisión se aprobó por 1.100 votos contra 39. El Madrid había saldado su histórica deuda. Ahora podía embarcarse en la construcción de su nueva Ciudad Real Madrid y acometer los fichajes que pasarían a la historia como *Los Galácticos*.

En Cataluña, los medios azuzaron a la afición culé por lo que entendían que era un trato de favor. Dos décadas después, la herida seguía abierta (y lo estará siempre): el 1 de marzo de 2021 *La Vanguardia* publicó un artículo titulado «La "escandalosa" recalificación que permitió a Florentino Pérez crear el Madrid de los Galácticos»[74]. En él se apuntaba la venta de los terrenos de la Castellana como el origen del «negocio desorbitado» del fútbol y aseguraba que la orden para la firma la dio el presidente Aznar. *El Mundo Deportivo*, por las mismas fechas, habló de «20 años del "pelotazo" del Real Madrid»[75], un texto en el que se recordaban otros supuestos favores del poder al club en los años de Ramón

---

73   *366 historias de fútbol mundial*, Alfredo Relaño. Ediciones Planeta, 2010.

74   *La Vanguardia*, 1 de marzo de 2021: https://www.lavanguardia.com/deportes/real-madrid/20210301/6261751/real-madrid-florentino-perez-galacticos-torres.html

75   *El Mundo Deportivo*, 1 de febrero de 2021: https://www.mundodeportivo.com/futbol/real-madrid/20210201/491778926140/real-madrid-pelotazo.html

Mendoza y Lorenzo Sanz. El victimismo es un insaciable devorador de teorías de la conspiración.

Finalmente, la nueva Ciudad Deportiva del Real Madrid, situada en Valdebebas (una zona por explotar en aquellos años), fue inaugurada el 30 de septiembre de 2005. Con una superficie diez veces mayor que la antigua de la Castellana (120 hectáreas), supuso un paso de gigante en la modernización del club y su cantera.

Nacido para jugar en el Madrid

Con el dinero en caja, Florentino inició el segundo fichaje estrella sólo unas semanas después de presentar a Figo. Fue en la gala de la UEFA de agosto de 2000, con la famosa servilleta que el presidente blanco pasó al francés con el mensaje: «¿Quieres venir?», a lo que *Zizou* contestó en inglés (quién sabe por qué): «yes». Campeón de la Eurocopa y del Mundo con Francia, mejor jugador continental y mito de la Juventus, Zidane lo tenía todo… pero le faltaba lo más básico: jugar en el club más grande del planeta. La seducción estaba consumada, una labor que no sería tan sencilla con los mandatarios juventinos.

El por entonces director general *bianconero*, Luciano Moggi, desveló años después que sacó al propio Zidane del vestuario tras un partido contra la Atalanta para advertirle de que no se marcharía: «Entendió que para ficharlo, el Madrid tenía que pagar una cantidad de dinero jamás pensada en el mundo del fútbol»[76]. Así las gastaban.

El 4 de julio de 2001, día del cumpleaños de Alfredo di Stéfano (¿azar o destino?), Florentino viajó a Italia para negociar con los dirigentes de la *Vecchia Signora*. Serían necesarias todas las dotes de persuasión y retórica posibles, por lo que se hizo acompañar de Valdano. Los italianos en

---

76   https://www.lasexta.com/noticias/deportes/futbol/zidane-enorme-presion-juventus-fichar-real-madrid-tuve-que-sacarle-vestuario_2020040 45e88eba22379790001453f21.html

ningún momento querían vender, pero se vieron obligados por el propio Zidane, que no escondió su deseo de vestir de blanco. Llegaron a pedir 14.000 millones de pesetas y el centro del campo del Madrid (Helguera y Makelele) como contrapartida, pero Florentino se negó a tal cantidad y ofreció a Flávio. No coló. Finalmente, el acuerdo se cerró en algo más de 12.000 millones de pesetas en lo que fue el fichaje más caro de la historia.

El nuevo 5 del equipo, dorsal que heredó de Sanchís, fue presentado el 9 de julio de 2001 en el Pabellón de Hielo de la antigua Ciudad Deportiva. En el acto, Florentino dejó una de las frases que se harían recurrentes en esa época: «es de esos futbolistas que ha nacido para jugar en el Real Madrid».

Con la llegada de Zidane, el máximo damnificado fue Steve McManaman, que pasó a ser uno de los suplentes de lujo para Del Bosque, junto a Solari, Guti, Munitis o Savio. La otra novedad resultó Paco Pavón, un canterano que se asentó en el once y dio nombre, junto al francés, a la idílica filosofía de «Zidanes y Pavones», una apuesta por la combinación de estrellas y jugadores de la casa. Ese año, debido a lesiones y otras circunstancias, el técnico madridista contó con varios jugadores de *La Fábrica*, que, sin embargo, nunca llegaron a triunfar en el Madrid: Raúl Bravo, Miñambres, Valdo y Portillo.

CRÓNICA DE LA REMONTADA

Esta temporada era muy especial para el Real Madrid. El Centenario y una plantilla repleta de estrellas (además de Figo y Zidane, estaban Casillas, Roberto Carlos, Hierro, Raúl, Morientes...) aumentaron la presión, sobre todo, en la competición fetiche, la Copa de Europa. Y más cuando en la Liga las cosas no comenzaron todo lo bien que se esperaba.

En la primera fase de grupos, los blancos quedaron encuadrados con el campeón de Italia, la Roma, el Lokomotiv de Moscú y el Anderlecht. Zidane, que arrastraba una sanción del año anterior, no pudo jugar los primeros partidos. Tampoco hizo falta. El rival más serio fue el conjunto entrenado por Fabio Capello, que contaba en sus filas con Totti, Emerson, Samuel, Montella y Batistuta, entre otras figuras. En el Olímpico se impusieron los blancos por 1-2, con goles de Figo y Guti, mientras que en la vuelta se firmaron tablas con tantos del capitán italiano y del *10* portugués. El Madrid pasó como primero con cuatro victorias, un empate y una derrota.

En la segunda liguilla el Madrid fue incluso más favorito, pues le tocó jugársela contra el Oporto, que resultó un fiasco, Panathinaikos y Sparta de Praga. Sería contra estos últimos cuando Zidane dio su primera clase magistral en Europa vestido de blanco. Los madridistas se impusieron por 2-3 y el francés dejó una colección de fintas, controles y pases digna de guardar en vídeo. El Madrid ganó todos los partidos y sólo cedió un empate en la última jornada, contra los griegos, cuando ya estaba todo decidido.

De nuevo, catástrofe en el Olímpico

El diabólico sorteo de cuartos deparó el duelo con más deudas pendientes de Europa: Bayern de Múnich - Real Madrid. Habría clásico por tercera vez consecutiva en *Champions*, aunque esta vez la vuelta sería en el Bernabéu, detalle no menor. Campeón contra aspirante, agresividad frente a estilo, equipo contra solistas. La batalla sería dura y comenzó desde el mismo momento de saberse rivales. «Estos tienen más miedo de nosotros que nosotros de ellos», disparó Otmar Hitzfield. «El Madrid se acordará de que el año pasado les ganamos. Tienen un buen equipo, pero comparados con los salarios que cobran sus jugadores, nosotros somos huérfanos», salpimentó Effenberg, al que McManaman consideraba como «el tío más desagradable del mundo».

Fobias aparte, lo cierto es que las estadísticas confirmaban el optimismo germano. Veamos. En los 12 partidos previos entre Bayern y Real Madrid, los teutones habían ganado ocho veces, por tres victorias blancas y un solo empate. El Bayern también dominaba las eliminatorias en Copa de Europa, pues se habían impuesto en tres de las cinco disputadas entre ambos. Y, por si fuera poco, estaba la maldición del Olímpico de Múnich: todas las visitas blancas se contaban por derrotas. Esto explica la sonrisa de los alemanes mientras iban afilando los cuchillos. Normal.

Pero si el Bayern tenía los números de su lado, el Madrid podría apelar a la mística, la emoción, el recuerdo, el espíritu o las señales, como quieran llamarlo. El destino quiso que la eliminatoria arrancara en un día muy especial para el corazón de los madridistas: el 2 de abril de 2002, décimo aniversario del fallecimiento de Juanito[77]. Nadie mejor como símbolo de la garra y el carácter necesarios para derrotar al ogro alemán. Si el fútbol no era suficiente, los madridistas siempre podrían mirar al cielo, donde el malagueño, sin duda, estaría empujando y apretando los dientes.

En lo deportivo, Del Bosque contaba con la baja de Figo para la ida, por lo que siguió confiando en el equilibrio que ofrecía Solari. Además, consciente de la potencia física alemana, llamó a filas al pulmón de la plantilla, Geremi, para jugar en un 4-4-1-1 con Zidane liberado y Raúl como único delantero. En la portería había cierto debate en el ambiente, pues el técnico estaba apostando por César en detrimento de Casillas. Pero lo que de verdad hizo revolverse al salmantino fue que se cuestionara su trabajo táctico. «Me molesta, y mucho. Son frases hechas que hacen mucho daño. Si no tuviéramos un sistema, si no trabajáramos sobre él... Nos acusan de preparar poco las jugadas a balón parado, pero es que yo busco la simplicidad. Y la busco porque tenemos a

---

77 Juan Gómez, Juanito, falleció el 2 de abril de 1992 en un accidente de tráfico cuando volvía a Mérida, ciudad donde entrenaba, tras ver un partido de Copa de la UEFA entre el Real Madrid y el Torino.

Zidane, Figo, Roberto Carlos... No tenemos que buscar ningún arabesco» [78].

Por su parte, el Bayern de esta temporada había modificado su esquema, pero no su estilo de juego. Renunció a la defensa de cinco, aunque el plan era el mismo: líneas juntas, correr hasta la extenuación y aprovechar los contragolpes. En la delantera, al oportunista Elber lo acompañaba Santa Cruz o Pizarro, mientras que el mencionado Effenberg seguía siendo la brújula y el muro de contención a la vez. No andaba bien en la *Bundesliga*, en cuarto lugar a siete puntos del Leverkusen de Ballack, pero esto era Europa y el Madrid siempre suponía una motivación extra en Baviera.

Del Bosque, que había tomado nota de la temporada anterior, plasmó en su idea de juego lo que entendió como el mejor antídoto anti-Bayern: contención por las bandas y solidaridad en cada acción. La sorpresa en su alineación no pudo darle una mayor satisfacción. A los diez minutos, Geremi fusiló a Khan desde fuera del área y con la izquierda. Pareció ciencia ficción y quizás ese fue el pecado de los madridistas: no terminar de creérselo.

Mientras el ritmo fue plomizo, sobre todo en la primera parte, los blancos salieron airosos de cada disputa e incluso llevaron cierto peligro al área rival. El problema fue que la hiperactividad de Zidane y Solari por la izquierda no fue seguida por Raúl, ofuscado en su batalla personal con los centrales.

En el Bayern, Elber volvió a ser un incordio constante. Lo mismo se sacaba un remate peligrosísimo de espaldas a portería que disparaba desde cualquier lugar del campo con tan mala saña que hacía que estuvieras en un permanente estado de alerta.

Entre un Madrid que renunció a su espíritu atacante y un Bayern que parecía sujeto, los minutos pasaron hasta

---

78   Diario *El País*, 2 de abril de 2002: https://elpais.com/diario/2002/04/02/deportes/1017698401_850215.html#?rel=listaapoyo

que Hitzfield sacó los tambores y la artillería: Salihamidzic y Pizarro. El bosnio provocó un penalti que detuvo un enorme César a Effenberg. Pero el capitán alemán se guardó la matrícula y no dejó de merodear el área hasta que encontró petróleo con el primer gol.

La historia estaba siendo demasiado bonita, con una impecable resistencia que hacía soñar incluso con una inédita victoria. Sin embargo, el Bayern ya había prendido la mecha y a partir de entonces hizo lo que mejor sabía, desatar la furia y el fuego con arrebatos constantes sobre la portería de un César que evitó el descalabro. El segundo gol sólo fue cuestión de tiempo. Un balón en largo terminó en las botas de Pizarro que, asistido por Elber, culminó la remontada. El Olímpico volvió a ser una trampa mortal y el Madrid tiró en 10 minutos lo conseguido en 80.

Tocaba transformar la impotencia y la incredulidad en orgullo y rabia. Mostrar que en el Madrid se perdonan las derrotas, pero nunca darse por vencido. Y este fue el punto en el que ardieron todas las palabras previas a la vuelta. «El Madrid se caga en los pantalones», se mofó Salihamidzic[79]. «Ni loco me meten dos goles en la vuelta», retó Khan. «Somos el mejor equipo del mundo», presumió Hitzfield. Una vez más, la prepotencia alemana cometió el error de olvidar que cuando parece que está muerto, el Madrid siempre encuentra la forma de renacer y alcanzar la gloria. Está en su ADN, forma parte de su espíritu, por algo es el único equipo del mundo obligado a ganar.

Fue el capitán, Fernando Hierro, el encargado de responder antes de la batalla final: «Tampoco nos tenemos que dejar pisotear por nadie. Con ese orgullo tenemos que ir al terreno de juego». La afición casi que ni lo necesitó, pues las ganas de revancha convirtieron las gradas del Bernabéu en un volcán que estuvo a punto de erupcionar en varios momentos del partido de vuelta.

---

79   Diario *Marca*, 3 de abril de 2002.

Al ataque en el Bernabéu

Consciente de la importancia del envite, Del Bosque olvidó los planteamientos defensivos para el partido del Bernabéu. Jugaría Figo y volvería al rombo en el centro del campo, con Makelele como vértice y Zidane en el papel de director de orquesta. Arriba, Raúl estaría arropado por Fernando Morientes. Además, en la previa sorprendió a la prensa, acostumbrada a sus declaraciones planas, apelando al «espíritu de Juanito». No cabía el miedo, era el tiempo de mirar al enemigo de frente.

Hacía mucho tiempo que no se veía un partido con tanta tensión y expectación acumulada. El Madrid debería de jugar con un grado de agresividad, pero siempre manteniendo el control para evitar el terreno que le interesaba al Bayern, el de los choques de trenes y las bombas de racimo. Y así lo hizo desde el principio, con valentía, iniciativa y haciendo que los alemanes cavasen las trincheras lo más cerca posible de su portería.

El duelo fue todo un ejemplo de implicación y madridismo, solidaridad y ejecución elegante de cada jugada, sin renunciar al contacto físico. Hierro y Helguera, que jugó de central, fueron clave con su genial entendimiento. Mientras el primero anticipaba, el cántabro hacía de bombero sofocando cualquier riesgo de chispazo muniqués. Mientras, Zidane y Figo, los verdaderos artistas, dieron una lección de inteligencia y dominio de todos los recursos técnicos, al tiempo que Raúl, más suelto que en la ida, alteraba el orden defensivo del Bayern.

El plan consistió en insistir sin arriesgar, enseñar los dientes protegiendo la retaguardia. Los goles se escaparon en la primera parte en las botas de Morientes y de un 7, que, sin embargo, sería determinante casi al final del partido. El Bayern, agazapado, sólo salía cuando el Madrid dejaba algún resquicio para el respiro, pero esta vez estuvieron bien atados.

Antes del primer gol del Madrid, Zidane dejó un aviso en el travesaño de Kahn, que comenzó a hacerse a la idea de lo indigesta que puede ser la palabrería. La ocasión insufló más confianza a los blancos, si eso era posible, que no cejaron la avalancha de ocasiones hasta obtener el premio. Helguera, que se quedó en el área después de un córner dando alas al niño pillo que encerraba, anotó a pase de Roberto Carlos. Lo tenía claro en la previa: «Creo que entrando desde atrás por sorpresa podemos hacerles daño». Dicho y hecho.

Con el 1-0 el Madrid estaba clasificado, pero sabía que un gol no sería suficiente ante la amenaza de la efectividad del Bayern en sus contragolpes. Por ello, mantuvo la tensión, no bajó la guardia y el espíritu atacante de las remontadas de los 80 se pudo sentir en las acciones del césped y el latir del Bernabéu. Se quería más y eso es el Real Madrid.

La grada sólo enmudeció de verdad en una acción de la pesadilla Elber. El brasileño anuló a los dos centrales y apretó el gatillo, pero César demostró con salvadores reflejos por qué gozaba de la confianza de Vicente del Bosque. La victoria pasaba por secar al delantero de Bayern y todos estuvieron al nivel para conseguirlo.

Esta vez el Madrid no se vino abajo, sino que siguió en su empeño de callar las bocas de los alemanes y regalar el éxtasis de la revancha a una afición a la que le sobró algún exceso, como el mecherazo que recibió Effenberg cuando se disponía a sacar un córner. La agresión no le hizo perder la inteligencia competitiva y provocó la amarilla a un infantil Figo que tendría que perderse la ida de las semifinales en el Camp Nou.

El premio del segundo gol se lo llevó Guti, el genio que pudo haberse salido del mapa si le hubiera preocupado más el césped que la lámpara de las veleidades. Raúl, disfrazado de Butragueño, caracoleó en el área para dejar el balón al *14*, que remachó el partido, la eliminatoria y acabó con todos los demonios vestidos de *rojo Bayern*.

«Épica victoria del Madrid frente al Bayern», tituló *ABC* en su primera página. En la crónica se destacó «la superioridad de principio a fin» que mostró el equipo español frente al vigente campeón. El diario *AS* habló de «Novena Sinfonía» y resaltó los datos del dominio del Madrid: «50 llegadas al área, 16 córners, un tiro a la escuadra, un penalti al limbo y dos goles». Por su parte, *Marca* se decidió por un efusivo «Toma y toma», recalcando que «Un gran Madrid fulmina al Bayern y se enfrentará al Barça en semifinales».

Ficha del partido

Real Madrid: César; Míchel Salgado, Helguera, Hierro, Roberto Carlos; Figo (Geremi, 87'), Makelele, Zidane, Solari; Raúl y Morientes (Guti, 80').
Bayern Múnich: Kahn; Kuffour (Pizarro, 74'), Linke, R. Kovac, Lizarazu; Salihamidzic, Hargreaves, Effenberg, Jeremies (Fink, 84'); Elber y Santa Cruz.
Goles
1-0 (min. 69): Helguera.
2-0 (min. 86): Guti.

EL PROTAGONISTA: GUTI

Siempre cuestionado por un sector de la grada, el gol al Bayern de Múnich fue la merecida comunión de Guti con la afición. Del Bosque alternaba al *14* con Morientes en el papel de delantero y el de Torrejón despegó definitivamente con goles y buenas actuaciones. Aunque en la ida no jugó y en la vuelta salió desde el banquillo, dejó su sello en una eliminatoria que pasó a la historia del orgullo madridista, una de las principales señas de identidad de Guti.

José María Gutiérrez llegó con nueve años a la cantera del Real Madrid y muy pronto los técnicos vieron que aquel rubio irreverente jugaba a otra cosa. Debutó con Valdano en 1995 y, desde entonces, siempre tuvo que ganarse la confianza de los entrenadores. Su posición natural, por detrás del delantero, es una de las más cotizadas en el Real Madrid, lo que unido a su aire despreocupado hizo que no tuviera una continuidad acorde a su talento.

Se adaptó y jugó en todos los puestos del centro del campo en adelante: mediocentro defensivo, mediapunta, volante y delantero. Pocos jugadores tienen la calidad necesaria para que la versatilidad no eclipse al brillo. Cuajó casi sin matices con Del Bosque, el entrenador con el que mantuvo una relación más sincera y provechosa para ambas partes. Cuenta el salmantino que una vez le preguntó por qué no se cortaba el pelo, a lo que el jugador le respondió que lo haría cuando él se afeitara el bigote[80]. Ese era Guti. El mismo que prefería jugar 30 minutos en el Madrid que 90 en otro equipo[81].

Guti fue el rey de los heterodoxos. De su imaginación y vértigo surgieron dos taconazos que ejemplifican lo inverosímil de su fútbol: el que le dio a Benzema en Riazor cuando ya estaba solo frente al portero y lo lógico hubiera sido marcar (30 de enero de 2010); y el que ejecutó para, desde más allá de la frontal del área, asistir a Zidane superando a toda la defensa del Sevilla (15 de enero de 2006). Nunca se ha visto nada igual.

Su principal virtud fue ver cosas que nadie sospechaba y ser capaz de llevarlas a cabo. Nunca le hizo falta el engaño, pues resultaba imposible saber qué iba a pasar cuando Guti tenía la pelota en su zurda. Todo era posible cuando la cogía el *14*, y eso es algo que hasta sus más duros detractores no pueden evitar reconocer. Muchos jugadores han sido desequilibrantes en conducción, Guti lo era a un solo toque.

Decía Aldous Huxley que «el secreto de la genialidad es conservar el espíritu del niño» y eso es justo lo que definió al de Torrejón. Nunca dejó de jugar como el chico que regatea en el patio del colegio con la fantasía y la verdad de la inocencia.

Cuando llegaron *Los Galácticos* algunos pensaron que sería el final de Guti en el Madrid, pero les tuteó por derecho propio. Incluso llegó a formar el doble pivote con más clase de la historia junto a David Beckham. ¿Sus lunares? El récord de suplencias que ostenta en Liga (228 en 387 parti-

---

80   Diario *El País*, 26 de julio de 2010: https://elpais.com/diario/2010/07/26/deportes/1280095213_850215.html
81   Diario *El País*, 18 de julio de 2016: https://elpais.com/deportes/2016/12/15/actualidad/1481829077_071439.html

dos) y que no disputó ni un solo minuto en las tres finales de *Champions* que ganó (1998, 2000 y 2002).

Guti permaneció 15 temporadas en el primer equipo y logró 15 títulos. En 2010 se marchó al Besiktas turco, donde se retiró dos años después. Con la Selección sólo disputó 13 partidos y anotó tres goles.

Ficha del jugador

Partidos: 542 oficiales.
Goles: 77.
Internacional: 13 veces.
Palmarés: 3 Copas de Europa, 2 Copas Intercontinentales, 1 Supercopa de Europa, 5 Ligas y 4 Supercopas de España.

LA ANÉCDOTA: OTRO CAMPEÓN EN LA CUNETA

En la *Champions* que nos ocupa, el Real Madrid siguió con la tradición de las dos anteriores de eliminar al vigente campeón en el camino a la gloria. Sucedió en 1998 y en 2000.

El año de la Séptima, el Madrid de Heynckes, que había superado al Leverkusen en cuartos (0-0 y 3-0), se las vio con el Borussia de Dortmund en semifinales. Aquel equipo, entrenado por Nevio Scala y liderado por Reuter, Kholer y Chapuisat, había conquistado la *Champions* en 1997 derrotando a la Juventus de Zidane. En la ida se ganó por 2-0, con goles de Morientes y Karembeu, mientras que en la vuelta se logró un meritorio empate a cero.

En el periplo hacia la Octava, los madridistas tomaron Old Trafford en los cuartos de final. El Manchester había protagonizado una final increíble el año anterior con la remontada al Bayern en los últimos minutos[82]. Era un equipo en el que destacaban Giggs, Beckham, Keane y Andy Cole. La ida en el Bernabéu se saldó sin goles, mientras que en la vuelta Raúl y Redondo cuajaron uno de los mejores partidos con el Real Madrid y los blancos lograron un 2-3 que supuso el fase a la semifinal.

¿QUÉ PASÓ DESPUÉS?

Después del enfrentamiento de la tensión frente al Bayern, llegaron las semifinales del morbo contra el F.C. Barcelona. No se veía un clásico en Europa desde la temporada 60-61, con triunfo madridista, por lo que la expectación hizo real el tópico de «final adelantada».

19 años llevaba el Real Madrid sin vencer en el Camp Nou en Liga, por lo que Del Bosque decidió alterar el plan, como en Múnich, pero esta vez con mejor fundamento. Sorprendió al apostar por una defensa de cinco, con Helguera, Hierro y Pavón de centrales, y jugó la baza del orden y la velocidad en el contragolpe.

El Barcelona contaba con serias bajas, una por línea: Puyol, Xavi y Rivaldo. Aun así, en la primera parte de la ida pudo adelantarse en el marcador por medio de Kluivert y Luis Enrique. Sin embargo, fue el Madrid el que aprovechó un desajuste de los culés para que Raúl conectara con Zidane, que realizó una bellísima vaselina sobre la cabeza de Bonano. En los instantes finales, y tras un ejercicio de numantina resistencia, McManaman sacó de su chistera otro golazo que supuso la sentencia de la eliminatoria. Fue el Sant Jordi más triste que se recuerda en Barcelona. En la vuelta, los blancos jugaron con el resultado e incluso se adelantaron por medio de Raúl, pero Helguera en propia puerta puso el empate final.

---

[82]   El Bayern, que se adelantó en el marcador en el minuto cinco, vio cómo dos goles en el tiempo de descuento, obra de Sheringham y Solskjær, dieron la vuelta a una final traumática para los teutones.

Y así se plantó el Madrid en la final. Fue en Glasgow, en un Hampden Park de hermoso recuerdo, pues 42 años antes ganó allí su quinta Copa de Europa contra el Eintracht (7-3). El rival, otro club alemán, el Bayer Leverkusen, se consagró como la gran sorpresa de la competición. Con Ballack y Neuville como estrellas, había dejado atrás a Liverpool y Manchester United en las eliminatorias previas. Arrogarse la condición de favoritos hubiera sido un error, y más si tenemos en cuenta que los blancos contaron con la presión extra de tener que ganar sí o sí para salvar el Centenario. De no hacerlo, la expedición poco menos que tendría que volver a Madrid de rodillas.

Mucho se ha escrito, y no sin razón, sobre el arte de Zidane y las alas de Casillas, fundamentales para lograr la victoria. Sin embargo, es de justicia destacar el primer gol del Madrid, que surgió del mismo sitio que el del francés, de la nada. Fue un invento del más listo sobre el campo, Raúl, que aprovechó un saque de banda para desmarcarse y colar el balón en la portería de un atónito Butt. Había que tener mucha sangre fría para inventar en algo así en una final.

El partido lo empataron los teutones, que demostraron con fútbol, garra y ocasiones por qué no eran un convidado de piedra. Pero entonces recibieron el golpe del gol que detuvo el tiempo: la icónica volea de Zidane, digna de quedar plasmada en mármol. Esa acción y la heroica actuación de Casillas en los instantes finales supusieron cruzar la frontera entre la decepción y la gloria.

La Novena viajó al Bernabéu y así se culminó la segunda época dorada del Real Madrid en Europa, con el tercer título continental en cinco años. Pasarían doce años hasta volver a conquistar la *Champions*, por lo que esta gesta fue adquiriendo la importancia merecida con el tiempo.

El éxito europeo consiguió difuminar las dos decepciones domésticas que arrebataron al Madrid firmar un Centenario perfecto. En la Liga faltó regularidad. Con un once base asentado, más la incorporación de Zidane, el equipo era el claro favorito. Sin embargo, comenzó dejándose muchos puntos y credibilidad en las primeras jornadas, lo que supuso un lastre frente a la pujanza de Valencia, Deportivo de la Coruña y Barcelona. Incluso así, el Madrid tuvo su oportunidad y logró auparse al liderato tras encadenar 15 partidos con sólo una derrota, pero su mala actuación en las últimas fechas le apartaron del título en favor de los valencianistas.

La Copa fue más traumática, si cabe, pues la final se jugó en el Santiago Bernabéu el 6 de marzo de 2002, día del Centenario del club. Los blancos tenían que llegar a esa cita y se pusieron el mono de trabajo. Dejaron atrás, con algún susto y dos remontadas, al Lanzarote (1-3), Gimnàstic de Tarragona (1-0 y 4-2), Rayo Vallecano (4-0 y 1-0) y Athletic de Bilbao (2-1 y 4-0). Se jugó el título con el Deportivo, que estaba realizando una memorable temporada y finalizaría segundo en la Liga. En aquel equipo estaban Molina, Fran, Valerón y Tristán, un plantel irrepetible. Los de Irureta salieron exhibiendo una rabia y acierto adecuados para descolocar al Madrid con dos goles que hicieron inútil el tanto de Raúl. El Madrid tuvo su «Maracanazo», pero, como decimos, el éxito de la Novena lo eclipsó todo esa temporada.

El año del Centenario sumó dos títulos más, ambos internacionales. El penúltimo día de agosto el Madrid se hizo con la Supercopa de Europa derrotando al Feyenoord, campeón de la Copa de la UEFA, por un contundente 3-1. Y en diciembre, el Olimpia de Paraguay fue el rival de la Copa Intercontinental, partido que se ganó por 2-0. Ambas son copas que no brillan, pero que huelen a fracaso si desperdicias la oportunidad de sumarlas a tus vitrinas. La realidad es que todas suman y más si eres el único club del mundo con la obligación histórica de ganar hasta en el sorteo de campos.

«Dicen que son galácticos o algo así». La frase, pronunciada por el presidente del Valencia, Jaime Ortí[83], antes de

---

83   El empresario Jaime Ortí fue presidente del Valencia entre 2001 y 2004, coincidiendo con grandes éxitos deportivos del club: dos Ligas, una Copa de la UEFA y una Supercopa de España.

un partido frente al Real Madrid, puso nombre a una era. No se trató únicamente de acumular fichajes de relumbrón, con Figo, Zidane, Ronaldo y Beckham, sino que más bien fue una filosofía, una nueva cultura empresarial que Florentino Pérez llevó a la práctica en el club para profesionalizarlo y cambiar su rumbo para siempre.

Que el Madrid era el mejor equipo de la historia sobre el césped ya estaba en las estadísticas, ahora había que situarlo en la cúspide de la gestión económica y la relevancia mediática. Nada se dejó al azar, pues en comunicación todo tiene una intención, como asignar el dorsal *23* a Beckham para abrir el mercado estadounidense.

La llegada del inglés coincidió con las dos decisiones deportivas más controvertidas del primer mandato de Florentino Pérez, las salidas de Vicente del Bosque y Makelele. El Madrid perdió al prestidigitador de egos y al equilibrista del centro del campo. Y ambas carencias se iban a hacer muy visibles.

La apuesta por las estrellas y la cantera se demostró como un verso idílico carente de dosis de realidad. Se confeccionó un once de estilistas y un banquillo huérfano de alternativas. Esto, unido al desfile de entrenadores (Queiroz, Camacho, García Remón, Luxemburgo, López Caro) y la falta de un proyecto, condujeron al *Galacticidio* con la dimisión de Florentino Pérez el 27 de febrero de 2006 tras dos temporadas sin títulos.

Curiosamente, los estandartes de la época, en el orden que vinieron, se fueron. Luis Figo se marchó en 2005 al Inter de Milán. Zidane se retiró en el verano de 2006 dejando la sensación de que aún tenía fútbol en sus botas. Ronaldo se quedó hasta el mercado de invierno de la temporada 06-07, cuando se fue al Milán. Por último, Beckham, que demostró en el césped que era mucho más que artificio de mercadotecnia, emprendió la aventura americana en Los Galaxy en el verano de 2007.

Si hacemos un ejercicio de analogía con *La Quinta*, la era Galáctica sí tuvo el culmen europeo que les faltó a Butragueño y los suyos. Sin embargo, aunque gozaron de todo el impacto y el glamur posibles, no terminaron de conquistar el corazón de una afición que exige que los éxitos siempre vayan acompañados del halo de ADN blanco.

El balance final fue de dos Ligas, una *Champions*, una Supercopa de Europa, dos Supercopas de España y una Intercontinental. De acuerdo, cualquier club presumiría hasta el hartazgo de este período, pero esto es el Real Madrid y bajar del primer escalón es como caer al precipicio. En Chamartín conquistar es un hábito y los récords, un trámite obligatorio.

REAL MADRID – ATLÉTICO DE MADRID

FINAL DE LA CHAMPIONS 2014

MINUTO «NOVENTAYRAMOS»

2014 fue uno de esos años en los que la Historia se acelera. El Rey Juan Carlos presentó su abdicación, dos aviones de *Malaysia Airlines* tuvieron sendos destinos trágicos (uno desapareció en el golfo de Tailandia por razones desconocidas y otro fue derribado por un misil ruso en la región de Donesk), el ébola amenazó con convertirse en una pandemia mundial, nació el grupo terrorista ISIS y, casi al final, Estados Unidos y Cuba retomaron sus relaciones diplomáticas. Precisamente eso, volver a la normalidad, fue lo que pretendió el Real Madrid esa temporada en la que había cambiado la mano de hierro de Mourinho por el guante de seda de Ancelotti.

LOS ANTECEDENTES. ASÍ LLEGABA EL REAL MADRID

Para llegar a la Décima se hace imprescindible repasar la travesía que va desde la vuelta de Florentino Pérez hasta la apuesta por un entrenador que estuvo a punto de fichar por el Madrid en dos ocasiones y no desperdició la tercera. Un lujo así no se lo puede permitir cualquiera.

Después de tres años fuera del club, el 14 de mayo de 2009 Florentino anunció su intención de regresar a los mandos del Madrid. El equipo llevaba dos temporadas en blanco mientras el Barcelona de Guardiola y Messi conquistaba un «sextete» histórico (08-09). Era el momento de un nuevo golpe de timón.

Vuelve la ilusión fue el lema de campaña escogido por el otrora patriarca de *Los Galácticos*, aunque no le hizo falta, pues no tuvo rival. «Frente a la inestabilidad: serenidad. Frente al oportunismo: entrega y sacrificio. Frente al desencanto: ideas, profesionalidad e ilusión», prometió.

El *Plan Renove* comenzó en los despachos: Valdano asumió la Dirección General; Pardeza, la Deportiva; y Zidane volvió al club como asesor presidencial.

Del Villarreal se fichó a Manuel Pellegrini, del que se admiraba su libreta y gesto tranquilo. Al chileno se le confeccionó una plantilla estelar con un gasto no menos sonado. 264 millones costaron los fichajes de Kaká, Cristiano Ronaldo, Benzema y Xabi Alonso. Una revolución de diamantes.

El brasileño pudo haber recalado en el City en enero de ese mismo año, pero decidió que sólo abandonaría Italia para jugar en el Madrid[84]. Cristiano, Balón de Oro en 2008, forzó su salida del Manchester, lo que provocó que los *red devils* accedieran a venderlo por 94 millones de euros, el montante más alto hasta esa fecha. A Benzema hubo que hacerle una visita a su casa de Lyon y pagar 35 millones al Olympique. Y, por fin, el «error Makelele» fue subsanado en diferido con Xabi Alonso, un jugador de contención, salida de balón y clase a raudales.

---

84   Diario *Marca*, 2 de marzo de 2018: https://www.marca.com/futbol/real-madrid/2018/03/02/5a9839a5ca4741ec508b4611.html

Las necesidades deportivas no estuvieron exentas de efectismo y las presentaciones fueron eventos multitudinarios en un Bernabéu *hollywoodiano*. Cristiano llenó las gradas, Kaká congregó a 50.000 personas y Benzema «sólo» a 15.000. En su caso influyó que la afición había puesto más ilusión en David Villa, por el que no se llegó a un acuerdo con un siempre reticente Valencia.

El Madrid firmó una gran temporada en Liga —mayor número de victorias en casa (18), fuera (13) y totales (31) en su historia—, pero una machada del Barcelona, que consiguió tres puntos más, le arrebató la posibilidad de llevarse el título. En la Copa se hizo el ridículo en Alcorcón, que militaba en Segunda B, y en la *Champions* el Lyon se tomó la venganza en octavos por haberle arrebatado a su emergente estrella. Otro año sin ganar, y más tras la inversión realizada, era demasiado para la paciencia de Florentino, que decidió buscar el mejor antídoto para el veneno culé.

Los focos iluminaron a José Mourinho, que acaba de conquistar el triplete con el Inter de Milán y sabía lo que era superar al Barcelona, pues apeó a los de Guardiola en una semifinal de *Champions* épica. Tenía firmada una cláusula de 16 millones, pero finalmente llegó por la mitad. Y con él, Özil, Khedira y Di María: toda una declaración de intenciones. Para ganar, harían falta soldados, no sólo jugadores.

En su primer curso, el Madrid se alzó con la Copa del Rey 18 años después. En el segundo, Mourinho alcanzó su cénit de blanco y conquistó la Liga de los récords (100 puntos y 121 goles). La caída se precipitó tras el tercero, en el que únicamente ganó la Supercopa de España, torneo que el portugués definió como «el más importante del verano y el menos importante de la temporada»[85].

85   *El Mundo Deportivo*, 13 de agosto de 2011: https://www.mundodeportivo.com/20110813/real-madrid/mourinho-la-supercopa-es-el-torneo-menos-importante-de-la-temporada_54200290418.html

La de Mou fue una etapa de ruido y fuego, de corazón y vísceras, de bailar en el desfiladero. Encontró un Madrid herido y entendió que la única filosofía posible era la de César en las Galias: una constante guerra hasta la victoria final. Pasó por encima de nombres y presiones. No dudó en promocionar a Diego López por encima de Casillas, aunque esto le costara el acoso mediático. Tenía una misión y derrochó toda su energía en tratar de conseguirla. Los récords, la vuelta del carácter ganador y el fichaje de Luka Modric (2012) fueron su mejor legado. ¿El peor? No comprender que el único *Special One* del mundo del fútbol es el Real Madrid.

Carletto «el pacificador»

Y después del incendio, el rostro amable. Durante el verano de 2013, en la campaña que nos ocupa, Florentino Pérez fichó a un viejo anhelo: Carlo Ancelotti. Era el segundo italiano que entrenaba al club tras Fabio Capello, aunque supondría su antítesis. El técnico de Reggiolo, protagonista como jugador del gran Milán de inicios de los noventa y ganador desde el banquillo de dos *Champions* (Milán) y tres Ligas (Milán, Chelsea y PSG), representaba la serenidad, el sosiego y ese aire pacificador de Molowny o Del Bosque. Se cambió el dedo de Mou por la ceja de Ancelotti. Con el añadido de Zidane como segundo.

Gracias al montante derivado de las ventas de Callejón, Albiol, Higuaín, Özil y Kaká, el Madrid fichó a Gareth Bale, un supuesto lateral con alma de delantero, físico de porcelana y cabeza de golfista. También llegaron Isco, Carvajal e Illarramendi, mientras Casemiro ascendió del Castilla.

Había nacido la BBC: Benzema, Bale y Cristiano. Bendito encaje, se hartaría de repetir el técnico italiano. Su obsesión fue el equilibrio entre defensa y ataque, encontrar una forma de juego que permitiera la armonía entre todas las líneas. Su credo, el diálogo con los jugadores y la convicción de que el colectivo siempre está por encima de las individualidades.

Durante la temporada probó con varios sistemas, desde el 4-3-3 hasta el 4-4-2 con la variante de Cristiano en punta, pasando por el 4-2-3-1. Finalmente, optó por el primero en la mayoría de las situaciones y encontró una maravillosa doble solución: Di María, técnica y pulmones, pasó a jugar de volante, y Modric, toda su vida en la mediapunta, retrasó unos metros su posición, desde donde alcanzó su mejor versión como futbolista. El Madrid transformó un problema en versatilidad, oxígeno y recursos en ataque. Respecto al dilema heredado de Diego López o Casillas, *Carletto* halló un atajo: la Liga para el primero y las copas para el segundo. Aquí paz y después *Champions*.

Tras embarrar en tres semifinales, Ancelotti tuvo un deber como objetivo primordial: levantar la Décima. Más de una década sin alzarla es una eternidad insoportable para la afición madridista. Algo así como la nostalgia por el hijo que se va de *Erasmus* y no quiere volver a casa en todo año. O peor.

CRÓNICA DE LA REMONTADA

Concluir que la Décima está a la altura de la Séptima quizás sea precipitarse demasiado, pues la Copa de Europa del gol de Mijatovic fue el bautismo de delirio y plena felicidad para varias generaciones. Sin embargo, si la emoción pudiera medirse de algún modo, la remontada que propició la *Champions* de 2014 está sin duda en un escalón muy cercano del imaginario madridista. Por el momento histórico, con una sequía continental en ciernes. Por el rival, el hermano de ciudad que siempre osa compararse. Y por el modo de conquistarla, con alma, corazón y fe, los tres motores del éxito blanco.

La crónica de esta remontada es, además, diferente a las demás, pues se redujo la capacidad de reacción a un solo encuentro y no se contó con el viento a favor del Bernabéu. No hubo partido de ida en el que el equipo se viera avasallado para luego poder que invocar a todos los espíritus que vagan por la Castellana en la vuelta. Esta vez todo sucedería en los últimos segundos de una final que se escapaba ante el rival que más lo hubiera celebrado en las narices de la Cibeles. Esta es la crónica del camino a la gloria, el relato de dificultades y momentos estelares, así como del día en el que todos los madridistas escogieron su número favorito: el 93.

La liguilla inicial reunió a tres rivales de otras tantas condiciones: el siempre incómodo Galatasaray, la difícil Juventus y la *cenicienta* Copenhague.

Los partidos contra los turcos, donde jugaban históricos como Sneijder y Drogba, se saldaron con dos goleadas. A destacar el 1-6 del estreno, la mayor renta conseguida por el Madrid a domicilio en la competición continental. En la vuelta (4-1) brilló el siempre dispuesto Arbeloa, con un gol y una asistencia. La Juventus era el campeón de Italia y no lo pondría tan fácil. Tenía un equipo correoso, experimentado y lleno de estrellas: Buffon, Chiellini, Pirlo, Tévez, Pogba... Victoria por la mínima en el Bernabéu (2-1) e intercambio de golpes en Italia con un espléndido Casillas (2-2). Los partidos ante el Copenhague (4-0 y 0-2) lucieron en las estadísticas: Cristiano consiguió el gol 800 para el Madrid en *Champions*, fue el máximo goleador de una fase de grupos (9) y el equipo igualó el récord de goles en una liguilla (20) con United (1998) y Barcelona (2011).

Las eliminatorias hasta la final, por si en el pasado viajar hasta Alemania había supuesto algo mucho peor que visitar al dentista, fueron una revisión completa y sin anestesia.

El primero fue el Schalke 04. Los mineros vivían unos años dorados, jugando habitualmente la Copa de Europa y luchando de tú a tú con Bayern y Borussia de Dortmund. Pero no fue suficiente para inquietar al Madrid. Su punto fuerte, la línea formada por Huntelaar, Draxler y Farfán, apenas preocuparon a un equipo ya instalado en el 4-3-3 con la BBC y Di María como revolucionario por detrás. En la ida, los blancos volvieron a lograr un insultante 1-6 en el que Benzema, Cristiano y Bale anotaron dos goles cada uno en una exhibición de época. La vuelta, en la que también venció el Madrid (3-1), quedó empañada por la lesión de largo alcance de Jesé, perla que estaba despuntando por entonces.

Los cuartos de final subieron la intensidad emocional. Un año antes, el Borussia Dortmund endosó nada menos que un 4-1 al Madrid de Mourinho. Esa noche Lewandowski despertó a todos los fantasmas del pasado consiguiendo un póker que obligaba al Madrid a una proeza en el Bernabéu. El ambiente fue el de las grandes noches europeas, la determinación, el coraje... pero faltó un solo gol para culminar la remontada y la ilusión se transformó en lágrimas de impotencia. Ahora era el momento de vengar la afrenta. Las segundas oportunidades que ofrece el fútbol, ya saben. Y se hizo. Con susto final, pero se hizo. El partido de ida en Chamartín fue la clave. Ese día el equipo salió perfectamente mentalizado, solidario, trabajador y acertado en las acciones ofensivas. Un 3-0 parecía sentenciar la eliminatoria. Sin embargo, un penalti fallado por Di María en la vuelta cuando el partido estaba en tablas y dos errores defensivos consiguieron poner el aliento alemán en la nuca de un Madrid que sufrió, pero acabó pasando. Esta vez serían los alemanes los que se ahogarían tras ver próxima la orilla. Nadie dijo que el ajuste de cuentas no sería cruel.

Y así llegó el más difícil todavía, la unión de dos *bestias negras*: el Bayern de Múnich y Pep Guardiola, que había aterrizado esa temporada en el banquillo bávaro después de un año sabático. Los vigentes campeones de la *Champions* sumaron a su *ADN* competitivo las virtudes del «estilo Pep»: posesión y buen juego como caminos insoslayables hacia la victoria.

El equipo alemán era de los que te hacían replantearte si salir del túnel de vestuarios era una buena idea. Contaba con uno de los mejores metas del momento, Neuer; una sólida defensa formada por jugadores como Dante, Boateng o Alaba; un centro del campo de kilómetros y recorrido, con Schweinsteiger y Kroos; y la velocidad, el toque y la mordiente de Robben, Ribery y Mandzukic, un delantero que siempre jugaba con la rabia del que tiene mil cuentas pendientes.

Ancelotti viró a un 4-4-2 para intentar sofocar el predecible dominio alemán. Di María, Alonso, Modric e Isco (Bale en la vuelta) serían la apuesta del italiano. Y arriba, la movilidad de Benzema y el cañón de Cristiano. Funcionó. La ida en el Bernabéu fue un partido apretado en el marcador (1-0), fiel reflejo de las ocasiones de las que ambos equipos gozaron. Una vez más, el papel de Casillas resultó clave para evitar mayores complicaciones. Rummenigge espoleó a los suyos tras el partido y dio un aviso al Madrid propio de otro tiempo: «Arderán hasta los árboles de Múnich». Eso sí, no especificó quién prendería la mecha.

La vuelta fue un espectáculo inesperado: 0-4. El Madrid realizó un partido perfecto. Serio en defensa, seguro, versátil en el centro del campo y efectivo en las dos áreas. Sergio Ramos, en lo que nadie previó que podía ser un ensayo para la final, marcó dos goles de cabeza a balón parado. Fue su particular venganza tras el penalti fallado en las semifinales de 2012 y la mofa de Neuer[86]. Cristiano, quién si no, completó con un doblete una goleada apabullante para el Madrid y dolorosa para el Bayern del ya no tan temido Guardiola. Su libreta se había demostrado algo más que vulnerable.

Una final inédita

Finiquitado el trauma alemán, llegó la final inédita, pues fue la primera vez que dos equipos de la misma ciudad se jugaban el título. Para el Atlético de Madrid era el partido más importante de su vida; para el Madrid, una cita más para seguir escribiendo la historia. Este matiz sería muy importante en el desarrollo de los acontecimientos.

El fútbol se juega en el césped, pero se escribe desde la trayectoria y la mística. Y en ese terreno comenzó ganando

---

86 El portero alemán, tras eliminar al Real Madrid por la pifia de Sergio Ramos en la tanda de penaltis, declaró con ironía que no sabía que al defensa blanco le gustara lanzar las penas máximas por encima de la portería.

el Madrid. Se jugó el 24 de mayo, el mismo día que se conquistó la Octava en París frente al Valencia. Los antecedentes invitaban al optimismo. Y el escenario, Lisboa, también. La capital es protagonista de una de las obras épicas más destacadas del Renacimiento portugués, *Os Lusíadas*, de Luís de Camões. El texto narra la epopéyica de la conquista de la ciudad, un relato de aventuras y heroicidades hasta la victoria final. ¿Les suena el argumento? Por si fueran pocas señales, el libro se divide en diez cantos, tantos como los títulos que aspiraba conseguir el Madrid si ganaba en tierra lusa.

Final de la *Champions League* de 2014. Lisboa.

Real Madrid y Atlético sólo se habían cruzado una vez en la Copa de Europa. Fue un intenso duelo que necesitó de un partido de desempate. Eran las semifinales de 1959 y los blancos ganaron en casa (2-1), perdieron fuera (1-0) y salieron victoriosos en el tercer partido (2-1). También necesitó un partido de desempate la única final jugada y perdida por los rojiblancos. Acaeció en 1974 y terminó con un aplastante 4-0 después de ir ganando todo el primer partido, con un gol de Luis Aragonés, hasta los instantes finales, cuando el

Bayern de Múnich empató y forzó el partido de su incontestable victoria.

Todo esto no hizo sino cargar más el discurso de los atléticos, que vieron la final como una oportunidad para vengar a Luis Aragonés, revelarse contra su fatalismo y golpear a su histórico rival en donde más le duele, en su casa, la máxima competición continental. Pero el destino es a veces un bufón sin piedad...

En lo futbolístico, tanto Ancelotti como Simeone tenían piezas claves entre algodones. Cristiano y Benzema estaban tocados, mientras Pepe, que no se recuperó a tiempo de unas molestias, y Xabi Alonso, por sanción, no jugaron. En el Atleti, Diego Costa llegó al partido tras un extravagante tratamiento con placenta de yegua. Sin embargo, su única concesión al estilismo, Arda Turan, no pudo recuperarse a tiempo. Le supliría la extensión del alma del Cholo en el césped, Raúl García, por si había alguna duda de las intenciones del argentino.

Ambos equipos gustaban del contragolpe: más dulce y desde la estética el Madrid; basado en la desactivación del contrario y el vértigo, los rojiblancos. No en vano habían dejado por el camino a Lisboa los cadáveres de los adalides de la posesión, Bayern y Barcelona. La final no entendería de violines. Eran tiempos de gladio y escudo.

Simeone siguió fiel a su 4-4-2 de líneas juntas y centro del campo como trampa mortal, mientras el entrenador blanco se protegió con Khedira y confió en Coentrão, que estaba haciendo una gran competición, en lugar de la fantasía de Marcelo. No cabía más pasión, no había espacio para una dosis adicional de presión. Lisboa fue la capital de la tensión y el fútbol respondería con una gesta épica que será recordada por todas las generaciones de madridistas y atléticos.

Midiéndose como dos leones (Leiva[87] *dixit*) transcurrieron los primeros minutos. Las ocasiones para ambos equipos eran tímidas, a resguardo, hasta que, al filo de la media hora de partido, Bale avisó en una clarísima dentro del área. No hubo tiempo para que los madridistas se quitaran las manos de la cabeza, pues en la siguiente jugada llegó la pifia de Casillas. Después de un córner, una catastrófica salida del portero, que estaba haciendo una *Champions* sobresaliente, propició el gol de Godín.

Estrafalario, inexplicable, sin sentido... pero una losa. Era la final y era el Atleti, el equipo más incómodo cuando se adelanta en el marcador. El plan funcionaba: estaban secando al Madrid, haciendo prevalecer su trama defensiva y habían anotado un gol que podría ser decisivo. Pero el Madrid escribe los finales con el alma de Agatha Christie. Nunca sabes lo que puede pasar.

En la segunda parte, los blancos se prepararon para el asedio sabiendo que un error atrás les condenaría definitivamente, pues si algo planifica Simeone son las emboscadas. Aquí justificó Khedira su titularidad impidiendo un remate franco de Adrián que atentó contra la salud de los madridistas aún creyentes en el milagro. La conquista sería casi imposible, pero cualquier portador de la camiseta blanca nunca puede dejar de creer en la victoria, pues tiene la obligación por decreto de luchar.

Ancelotti entendió que su equipo necesitaba agitación y al fin dio espacio a la improvisación creativa de Marcelo e Isco. Entonces comenzaron a silbar las flechas. Cristiano por todos los medios (remate, falta, cabeza), Bale, Di María... pero el gol no llegaba y las caras de la afición definían el paisaje: ilusión contenida en el sector atlético y sufrimiento

---

87 José Miguel Conejo Torres, conocido como Leiva, es un artista español que alcanzó el estrellato con el grupo Pereza, antes de iniciar su también exitosa carrera en solitario. Es atlético confeso.

esperanzado en los blancos, que siempre se agarran a la fe cuando el cielo se oscurece.

Minuto 90 y el Cholo entendió que los suyos, vaciados en el campo, necesitaban el último aliento. Miró a la grada y les imploró enérgico que animaran, gritaran y trataran de aplacar lo que en el fondo de su corazón temía en secreto. El argentino, gran conocedor de los códigos del fútbol, sabe que en las finales y en los momentos de agonía, el Real Madrid siempre tiene algo más que le hace resurgir de las cenizas y estallar como un volcán que arrasa con todo. Y así fue.

Última jugada del partido y en el banquillo rojiblanco abundan las sonrisas y los abrazos. Celebran. Ahora sí, piensan, la victoria está sólo a unos segundos. Por fin podrán conquistar Madrid desde Neptuno... pero habían olvidado lo más importante, y es que eso de «creer hasta el final» no es un lema de alquiler, sino una forma de vida. Desafiar a la naturaleza siempre tiene consecuencias. Sergio Ramos, alzado al cielo, cabeceó a la red para llevar el fuego a todas las almas madridistas que, agotadas de confiar en los suyos y casi al borde de rendirse, se alzaron orgullosas, con toda la energía que desprende saber que perteneces al único equipo del mundo capaz de sobrevivir de forma inverosímil al desastre.

La locura. Era el empate, el pase a la prórroga. Pero los mismos que celebraban pusieron rictus de vencidos. Sabían que lo habían casi rozado con los dedos y que ahora el Madrid no tendría piedad por haber tratado de usurpar su reino. La batalla mental estaba ganada por goleada por los blancos y así lo reflejaron en el marcador, un contundente 4-1. El gol de la remontada lo metió Bale tras un jugadón de Di María. El tercero fue obra de Marcelo, que rompió como un rayo la sólida defensa atlética. Y el remate lo firmó Cristiano, insaciable, de penalti.

La Décima fue la conquista más sufrida de todas las anteriores. Un enfrentamiento histórico e insólito, dos estilos antagónicos, un esfuerzo conmovedor por alcanzar la gloria. Unos por obligación, otros por reivindicación. Y un héroe, Sergio Ramos, que salvó de la quema a otro, Casillas, con un cabezazo que se ha convertido en una imagen icónica de las remontadas del Real Madrid.

En el ámbito de los nombres propios, Bale, Cristiano y Ancelotti lucieron sendas gestas. El galés, en su primer año como blanco, marcó el gol decisivo, tal y como hizo en la final de Copa del Rey contra el Barcelona. El portugués batió el récord de goles en una edición de la *Champions*, con 17. Superó la anterior plusmarca, 14, obra de Messi, Altafini y Van Nistelrooy. Y, por último, el italiano se convirtió en el segundo técnico con tres Copas de Europa, mérito que ya logró Bob Paisley (77, 78 y 81). También igualó a Miguel Muñoz, ex jugador y entrenador blanco, con cinco Copas de Europa conseguidas de corto y en los banquillos.

La ansiada Décima fue el broche dorado para una plantilla que mezcló la experiencia de jugadores como Xabi Alonso (32 años), Casillas (32) y Pepe (30), con el momento de cuajo de una generación de grandes futbolistas con hambre de triunfo: Cristiano (28), Ramos (27), Modric (28), Benzema (26), Marcelo (25) y Di María (25).

El eco mediático fue el de las ocasiones históricas, y no era para menos. *El País* afirmó: «El Real Madrid vale por 10», mientras *ABC* tituló su portadilla de Deportes con el elocuente: «La remontada de la Décima». Por su parte, *Marca* resaltó las dos jugadas clave: «Un providencial cabezazo de Ramos en el minuto 93 rompe al Atleti y abre el camino del cielo al Madrid (...) Un eslalon de Di María que remató Bale acaba con el sueño rojiblanco». *AS* fue contundente en su primera: «Matrícula de honor». Los diarios extranjeros también se mostraron sentenciosos: «Verdadera locura» (*Bild*), «El príncipe de Gales se corona Rey de Europa» (*Daily Mail*), «Ancelotti en el techo de Europa» (*La Gazzetta dello Sport*).

Ficha del partido

Real Madrid: Casillas, Carvajal, Ramos, Varane, Coentrão (Marcelo, 59'), Khedira (Isco, 59'), Di María, Modric, Bale, Cristiano Ronaldo y Benzema (Morata, 79').

Atlético de Madrid: Courtois, Juanfran, Miranda, Godín, Filipe Luis (Alderweireld, 83'), Raúl García (Sosa, 66'), Gabi, Tiago, Koke, Villa y Diego Costa (Adrián, 9').

Goles

0-1 (min. 36): Godín.
1-1 (min. 93): Sergio Ramos.
2-1 (min. 110): Bale.
3-1 (min. 118): Marcelo.
4-1 (min. 120): Cristiano Ronaldo, de penalti.

EL PERSONAJE: SERGIO RAMOS

La carrera de Sergio Ramos se puede resumir en tres números. El 93 fue el minuto que lo encumbró como héroe de una conquista. Su gol en la Décima resultó una muesca más para los que todavía dudan del espíritu de supervivencia sobrenatural del Real Madrid. El 19 es la edad con la que fichó por el club de Chamartín después de que perforase la portería de Casillas con un golazo de falta. Era la jornada 36 de la temporada 04-05 y transcurría el minuto, casualidad o no, 19. Y, por último, el 15, número que vistió Ramos cada vez que jugó con la Selección en recuerdo de su amigo Antonio Puerta[88]. Gloria, espíritu de superación y orgullo son las señas de identidad que le convirtieron en el primer fichaje español de Florentino Pérez después de pagar su cláusula de 27 millones de euros.

Competitivo, racial, y con calidad a raudales, Ramos pronto fue asimilado como uno de los suyos por la grada madridista. Tenía el carácter de Santillana, la bravura de Camacho y contaba con la solvencia de Fernando Hierro. El sevillano permitía a los jugadores del centro del campo explotar todo su potencial, pues se sabían protegidos. Superarlo

---

[88] Jugador del Sevilla, falleció el 27 de agosto de 2004 tras sufrir una parada cardíaca en un partido ante el Getafe en el Sánchez Pizjuán.

era como atravesar el océano en una barca de recreo: una misión suicida.

Ningún entrenador le cuestionó nunca, y los tuvo de todos los colores: Luxemburgo, Capello, Pellegrini, Mourinho, Ancelotti, Zidane... Jugó de central, como lateral e, incluso, en alguna ocasión lo pusieron de mediocentro por su visión de juego. En sus 16 temporadas como madridista siempre mantuvo sus señas de identidad en el campo y su incuestionable peso en el vestuario.

El éxito de Sergio Ramos se debe a sus dos principales armas, el corazón y la cabeza. Con el primero conquistó a la afición, dispuesta siempre a confiar en el de Camas como estilete ante cualquier afrenta. La segunda le sirvió para asestar golpes épicos que valieron títulos y gloria. Los dos goles al Bayern, la Décima, el gol de la Undécima, el de la Supercopa de Europa de 2016 (también en el 93')... Consiguió incluir sus remates como parte del miedo escénico que sentían los rivales, y eso en la historia de este club es la Biblia.

Sergio Ramos en la Almudena. Foto: archimadrid.es

Al estilo de Rafa Nadal, Ramos siempre mantuvo una lucha contra la edad y su cuerpo. Incluso llegó a tocar la fibra en alguna ocasión: «Santiago Bernabéu decía que no hay jugadores jóvenes o viejos, sino buenos o malos. No hay que juzgarlos por su edad, sino por su rendimiento». Sin embargo, después de pasar la temporada 20-21 más en la enfermería que en el campo, y tras un pulso a Florentino Pérez a cuenta de los años que quería renovar (dos en lugar de uno), se encontró con que cuando dijo «sí» la novia ya había abandonado el altar.

Tres semanas antes, Zidane había salido tarifando, por lo que la situación era complicada tanto para el jugador como para el club. El entrenador y una de las estrellas se marchaban a la vez, hecho que no contaba con buenos precedentes en Chamartín. En 2003 Del Bosque y Hierro se fueron por la puerta de atrás y el equipo entró en un desierto de títulos de casi tres años. En 2018 el propio Zidane y Cristiano dijeron adiós y la inestabilidad se adueñó del club (Lopetegui, Solari…) hasta la vuelta del técnico francés.

Los finales, cuando hubo fuego, siempre duelen. Por eso, Florentino Pérez y Sergio Ramos quisieron decirse adiós (o hasta luego) en un acto perfectamente teatralizado y amable en las formas. Nadie deseaba repetir las despedidas de Casillas, Guti o Hierro. El presidente, que le definió como «leyenda» en una *laudatio* de cinco minutos, reunió los 22 títulos del camero como jugador blanco. El defensa, correcto y agradecido, sólo lanzó algún dardo en su intervención posterior ante los medios. Allí expresó su resignada sorpresa porque, cuando aceptó la renovación, se le comunicó que la propuesta del club era una «oferta-yogurt»: tenía fecha de caducidad[89].

Con todo, incluso en aquellos momentos de zozobra y alboroto en el madridismo por su salida, Ramos mostró fidelidad sin contemplaciones. Preguntado sobre la posibili-

---

89   El Real Madrid ofreció a Sergio Ramos renovar un año con un 10% de rebaja de su salario, pero, en primera instancia, el jugador no la aceptó e incluso llegó a trasladar al club que planificara la siguiente temporada sin él. Cuando meses después dijo sí a la propuesta, el Madrid le comunicó que ésta ya había expirado y que, por tanto, tendría que marcharse. El punto de discordia está en que, según el sevillano, nunca se habló de plazos para cerrar el acuerdo, mientras Florentino Pérez asegura que sí.

dad de recalar en el Barcelona, se revolvió: «Un no rotundo como el Bernabéu de grande». Que una cosa es marcharse y otra cometer sacrilegio. Terminaría fichando por el PSG de Mbappé y Messi, donde su gran reto sería superar las lesiones y volver a rendir a un nivel top superados los 35 años.

Una semana después de hacerse oficial su pase al equipo francés, confesó que jamás celebraría un gol o una victoria contra el Madrid[90]. Como el amante herido que no guarda rencor, sino melancolía, Ramos demostró una vez más que los sentimientos siempre vencen a salarios, contratos y desencuentros. ADN Real Madrid.

Ficha del jugador

Partidos: 671 oficiales.
Goles: 101.
Internacional: 180 veces.
Palmarés: 4 Copas de Europa, 4 Mundial de Clubes, 3 Supercopa de Europa, 5 Ligas, 2 Copas del Rey y 4 Supercopas de España.

LA ANÉCDOTA: UN HIMNO
PARA LA POSTERIDAD

Doce años de espera requieren de una celebración especial y así se entendió con el himno para la posteridad de la Décima. Compuesta por el productor *Red One* y escrita por el periodista Manuel Jabois, la intención fue la de crear una canción que se quedara en la memoria de todos los madridistas y formara parte de la cultura del club.

Su gestación contó con el beneplácito de Ramos y Cristiano, dos íntimos de Jabois a los que sedujo la idea e hicieron de

90   Diario *El País*, 13 de julio de 2021: https://elpais.com/deportes/2021-07-13/sergio-ramos-en-espana-no-se-admira-a-los-de-casa-no-solo-me-paso-a-mi.html

enlace para que toda la plantilla la grabase en un estudio. Pero sería en una ocasión especial, en mitad de la celebración de la Décima, cuando el madridismo la pudo escuchar por primera vez. Ancelotti sorprendió a todos cogiendo el micrófono e interpretándola como si hubiera nacido en el mismo Chamartín. *Hala Madrid y nada más* debe su éxito en su sencillo mensaje: la gloria madridista no necesita mirarse en ningún espejo.

Hala Madrid y nada más

Historia que tú hiciste
historia por hacer
Porque nadie resiste
tus ganas de vencer
Ya salen las estrellas
mi viejo Chamartín
de lejos y de cerca
nos traes hasta aquí
Llevo tu camiseta
pegada al corazón
Los días que tú juegas
son todo lo que soy
Ya corre la saeta
ya ataca mi Madrid
soy lucha, soy belleza
el grito que aprendí
Madrid, Madrid, Madrid
¡Hala Madrid!
Y nada más
Y nada más
¡Hala Madrid!
Historia que tú hiciste
historia por hacer
Porque nadie resiste
tus ganas de vencer
Ya salen las estrellas

mi viejo Chamartín
de lejos y de cerca
nos traes hasta aquí
Madrid, Madrid, Madrid
¡Hala Madrid!
Y nada más
Y nada más
¡Hala Madrid!

¿QUÉ PASÓ DESPUÉS?

El Madrid 13-14 pudo hacer historia y conseguir el triplete por primera vez. Luchó en las tres competiciones hasta el final, logró dos (*Champions* y Copa del Rey) contra sus máximos rivales (Atlético y Barcelona), pero le faltó fuelle en la Liga, examen de la regularidad.

Precisamente, los tres grandes de España ofrecieron un espectáculo sin concesiones durante todo el año. Los blancos, que comenzaron con algunas dudas por la baja de Xabi Alonso, solidificaron su juego cuando Ancelotti apostó definitivamente por el 4-3-3. Sería el Atlético del Cholo el que marcó el ritmo, y más cuando el Madrid acumuló dos derrotas clave en el Camp Nou y el Santiago Bernabéu contra los rojiblancos, dos lastres que sembraron críticas y dudas.

Pese a todo, el equipo llegó a liderar la tabla desde la jornada 25 a la 30, haciendo soñar a la afición con una temporada perfecta, pero dos pinchazos consecutivos (Barcelona, de nuevo, y Sánchez Pizjuán) liquidaron las ilusiones. Ahí fue cuando resurgió el Barcelona, que a la postre le disputaría el título al Atleti en la última jornada. La excusa de Ancelotti, que adujo que con Jesé (lesionado de gravedad en los octavos de la *Champions*) se hubiera ganado la Liga, sonó a un canto en mitad del mar. Tan bonito como estéril.

El recorrido de la Copa dejó un susto, ejercicios de sobriedad y dos golpes en la mesa. El Olímpic de Xàtiva activó las alarmas con el 0-0 en su casa, que se arregló con un 2-0 en el

Bernabéu. Osasuna y Espanyol fueron rivales difíciles, pero superados con tranquilidad (2-0 a los rojillos en ambos campos y 1-0 a los catalanes también por partida doble). Las semifinales serían la primera prueba con fuego real: el Atlético de Madrid. Sin embargo, al contrario que en la Liga, no se les dejó ni respirar: 3-0 en la ida y 0-2 en el Vicente Calderón.

El Barcelona esperaba en la final relamiéndose por la baja de Cristiano. No importó. Cuando ese año faltó el portugués, martillo y faro del equipo, el Madrid se sostuvo en el orden para imponer su ley. Di María metió el primero, mientras Bartra empató un partido dominado completamente por los blancos. El mismo defensa catalán sería protagonista por su carrera con un Bale a la fuga que le destrozó y anotó el gol de la merecida victoria.

La segunda temporada de Ancelotti sumó a su proyecto categoría en el centro del campo con las llegadas de Kroos y James, pero perdió el equilibrio necesario con la salida de Xabi Alonso. Después de conquistar la Supercopa de España contra el Sevilla (2-0), se cayó en la de España contra el Atlético (1-1 y 1-0). Nadie lo percibió como un aviso, y mucho menos cuando el equipo comenzó de forma espectacular la temporada, acumulando récords (22 victorias consecutivas) y otro trofeo: el Mundial de Clubes.

Sin embargo, la falta de planificación deportiva (tuvo que retrasar a James e Isco), unida a la plaga de lesiones en los momentos clave y a la ausencia de rotaciones, desinflaron al Madrid en la segunda parte de la temporada. Dos momentos resultaron clave para que Florentino sacara la guillotina. El primero fue la fiesta del cumpleaños de Cristiano Ronaldo. El Madrid acababa de ser vapuleado por el Atlético (4-0) y las imágenes publicadas por los jugadores en las redes sociales inocularon la idea en el presidente de que la mano blanda de Ancelotti se había transformado en barra libre. El segundo resultó la eliminación en semifinales de *Champions* por la Juventus. Un ex, Morata, fue el verdugo. Había que seguir la tradición. Tampoco se ganó la Liga, lo que supuso la puntilla para poner las maletas de *Carletto* en la puerta.

«Nada de lo que ha vivido será similar a lo que le espera aquí. El Real Madrid es uno de los clubes con mayor exigencia», declaró Florentino Pérez en la presentación de Ancelotti allá por 2013. Profecía cumplida, debió de pensar el transalpino cuando le despedían con cuatro títulos conseguidos en dos temporadas. Pacificar Chamartín y cautivar con su fútbol equilibrado y ofensivo no fue suficiente. La única gasolina del motor blanco es la gloria, los títulos mayores, y sin ellos el primero en saltar por la rampa hacia los tiburones siempre es el entrenador.

Así que el italiano, que heredó la tranquilidad de su padre, superviviente de la II Guerra Mundial[91], decidió que, después de dirigir al club más grande del mundo, lo mínimo que podía hacer era disfrutar de un año sabático. El Madrid, por su parte, daría otro giro inesperado que terminaría antes de tiempo. Pero eso es otra historia... y otro capítulo.

---

91 Según ha contado en más de una ocasión Carlo Ancelotti, su padre fue hecho prisionero por los alemanes en el frente de Grecia.

REAL MADRID – WOLFSBURGO

CUARTOS DE FINAL DE LA CHAMPIONS LEAGUE. TEMPORADA 15-16

CRISTIANO CONTRA EL MUNDO

Convulso e intenso podrían quedarse cortos para definir 2016. En un mismo año, los británicos aprobaron su salida de la Unión Europea, Turquía sufrió un golpe de Estado fallido, Donald Trump alcanzó la Casa Blanca y Fidel Castro falleció a los 90 años. El Madrid, por su parte, inició el año de forma agitada, pero fue el preludio de una de las etapas más intensas e imborrables del club, considerada por muchos como la tercera edad de oro después de los años de Di Stéfano y de *La Quinta del Buitre*.

LOS ANTECEDENTES. ASÍ LLEGABA EL REAL MADRID

Como vimos en el capítulo anterior, la paciencia de Florentino Pérez, un elemento altamente inflamable e impredecible, se agotó para Ancelotti por la conjunción de dos hechos fatídicos: la falta de resultados y la sensación de que los jugadores se habían subido a las barbas de su entrenador. Esto último, por cierto, no casa con la actitud de Ancelotti en el «caso

Bale», cuando se negó a cambiarlo de posición en el campo después de una extravagante petición a través de su agente.

Si atendemos a la versión del propio técnico, y así lo cuenta en su libro *Liderazgo tranquilo*, lo que de verdad le sacó del Madrid fue un informe de la UEFA en el que se afirmaba que el Real Madrid trabajaba menos horas que el resto de los equipos punteros: «Las cifras decían que entrenábamos menos que nuestros rivales, pero yo tenía la sensación contraria: que necesitábamos descansar más para poder competir por todos los títulos. Así que el club nos dijo que teníamos que incrementar el trabajo y eso hicimos. El resultado fue terrible: en el tramo final de la temporada, entre febrero y marzo, perdimos a James, Ramos, Modric, Benzema y Pepe por lesión. Fue definitivo. Aunque ganamos nueve de los últimos 10 partidos, no fue suficiente para conseguir la Liga».

Con el transalpino fuera, una vez más se entregó el timón a un general para que enderezara a la plantilla y le volviera a sacar el rendimiento de un disciplinado ejército. Los ojos se dirigieron hacia Rafa Benítez, un entrenador de corazón blanco (exjugador y técnico del filial entre 1993 y 1995), éxito probado (campeón de Europa con el Liverpool) y nacido en la capital, el primero desde Miguel Muñoz. Era el décimo en los doce años que Florentino llevaba a los mandos del club.

Benítez impuso un cambio radical en la metodología de entrenamientos y la relación personal con los jugadores. Si Ancelotti era partidario de seducir a través de la cercanía, el español tenía una visión más propia de jefe-empleado, maneras que no gustaron a los pesos pesados del vestuario desde el principio. Según el presidente blanco, se trataba de dar «un impulso» al equipo, pero éste sería tan radical que resultó excesivo.

La plantilla 15-16 conservó el bloque de la anterior, pero sumó el músculo de Casemiro (que volvía de una cesión en el Oporto), la verticalidad de Kovacic, el compromiso de Lucas Vázquez y los refuerzos en el lateral y la portería de Danilo y Kiko Casilla. Ninguna estrella ni golpe de efecto. Los esfuerzos se centraron en apuntalar un conjunto obligado a ganar más de lo conseguido el año anterior.

El arranque liguero fue ilusionante: líder con siete victorias, tres empates y sólo cuatro goles en contra. Sin embargo, la nave blanca no resistió los embates de sus pares y el Madrid cayó contra rivales directos (Sevilla, Barcelona y Villarreal), cosa que, unido al mal juego del equipo, terminó por exasperar al público del Bernabéu y al propio presidente. Ni siquiera un histórico 10-2 contra el Rayo impidió el murmullo sentenciador de la grada de Chamartín. La balanza terminó de inclinarse con el estrepitoso ridículo sucedido en la Copa, donde el Real Madrid fue eliminado contra el Cádiz por la alineación indebida de Denís Chéryshev[92]. Algo así, objeto de mofa por parte del fútbol mundial, tuvo que revolver de su asiento a Florentino.

Ni siquiera el buen papel del equipo en *Champions*, clasificado primero en la liguilla, salvó a Benítez de la quema. Se temía que, como sucedía en la Liga, cuando llegaran los partidos serios, el Madrid se desplomara. En un vano intento a la desesperada, el técnico incluso llegó a utilizar la figura del presidente como escudo: «Hay una campaña contra Florentino, contra el Real Madrid y contra el entrenador. Todo lo que puede ser criticable se critica y lo que no, se maneja, se inventa o se manipula. Es evidente, cualquiera con experiencia lo sabe»[93].

Había ido demasiado lejos, por lo que el 4 de enero de 2016, siete meses después de sentarse en el banquillo más caliente del mundo, Rafa Benítez lo abandonó. Y no lo hizo convencido ni satisfecho. Un mes después, en *BT Sports,* soltó amarras: «El Madrid cambia de entrenador cada año y tiene que empezar de nuevo. Esa es la razón por la que ha ganado

---

92   Diario *AS*, 5 de diciembre de 2015: https://as.com/futbol/2015/12/05/primera/1449332734_843307.html
93   Diario *El País*, 30 de diciembre de 2015: https://elpais.com/deportes/2015/12/29/actualidad/1451420944_385578.html#?rel=listaapoyo

una Liga y el Barça cinco de las siete últimas. Es difícil explicar lo que pasó. Necesitas saber qué pasó en el Madrid en los últimos años con Camacho, Del Bosque, Pellegrini, Mourinho, Ancelotti. No es fácil. Tienes que hacer todo perfecto. Una vez que haces algo equivocado o que el presidente cree que está equivocado tienes problemas». Ya se sabe que el despecho del que ha querido multiplica su intensidad.

La llegada de Zidane

Zinedine Zidane, el hombre con la media sonrisa más enigmática desde la Mona Lisa, fue el elegido. El fichaje que más orgulloso hizo sentir a Florentino Pérez entrenaba por entonces al Castilla con más pena que gloria. Pero tenía el ingrediente que podía conseguir la paz en el vestuario y la afición: su carisma. Zizou era un mito y con los mitos hay que pensárselo dos veces antes de discutirlos, aunque no tengan experiencia en los desafíos que han de afrontar.

Los críticos le achacaban que no había dirigido a un Primera, pero la hemeroteca de los dos máximos rivales, Atlético y Barcelona, indicaba que el fútbol entiende más de imponderables que de currículos. Sólo hay que revisar las carreras de Luis Aragonés, que pasó de jugador a entrenador en 1974, y de Pep Guardiola, que dio el salto al banquillo del Barcelona después de dirigir únicamente al filial. Además, Zidane conocía a gran parte de la plantilla de cuando era asistente de Ancelotti, por lo que entró con mucho terreno ganado. El propio entrenador italiano lo avaló: «Cuando Zizou habla, los jugadores escuchan (...) Tiene cualidades para ser un entrenador fantástico. Para mí, está preparado para el reto»[94]. La apuesta era arriesgada, pero ilusionante.

En su etapa de jugador, Zidane ejecutaba con naturalidad los controles y pases más inverosímiles. Como entrenador, aprendió que si explicaba de forma sencilla sus ideas

---

94 *La Undécima*, Enrique Ortego. Espasa Libros, 2017.

y evitaba las controversias tendría mucho ganado. Al fin y al cabo, según la filosofía del francés, el fútbol es un juego en el que ganar siempre es más fácil si tienes jugadores con calidad para hacerlo. Por tanto, encorsetarlos o llenarles la cabeza de órdenes sólo les ata los pies e impide que rindan en plenitud. Esta actitud devolvió la motivación a una planti- lla, que, ahora sí, se entregó a su entrenador sin fisuras.

Por si quedaban dudas de la adaptación de Zidane, Cristiano Ronaldo las despejó sin atisbo de diplomacia pocos días después de su llegada: «Es una cuestión de empa- tía. En un grupo de trabajo, sin alegría es difícil trabajar y jugar bien. Quizás Benítez no ha tenido tiempo para mos- trar su personalidad y adaptarse a los jugadores. Zizou sabe cómo lidiar con nosotros. Es una ventaja que nos conociera de antes. Es la clave hasta ahora. Tiene carisma»[95]. Quedó claro que el vestuario no había tragado con el perfil de jefe, sino que deseaba un líder al que seguir a ciegas.

La BBC fue innegociable para el marsellés, que apostó por el 4-3-3 como sistema de referencia. Así fusionaba talento, ocupación de los espacios y vocación ofensiva. El toque que aportó Zidane, surgido de los libretos de Ancelotti y Mourinho, fue doble: no reñir la posesión con la verticali- dad y situar el equilibrio como santo grial del equipo. Con los jugadores la relación pasó a ser bidireccional. Ellos recu- peraron la sonrisa al comprobar que el entrenador los escu- chaba y éste aprovechó para tenerles tomada la temperatura.

CRÓNICA DE LA REMONTADA

Benítez dejó en herencia una primera fase de la *Champions* casi inmejorable. Los adversarios fueron Shakhtar Donetsk, Malmö y PSG. Frente a los ucranianos, los blancos demos- traron su superioridad en ambos partidos (4-0 y 3-4), en los

95 Diario *El País*, 18 de enero de 2016: https://elpais.com/ deportes/2016/01/17/actualidad/1453039782_534060.html

que asediaron al meta rival con nada menos que 45 remates a puerta durante los 180 minutos. Contra los suecos llegaron dos récords en el encuentro de vuelta (8-0): fue la mayor goleada en la competición desde el idéntico resultado conseguido por el Liverpool frente al Besiktas en 2007, y Cristiano se convirtió en el primer jugador en marcar 11 goles en una fase de grupos. Los duelos contra los parisinos resultaron más igualados, pero gracias a una gran actuación de Keylor Navas pudieron finiquitarse con un empate a cero en la ida y una victoria por la mínima en el Bernabéu.

Cuando llegó Zidane, ya se conocía el rival de octavos: la Roma. Como aperitivo, el francés acumuló varias goleadas en Liga que dotaron al equipo de optimismo e ilusión. Cinco al Deportivo, otros tantos al Sporting y seis al Espanyol, además de un empate contra el Betis, fueron el preludio de la primera batalla con fuego real. Por si fuera poco, Zizou iba a tener una motivación extra: terminar con el maleficio de los equipos italianos. Desde la temporada 87-88, cuando el Madrid superó al Nápoles, siempre le habían eliminado a doble partido en Europa. Milán, Juventus, Torino y la propia Roma fueron los verdugos. Ya era hora de la *vendetta*.

El equipo de la capital italiana era muy completo sobre el papel, pero vivía momentos difíciles. Comenzó la temporada como un serio candidato al *Scudetto*, sin embargo, la goleada recibida en el Camp Nou durante la fase de grupos (6-1) afectó a la moral del vestuario. A partir de entonces acumuló resultados negativos que provocaron la destitución de su entrenador, Rudi García, justo antes del enfrentamiento contra el Madrid. Volvió Luciano Spalletti, el último gran héroe romano: dos Copas de Italia, tres subcampeonatos y el técnico que eliminó al Madrid en 2008. Soñar era gratis.

En su alineación destacaban Rüdiger, Florenzi y Manolas como cierres, el trabajo y arte de Pjanic, De Rossi y Nainggolan en el centro, y la velocidad de Salah, Perotti y El Shaarawy en ataque. Fue la penúltima temporada de Totti, que tuvo una participación testimonial en la eliminatoria y vio cómo el Madrid fue claramente superior en ambos partidos. 2-0 tanto en el Olímpico como en el Bernabéu demostraron que los de Chamartín estaban sin duda unos peldaños por encima de una Roma que hasta esa fecha nunca había conseguido ningún título internacional[96].

Una cenicienta enmascarada

Entonces llegaron los cuartos, el momento para la historia. Y la cosa iba a seguir yendo de lobos. Si el Madrid acababa de asaltar la tierra fundada por dos hermanos criados por una hembra de este hermoso animal[97], ahora visitaba una ciudad que, antes de convertirse en la residencia para los trabajadores de Volkswagen, fue una aldea habitada por lobos. Por literatura no iba a ser.

El Wolfsburgo fue visto como el rival más sencillo que le podía tocar a los de Zidane, aunque en la terna también estuvo el Benfica. Nadie, excepto el francés, entonó la prudencia lógica ante la certeza de que Alemania nunca es territorio sencillo de conquistar: «En el fútbol, si te relajas, lo pagas», advirtió el técnico. En el fútbol y en la historia, pero eso da para otro libro. Con todo, lo cierto es que las circunstancias de ambos conjuntos invitaban al optimismo blanco.

El equipo entrenado por Dieter Hecking, que la temporada anterior había deslumbrado con un juego vertical aupándose al segundo puesto en la Bundesliga, andaba perdido. Traspasaron a sus dos figuras, Perisic y De Bruyne, y claro, ahora no sabían si debían correr como antaño o mantener la pelota en los pies de sus nuevos mediapuntas: Draxler y Schürrle. El Wolfsburgo era octavo en su campeonato, por lo que todas las expectativas estaban en la *Champions*, donde había quedado líder de un grupo conformado por

---

96 La primera competición internacional lograda por la Roma fue la *Conference League,* el 25 de mayo de 2022. El conjunto italiano, entrenado por José Mourinho, superó en la final al Feyenoord por 1-0.
97 Así reza la leyenda de la fundación de Roma, protagonizada por Rómulo y Remo.

PSV, Manchester United y CSKA, y llegaba por primera vez a cuartos tras superar al Gent en octavos.

Mientras, el Madrid tenía el confeti y los matasuegras preparados. Acababa de asaltar el Camp Nou en una noche mágica de Cristiano, que estaba siendo demoledor (13 dianas en Europa y 29 en Liga hasta esa fecha). Además, los blancos confiaban en que los 50 goles que llevaban de diferencia respecto a los anotados por los alemanes fueran suficiente argumento para que nada les aguara la fiesta. Dante, defensa de pasado muniqués, se lamentó antes de la ida considerando que sólo tenían «un 2% de posibilidades de pasar la eliminatoria». Pero nunca puedes confiar en los lobos y el Madrid iba a darse cuenta muy pronto.

La gran debilidad de los de Zidane esa temporada estaban siendo las salidas, donde al equipo se le veían las costuras y mostraba su versión más timorata. Por ello, el técnico quiso repetir en Alemania el exitoso plan del Camp Nou: dominio, control y aprovechamiento de las oportunidades. En este sistema, Kroos y Modric se retrasaban pasando a convertirse en apoyos de Casemiro, otorgando el caudal ofensivo a la chistera de Benzema, los arreones de Bale y las subidas de los laterales. No parecía mala idea, pero en Europa no rematar cuando debes y confiar en el criterio de un colegiado fuera de casa son sinónimo de sentencia de muerte. Y así fue.

El Madrid no salió mal al partido, ni mucho menos. Incluso en el primer minuto le anularon un gol a Cristiano de esos que se pitan por un hombre y medio codo. El Wolsfburgo, siguiendo la estrategia de los lobos, atacó de forma ordenada, arrinconando a los blancos y detectando sus puntos débiles. Así forzaron una pasada de frenada de Casemiro que el árbitro no dudó en señalar como penalti. 1-0 y primer gol encajado por Keylor Navas en toda la competición.

El líder de la manada fue Draxler. El joven alemán expuso todo aquello de lo que careció el Real Madrid: movilidad, tensión y sensación de peligro. Suyo fue el inicio de la jugada del segundo gol, el que más claramente desnudó las carencias de los blancos atrás. Recibió en la izquierda, percutió sin oposición hasta la frontal del área y, desde allí, sirvió a la derecha, donde Marcelo fue un mero observador del centro que remató Arnold mientras Sergio Ramos se peleaba con sus fantasmas.

Quedaba más de una hora de partido y el Madrid estaba en el quicio de la catástrofe. Había que intentar recortar distancias, sí, pero encajar un gol más pondría la eliminatoria casi imposible de superar. Entonces Zidane sacó su lado más influenciado por el *Calcio* y varió el plan: control y nada de caóticos ataques que desprotegieran la defensa. Pero, entre la lesión de Benzema y la falta de clarividencia en los últimos metros, lo cierto es que daban más miedo los contragolpes del Wolfsburgo que las internadas de Bale o Cristiano. Los cambios tampoco resultaron ofensivos, sino hombre por hombre. Fue uno de ellos, Isco, el que haría de asistente al portugués en la ocasión más clara para el Madrid. Solo ante Benaglio, no se le aparecieron las musas. Le estaban esperando en el Bernabéu aunque todavía no lo supiera.

La comparecencia posterior del preparador madridista dejó varias pistas sobre su verdadero carácter. Era la primera bofetada en el banquillo y no dudó en calificarse como «el primer responsable de la derrota», algo que los jugadores sin duda valoraron en su líder. También mostró las cartas de cómo iba a tratar de revertir el resultado. Nada de acudir a la testosterona y a los arrebatos: «no me voy a volver loco, ni los jugadores tampoco».

La primera visita de los de Chamartín al Volkswagen-Arena en su historia resultó inolvidable para los dos equipos. Los alemanes ganaron, y bien, al rival más grande al que se habían enfrentado nunca desde el Santos de Pelé en el 61. Los madridistas salieron heridos en su orgullo y fue el preludio necesario de otra remontada mágica que seguiría alimentando su leyenda en Europa.

Ciclón portugués en el Bernabéu

Tocaba repetir las hazañas de Celtic e Inter (versadas en este libro) y anotar al menos tres goles en la vuelta para seguir soñando con la Undécima. El último antecedente, sin embargo, no era nada halagüeño. En 1989 el Madrid de Toshack fue incapaz de levantar el 2-0 encajado en San Siro ante el todopoderoso Milán de Arrigo Sacchi, que terminaría alzando su segunda Copa de Europa esa temporada.

Para evitar calenturas, Zidane y Modric, general y lugarteniente, reclamaron sosiego en la previa. «Hay que estar unidos, tener paciencia y, sobre todo, jugar al fútbol», dijo el croata. «Correr y pelear está muy bien, pero se gana con el balón y lo que hay que hacer es jugar al fútbol», incidió el de Marsella. El club, a diferencia de situaciones pasadas (Dortmund en 2014 o Bayern en 2011), esta vez no había lanzado ninguna campaña oficial para invocar a los espíritus y agitar a las masas. La idea era cocinar la épica a fuego lento.

Resultaba impensable que el Madrid no superara al Wolfsburgo, pero a nadie se le escapaba que un despiste convertiría la temporada en un fracaso. En la Liga sólo un milagro apearía al Barcelona del título, por lo que caer en cuartos quemaría de forma prematura a un icono como Zidane. Se trataba de remontar o morir. El club pedía calma desde el filo del precipicio y el madridista lo sabía. Por eso, no pudo contener la ilusión por una remontada europea 14 años después y vistió de fuego la plaza de los Sagrados Corazones, todo un chute de adrenalina que, como mínimo, hizo que el impasible Kroos sintiera la emoción que significa vestir de blanco.

Tres *lobos*, Draxler, Dante y Luiz Gustavo, habían jugado previamente en el Bernabéu. Ahora iban a conocer el clima especial de una remontada, la comunión que impulsa a los blancos mientras hace dudar a los contrarios en lo más básico, qué hacer con la pelota. Esa es la clave del miedo escénico, el poder paralizante, un veneno místico que sólo una afición en el mundo es capaz de inocular.

En lo deportivo, el Madrid tenía que hacer justo lo contrario que en Alemania. Había que impedir que el Wolfsburgo jugara a lo que más le gustaba, juntarse y salir con espacios. La seriedad defensiva, la concentración y el equilibrio serían la receta del éxito. Eso y la acometida de la bestia portuguesa, ese extra que diferenciaba al equipo blanco de los simples mortales.

El primer aviso del partido lo dio Sergio Ramos. En un cabezazo al palo certificó al Wolfsburgo que el Madrid iba en serio. El equipo había salido en *modo Atila*[98], con los laterales viviendo en el área contraria, sin dejar un segundo a los alemanes para pensar, negándoles el espacio para que no pudieran hacer otra cosa que no fuera resguardarse del vendaval.

Un espléndido Carvajal fue el origen del 1-0. Un pase suyo con la tensión de un látigo lo remató Cristiano sin contemplaciones. Primera chispa, aunque no incendio, pues el delantero se encargó de recordar a todos que había que tener seso al señalarse la cabeza en la celebración.

Eso sí, el Madrid fue aplicado y, como dice el manual, anotó el segundo gol en el momento más propicio, justo después del primero, pues hay que aprovechar las dudas generadas en el rival. En un córner desde la izquierda, Kroos telegrafió un envío para que Cristiano, con un movimiento tan característico como inapelable, se adelantara en el primer palo y rematara de cabeza a la red. La locura subió unos escalones en el Bernabéu. Medio trabajo ya estaba hecho.

A partir de entonces, los blancos no relajaron las piernas, pero sí la artillería. Había que ser inteligentes, un error obligaría a meter dos tantos más. Mientras, el Wolfsburgo salía

---

98   Atila fue el último y más conocido caudillo de los Hunos, pueblo nómada que llegó a ser uno de los peores enemigos del Imperio Romano. Conocido como «El azote de Dios», gobernó a los suyos entre los años 434 y 453.

de su guarida con tiros de media distancia y alguna internada en el área, pero Keylor Navas se encargó de difuminar cualquier ilusión alemana. Draxler, héroe en casa, se vio apocado por el escenario e incluso tuvo que abandonar el partido lesionado.

Antes del frenesí, los madridistas tuvieron un ensayo. De nuevo, un testarazo de Ramos se encontró con el palo y quién sabe si entró completamente antes de ser detenido por Benaglio. Entonces llegó una falta sobre Modric en la frontal del área y Cristiano dibujó su rictus de «ejecutor». El golpeo del portugués superó la barrera y la celebración consiguiente hizo vibrar hasta los asientos del estadio. Ahora sí. Era la culminación de una remontada histórica para el Madrid e histórica para Cristiano, como a él le gustaba.

Benzema y Jesé pudieron ampliar la cuenta, pero esa noche iba a ser la remontada de Cristiano Ronaldo, un jugador sublime al que no le pesaba la losa de la historia del Madrid. Como el club, nunca estaba preparado para caer eliminado. Siempre ansió los titulares y contra el Wolfsburgo consiguió que fueran eternos. Sólo le faltó salir del campo a brincos.

Zidane, que tras la ida asumió la derrota como propia, dejó unas declaraciones de las que gustan en Chamartín, sin delirios de grandeza: «No se me ha subido nunca nada a la cabeza como jugador y tampoco va a suceder ahora como entrenador»[99].

Los medios, por su parte, apuntaron a *CR7* como era lógico. «Cristiano se basta para indultar al Madrid», publicó a toda página *ABC*. El diario *Marca* fue un paso más allá en la mística y resumió: «El espíritu de Cristiano». Por su parte, *El País* señaló: «Se remangó Cristiano y sobre el Wolsfburgo cayó una tromba». En *El Mundo* resaltaron tanto al protago-

---

99 https://www.realmadrid.com/noticias/2016/04/
zidane-era-una-noche-especial-y-me-voy-orgulloso-de-los-jugadores

nista como la importancia de la gesta: «Cristiano Ronaldo obra la gran remontada contra el Wolfsburgo».

Ficha del partido

Real Madrid: Keylor Navas, Carvajal, Ramos, Pepe, Marcelo, Casemiro, Kroos, Modric (Varane, 92'), Cristiano, Benzema (Jesé, 84') y Bale.
Wolsfburgo: Benaglio, Vierinha, Naldo, Dante, Ricardo Rodríguez, Luiz Gustavo, Arnold, Guilavogui (Dost, 80'), Draxler (Kruse, 32'), Schürrle, Henrique (Caliguiuri, 73')
Goles
1-0 (min. 15): Cristiano
2-0 (min. 17): Cristiano.
3-0 (min. 77): Cristiano.

EL PERSONAJE: CRISTIANO RONALDO

Nada más finalizar el encuentro contra el Wolsfburgo, Cristiano Ronaldo elogió al equipo, pero no dejó pasar la ocasión para lanzar su eterna reivindicación ante la prensa: «Poco a poco lo valoráis. Estoy acostumbrado (a la crítica), en España es un poco así. Llevo siete años y no me puede afectar. Tengo 31 años y no me afectan este tipo de cosas». Podía protagonizar el gol más espectacular o la actuación más demoledora, pero siempre se quedaba mirando con el rabillo del ojo por si todos aplaudían lo suficiente. Una auténtica máquina impulsada por la gasolina del reconocimiento.

No cabe más orgullo para un jugador del Real Madrid que el peso de la camiseta, su significado e historia. Esto es algo que no todos asimilan de igual grado, pues en algunos el ego ejerce de poderoso contrapeso. Fue el caso de Cristiano Ronaldo. El portugués encajó en la filosofía ganadora del Real Madrid, pero no terminó de cautivar por completo. Tuvo siempre la sospecha de no ser querido de manera incondicional, y quizás tuvo parte de razón, pues a la afición nunca le convenció su orden de prioridades. Aun así, desde el día en que llegó —cuando llenó el Bernabéu evocando a Maradona en Nápoles—, hasta su último partido como jugador blanco, *CR7* contó con el fervor de la mayoría de los madridistas.

En lo meramente deportivo, podríamos concluir que tenía el cañón de Puskas, las dotes aéreas de Santillana y la ansiedad de Hugo Sánchez. Sin embargo, por su transcendencia y personalidad, Cristiano Ronaldo merece ser una categoría en sí mismo. Era casi la deshumanización del futbolista, un espécimen que no contemplaba la relajación, el miedo o lo imposible. Sus travesuras se traducían en sentencias de muerte para los rivales, que destrozaba con sus despóticos remates, violentos lanzamientos de falta y disparos en cualquier circunstancia.

La influencia de Cristiano en los partidos era sísmica. No conocía la tregua y su relación con el gol fue totalmente explosiva. Y eso que el talento nunca le vino dado de forma innata, sino que cada jugada, remate o desmarque tuvo detrás miles de horas de ensayos. Fue una figura esculpida a sí misma, y quizás por eso vivía en una cruzada personal constante.

El compañero que mejor le entendió sobre el campo fue Benzema. El francés, un genio de abrir espacios y encontrar con un toque sutil al rayo que era Cristiano, jugó durante los años que compartió ataque con el portugués por él y para él. Esto no siempre fue entendido en el Bernabéu, que sólo devora con gusto las *delicatessen* si van acompañada de goles.

Mourinho lo perfeccionó como soldado, Ancelotti hizo de él un arma más eficiente y Zidane consiguió que fuera decisivo hasta su último partido de blanco. Eso sí, *CR7* siempre se mantuvo fiel a su visión de cómo tenía que comportarse. Desde las celebraciones hasta las declaraciones públicas. Nunca se vio influenciado por Maquiavelo cuando dejó escrito que «el príncipe (…) tiene que pensar en evitar cualquier cosa que pueda provocar el desprecio y el odio». Se sabía un privilegiado, personal y deportivamente, y no se esforzó en realizar gesto alguno para disfrutar de la simpatía de las masas. Él sólo anhelaba su adoración.

Si tuviéramos que recurrir a símiles culturales para definir la trascendencia de Cristiano Ronaldo, de la Historia nos quedaríamos con Alejandro[100]; de la música, *TNT* de *AC/DC*[101] le viene como un guante; y, entre los superhéroes, podría equipararse al Hulk más cabreado que se recuerda.

CR7 fue, en su etapa como madridista, un futbolista por encima del fútbol. Por eso, es justo reconocer que su figura está casi a la misma altura que la de Di Stéfano para el club. Y no sólo por los números, únicamente comparables a los de Messi, sino por su contribución al engrandecimiento mediático del Madrid y a la consecución de los títulos.

El 10 de julio de 2018, nueve años después de su llegada, se hizo oficial el traspaso de Cristiano a la Juventus por 105 millones de euros. Lo comido por lo servido. Se cerraba así *la era del gran tiburón blanco*, donde todo en el Madrid giró alrededor del portugués, algo que nunca terminó de gustar al patriarca, Florentino Pérez, con quien *CR7* tuvo una relación de altibajos. Las jugosas renovaciones y las palabras en público del presidente (otra cosa fue lo que opinó en privado) se trufaron de momentos de crisis, como aquel famoso «estoy triste» de Cristiano o sus problemas con Hacienda en 2017[102], para muchos, el verdadero origen de su salida.

De blanco, Cristiano ganó cuatro Balones de Oro e hizo de los récords metas volantes que tardaremos en valorar de verdad. Es el único jugador que ha marcado en tres finales de la máxima competición continental (dos ante la Juventus, uno ante el Atlético en Milán y otro ante los rojiblancos en

---

100   Alejando III de Macedonia, conocido como Alejando Magno, está considerado como el conquistador más implacable y exitoso de la Antigüedad. Inspiró a personalidades tan relevantes como Julio César o Napoleón Bonaparte.

101   https://www.youtube.com/watch?v=NhsK5WExrnE

102   Cristiano Ronaldo fue acusado por Hacienda de cometer cuatro delitos fiscales entre los ejercicios 2011 y 2014. La Fiscalía solicitó en un primer momento 14,7 millones al portugués, pero finalmente el jugador acordó pagar 5,7 millones, aunque esta cifra llegaría casi a los 19 entre intereses y multas. Eso sí, evitó entrar en prisión.

Lisboa). Además, entre otras barbaridades, es el máximo goleador de la historia del Real Madrid (451), el máximo goleador de la historia de la Copa de Europa (105 goles como madridista) y el máximo goleador en una temporada como jugador de Chamartín (61).

Cristiano en la final de Kiev ante el Liverpool,
su último partido como madridista.

Ficha del jugador

Partidos: 438 oficiales.
Goles: 451.
Internacional: 154 veces.
Palmarés: 4 Copas de Europa, 3 Mundiales de Clubes, 3 Supercopas de Europa, 2 Ligas, 2 Copas del Rey y 2 Supercopas de España.

LA ANÉCDOTA: «EL CLUB DE LOS AFECTADOS POR EL REAL MADRID»

Las remontadas del Real Madrid viven en la memoria colectiva del fútbol y, muy especialmente, en la de los madridistas, orgullosos de su equipo. Sin embargo, algo poco estudiado es el impacto que este fenómeno ocasiona en los rivales. Se publican las reacciones de sus jugadores, entrenadores y directivos inmediatamente después a la increíble eliminación. Pero, ¿las remontadas también dejan una marca imborrable en la historia de los vencidos? ¿Derby County, Celtic, Anderlecht, Borussia, Inter... comparten un sentimiento común, una herida sin cerrar?

A juzgar por lo sucedido en 2022, cuando el Real Madrid protagonizó dos remontadas y una *contrarremontada* mágicas (las veremos en el siguiente capítulo), sí, los derrotados no olvidan. La cuenta internacional del Wolfsburgo en *Twitter*, *@VfLWolfsburg_EN*, una vez que el Madrid superó las semifinales de la Champions 21-22, publicó un *post* con el famoso meme de «Sé lo que se siente, hermano». En él aparecía una reunión de clubes (PSG, Chelsea, City y los propios alemanes) abrazándose[103]. El humor como terapia de grupo.

Habían pasado seis años desde la remontada protagonizada por Cristiano, pero las redes demostraron que un trauma así es algo que no se olvida y que todos los implicados podrían formar algo parecido a un club de «afectados por la magia del Real Madrid».

---

103 https://twitter.com/VfLWolfsburg_EN/status/1521967391604973570?ref_src=twsrc%5Etfw%7Ctwcamp%5Etweetembed%7Ctwterm%5E1521967391604973570%7Ctwgr%5E25b3d4b96c2cb189f4ba7e604e0a20e1f05a6a9c%7Ctwcon%5Es1_&ref_url=https%3A%2F%2Fsomosinvictos.com%2F2022%2F05%2F05%2Fcristiano-ronaldo-los-dejo-marcados-el-tuitazo-viral-del-wolfsburg-tras-la-brutal-remontada-del-real-madrid-ante-manchester-city%2F

¿QUÉ PASÓ DESPUÉS?

La eliminatoria contra el Wolfsburgo marcó el resto de la temporada del Real Madrid. Desde la derrota en la ida (6 de abril), el equipo no volvió a perder ningún partido en ninguna competición.

Las semifinales de *Champions* enfrentaron a los blancos con un *hijo del petrodólar* entrenado por un ex: el Manchester City de Manuel Pellegrini. Hubo cierta incertidumbre por saber cómo afrontaría un entrenador novel como Zidane un partido de tal envergadura. Y más teniendo en cuenta que Cristiano sería baja en el primer asalto.

La moneda salió de cara. En Inglaterra se jugó un partido serio, de esos a no perder, y la defensa blanca maniató en todo momento a Silva, De Bruyne y Agüero, los vértices del peligro *sky blue*. La falta de acierto de Ramos, Casemiro, Pepe y Jesé impidió llevar un gran resultado al Bernabéu. En casa, el Madrid ejecutó una estrategia de control que tuvo más mérito si tenemos en cuenta que Casemiro y Benzema se quedaron fuera por lesión. El dominio fue totalmente blanco, con una retaguardia adelantada y un gol en el minuto 20 que otorgó cierta tranquilidad al resto del encuentro. Sólo Agüero, en un remate alto, sobresaltó algo un partido en el que, una vez más, el portero Joe Hart evitó una derrota más abultada de los *citizens*.

Cinco meses después de su llegada, Zidane dirigiría su primera final que, como dos años antes, sería contra el Atlético de Madrid. De Lisboa a Milán, con más cuchillos entre los dientes, si cabe. La historia frente a la constante venganza.

Sobre el césped, máxima tensión y respeto entre ambos equipos. El Madrid comenzó siendo superior y se adelantó por obra de Ramos en una falta ensayada. Griezmann falló un penalti, Carvajal se fue lesionado, el Madrid pudo sentenciar... pero Carrasco empató el partido, que se fue a la prórroga. A diferencia de la Décima, muchos jugadores estaban mal físicamente, por lo que tocó aguantar hasta los penaltis. Falló Juanfran y acertó, quién si no, Cristiano. El estallido. La Undécima fue blanca y Zidane pasó a formar parte del grupo de entrenadores que habían ganado la Copa de Europa también como jugadores: Miguel Muñoz, Cruyff, Trappatoni, Ancelotti y Guardiola.

Marcelo, Florentino y Ramos. Foto: archimadrid.es

En la Liga, Zizou heredó un Madrid tercero, por detrás de Barcelona y Atlético, pero último en ilusión y expectativas de vencer. El grupo estaba totalmente desconectado con su entrenador, Benítez, que insistía en hablar desde la pizarra a unos jugadores capaces de cambiar el sino del partido con un solo gesto. Esto lo comprendió rápido el francés, que devolvió la libertad (condicionada a su criterio) a los jugadores y, sobre todo, recobró la familiaridad. Con esta nueva fe, el Madrid fue capaz de disputar el título hasta el último partido después de firmar unos números, especialmente los goleadores, deslumbrantes: tres por partido.

Haber ganado la *Champions League* llevó aparejada dos citas para ampliar el palmarés, la Supercopa de Europa y el Mundial de Clubes. La primera se disputó en los albores del inicio de la primera temporada completa de Zidane. Fue contra el Sevilla y en Trondheim, ciudad noruega que entró en la historia blanca por ser el lugar donde Iker Casillas acudió por primera vez a una convocatoria con el primer equipo[104].

El verano había sido poco movido en cuanto a fichajes (Morata y Asensio como más destacados), pero mucho respecto a competiciones, con la disputa de la Eurocopa y la Copa América. Así, el Madrid llegaba con lo justo, en tanto que la delantera sería totalmente española: Lucas Vázquez, Morata y el mencionado Asensio. El partido fue bonito y disputado y llegó hasta el minuto 93 con un 1-2 para los andaluces. Pero ese era el territorio Ramos, que metió al equipo en la prórroga, donde se impondría finalmente por 3-2 con un golazo de Carvajal.

Unos meses después llegaría la conquista del Mundial, en un formato de semifinales y final. El primer partido se solventó de manera eficaz contra el América de México (2-0), mientras la final se jugó contra el invitado al torneo, el Kashima, campeón de Japón. Ninguna broma. En el 52 los nipones iban por delante, pero entonces llegó el tornado Cristiano y, con tres goles, puso el 4-2 definitivo en el marcador. Campeones del mundo.

Conseguido el triplete internacional, hito inédito hasta entonces para un entrenador en solo un año en el club, Zidane siguió haciendo historia en su primera temporada completa. 59 años después, llevó al equipo a conquistar un doblete de Liga y *Champions*.

La campaña 16-17 resultó casi perfecta, con récords y premios incluidos. El sello de Zidane estuvo en la gestión de la plantilla, con rotaciones masivas que mantuvieron la tensión y permitieron llegar a los momentos cumbre en las mejores condiciones. El técnico demostró así que detrás de esa

---

104 El 27 de noviembre de 1997, con Illgner lesionado y Cañizares tocado, el entrenador del Madrid por entonces, Jupp Heynckes, decidió convocar a Casillas, en aquel momento portero del Juvenil A. El partido se perdió por 2-0.

tímida mirada estaba un líder que no dudaba en tomar decisiones arriesgadas y valientes.

El Madrid llevaba cinco años sin levantar el torneo doméstico, desde Mourinho en 2012, una rémora insostenible. Repartidos los minutos y los esfuerzos, el equipo conquistó su Liga 33 aupándose tres puntos por encima del Barcelona de Luis Enrique. Y lo hizo con unos números aplastantes: 93 puntos, una racha de 16 victorias consecutivas, sólo tres derrotas y, por octava liga consecutiva, superando el centenar de goles anotados (106).

Marcelo, Ramos y Zidane. Foto: archimadrid.es

El camino a la final de Cardiff se inició desde el segundo puesto en la liguilla. Dortmund, Sporting de Portugal y Lieja vendieron caros sus partidos. Guiños del destino, el Madrid comenzó perdiendo en los cuatro partidos de octavos y cuartos, pero en todos ellos remontó para pasar las eliminatorias con pleno de victorias. Fueron contra el Nápoles de Insigne, Callejón y Albiol (3-1 en los dos partidos) y el Bayern de Lewandowski, Robben y Ribéry (1-2 en Alemania y 4-2 en el Bernabéu).

En semifinales el Atlético trató de superar al Madrid a doble partido, pero ni por esas. El territorio *Champions* es inconfundiblemente blanco (3-0 en casa y 2-1 en el Calderón). La final fue una oda al fútbol en la que Zidane apostó por el sistema 4-4-2 en rombo con Isco, el que más equilibrio le había dado durante la temporada. Enfrente, la todopoderosa Juventus de los tres centrales y Dybala, Mandzukic e Higuaín en punta. El encuentro estuvo igualado hasta esos momentos donde el Madrid demuestra que llega a las finales para ganarlas. En la segunda parte, Casemiro, con un golazo, inició una goleada que terminó en 4-1 y la Duodécima al cielo. Zidane, que fue reconocido como el mejor entrenador de la temporada por la UEFA, podía acomodarse en el Olimpo.

Salida y rentrée

Sin embargo, conformarse no estaba en los planes del francés, y así iba a demostrarlo al final de la siguiente temporada. Ese año se volvió a ganar la *Champions*, la tercera consecutiva, esta vez frente al Liverpool en la gran noche de Bale, que anotó dos goles decisivos. Por el camino quedaron el PSG de Mbappé y Neymar (3-1 y 1-2), la Juventus (0-3 y 1-3) y el Bayern de Múnich (1-2 y 2-2). Sin embargo, en la Liga, el Madrid se descolgó muy pronto y el Barcelona arrasó con 17 puntos de ventaja. Eso y la ridícula eliminación contra el Leganés en Copa pesaron en el ánimo de Zizou, hombre complejo, que dimitió después de la final de Kiev. Pensó que no tenía una varita mágica y que el agotamiento general impediría al Madrid seguir en la senda de la victoria.

Con él también abandonó el barco Cristiano Ronaldo, por lo que después de un ciclo irrepetible, al Madrid (a Florentino) le entraron las dudas, siempre amigas de la precipitación. De forma abrupta (tres días antes del inicio del Mundial de 2018), contrató al seleccionador nacional, Julen Lopetegui, que fue despedido por Luis Rubiales *ipso facto*.

El vasco no dispuso de mucho tiempo, pues estuvo cuatro meses en el banquillo blanco. Terminó su periplo en octubre después de caer goleado contra el Barcelona por 5-1 y sufrir el equipo una sequía goleadora casi sin precedentes. El comunicado del club fue implacable: «La Junta Directiva entiende que existe una gran desproporción entre la calidad de la plantilla del Real Madrid, que cuenta con 8 jugadores nominados al próximo Balón de Oro, algo sin precedentes en la historia del club, y los resultados obtenidos hasta la fecha». El sustituto interino, Santiago Solari, dejó como mejor contribución su confianza en Vinicius, que terminaría rompiendo en estrella cuando muchos ya comenzaban a dudar seriamente de su fichaje.

El 11 de marzo de 2019, después de una llamada de auxilio o una petición de amigo de Florentino Pérez, Zidane regresa al Madrid. Habían pasado sólo 284 días desde su adiós y restaban únicamente 10 jornadas de Liga. En la siguiente campaña volvería la gloria con la conquista de la difícil e inédita *Liga del coronavirus*, celebrada por el marsellés con especial alegría y satisfacción. Para él, el título de la regularidad es el mejor termómetro para medir la salud de la plantilla y su motivación.

Sin embargo, un año después, el equipo no llevó ninguna copa a sus vitrinas, algo que no sucedía desde la campaña 09-10. La temporada no fue terrible, pues se disputó la Liga hasta el final y se alcanzaron las semifinales de la *Champions*. Pero Zidane se guía por sensaciones, además de ser fiel a la filosofía del club: no ganar es fracasar en cualquier caso. Así que, en una decisión que ya no pilló por sorpresa, el 27 de mayo de 2021 se despidió de nuevo. Lo que sí llamó la atención, y no para bien, fueron las razones expuestas por el francés en un comunicado: «Me voy porque siento que el club ya no me da la confianza que necesito, no me ofrece el apoyo para construir algo a medio o largo plazo. Conozco el fútbol y la exigencia de un club como el Madrid, sé que cuando no ganas te tienes que ir»[105].

Con 11 títulos en sus dos etapas, Zinedine Zidane es el segundo entrenador más laureado de la historia del Real Madrid, después de Miguel Muñoz. Nunca acusó la responsabilidad del cargo y fue resolviendo las dificultades con sencillez y sentido común. También le ayudó hablar el mismo lenguaje de los futbolistas, con los que mantuvo en casi todos los casos una estupenda relación. Respecto a títulos, su único lunar fue la Copa del Rey, como ya le sucediera en su período de jugador madridista.

Único y especial, gozó y goza del respaldo y el apoyo de la mayoría del madridismo. Y eso que las tres veces que abandonó el club lo hizo por decisión propia y en los tres casos teniendo un año más de contrato en vigor. Como aseguró un empleado del club, Zidane, «de la misma manera que cuando era futbolista, no lo hace todo perfecto, pero lo parece»[106].

105 Noticia de *Onda Cero*, 31 de mayo de 2021: https://www.ondacero.es/deportes/futbol/zidane-explica-motivos-marcha-real-madrid-carta-abierta_2021053160b4979aa760960001a071a9.html
106 Diario *El País*, 12 de mayo de 2016: https://elpais.com/deportes/2016/05/12/actualidad/1463072239_061607.html

TEMPORADA 21-22
LA CHAMPIONS DE LOS MILAGROS

Si hubo un acontecimiento que marcó 2022 fue la invasión rusa de Ucrania. El conflicto, latente desde al menos 2014, tuvo consecuencias inmediatas en Europa con el encarecimiento del precio de la energía y la crisis inflacionista. Mientras el mundo se asomaba al peligro de una tercera conflagración mundial, en la *Casa Blanca* un *pacificador* condujo al equipo a una travesía esotérica que culminó con la conquista de la Decimocuarta, la mejor Copa de Europa de la historia.

LOS ANTECEDENTES.
ASÍ LLEGABA EL REAL MADRID

Las dos veces que Zidane abandonó el Real Madrid como entrenador lo hicieron también dos jugadores icónicos para el equipo. Si en 2018 fue Cristiano el que puso rumbo a Italia, en 2021 a Florentino Pérez no le tembló el pulso para mantenerse firme y no renovar a Sergio Ramos, capitán y *hombre de la Décima.*

Las conversaciones, iniciadas de manera informal desde diciembre de 2020, siempre las llevaron personalmente presidente y jugador, nada de intermediarios. Ramos, como se ha escrito, siempre quiso dos años de renovación, mientras que en el club no gustaron dos gestos: su negativa a firmar una segunda rebaja salarial con motivo del coronavirus y que se marcara un «planificad sin mí la próxima campaña». Dicho y hecho. Llegó con 19 años y se fue con 35 y 22 títulos en su mochila tras ser el cuarto jugador con más partidos como madridista[107].

Esta guisa se encontró Carlo Ancelotti, técnico encargado de apagar el fuego y reconstruir el equipo. El *pacificador* no fue, sin embargo, ni la primera ni la segunda opción de Florentino para sustituir a Zidane. Primero se optó por Massimiliano Allegri, pero, cuando parecía que todo estaba cerrado, el italiano se fue con otra, la Juve. Entonces se pusieron las miras en Antonio Conte, de italianos iba la cosa. En su caso, a la planta noble no terminaron de convencer las abruptas formas del exentrenador del Inter de Milán. El tercero de la lista resultó Mauricio Pochettino, descartado porque el PSG no estuvo dispuesto a soltarlo, y menos en medio de unas supuestas negociaciones por Mbappé. No era cuestión de cabrear al jeque innecesariamente. Aunque luego esto no sirviera de nada...

Así que tras estos devaneos, se cayó en la cuenta de que el entrenador con el aval de la Décima, el cariño de la afición y el respeto del vestuario sería la mejor opción. Y él, encantado. Desde su salida en 2015, Ancelotti no había pronunciado ni una sola palabra altisonante sobre el Madrid, muy al contrario. Siempre que podía situaba al club de Chamartín a la altura del Milán en su lista de amores platónicos. En esos años había pasado por el banquillo del Bayern de Múnich, donde ganó una Bundesliga, el Nápoles y el Everton. Los ingleses comprendieron la situación y pudo venir al club blanco de manera amistosa.

Entusiasmo y pasión no le iban a faltar al preparador italiano en su retorno. «El Madrid es el club más prestigioso del mundo y donde me encontré muy bien los dos años que estuve. Tengo un recuerdo inolvidable», declaró en su pri-

---

107   La lista la encabezan Raúl (741), Iker Casillas (725), y Manolo Sanchís (710).

mera entrevista concedida a los medios del club después del fichaje. Guiado por su corazón, la firma pudo rubricarse gracias a que días antes de la llamada con José Ángel Sánchez[108], el de Reggiolo había rechazado hacerse con los mandos del Inter debido a su pasado *rossonero*[109].

La situación del club no auguraba un éxito inmediato. El fichaje de Mbappé, que hubiera llenado el depósito de la ilusión tras un año en blanco, se frustró. Y las dos llegadas tampoco se suponían determinantes: Alaba, que tenía la enorme responsabilidad de hacer olvidar al histórico dúo Ramos-Varane, y Camavinga, una promesa más que añadir a una plantilla repleta de veteranos y noveles.

No existía ningún argumento sólido para esperar lo que vendría después, una temporada mágica, sobrenatural, con hechos que escapan a la lógica e inaccesibles para cualquier otro equipo. El Madrid no era favorito ni en la Liga, donde el Atlético partía con ventaja por plantilla y por ser el vigente campeón, ni en la *Champions League*, en la que los ingleses impresionaban más que nunca con su poderoso físico y velocidad[110].

Pero si alguien demuestra una y otra vez el escaso valor de los juicios prematuros es el Real Madrid, que en la temporada 21-22 puso de relieve de la forma más cruda y brutal una de sus virtudes más desconcertantes: la increíble capacidad para hacerse el muerto. Del mismo modo que muchos animales basan su estrategia cazadora mimetizándose con el ambiente, el Madrid va más allá y te clava el aguijón cuando

---

108 Director general del Real Madrid y responsable directo de muchos fichajes del club. Según cuentan, fue el propio Ancelotti el que, medio en broma, medio en serio, se ofreció al Madrid en una conversación que en principio versaba sobre los descartes del Real Madrid.

109 Diario *AS*, 4 de junio de 2021: https://as.com/futbol/2021/06/04/primera/1622800190_447573.html

110 En septiembre de 2021, las casas de apuestas no consideraban al Madrid ni en el *top-5* de favoritos para la *Champions*, algo que, por historial y precedentes (fue semifinalista el año anterior), sorprendió a los propios madridistas.

crees que ya está vencido y no puede hacer nada. Justo ahí resulta todavía más peligroso.

PSG, Chelsea y Manchester City iban a ser testigos y víctimas de uno de los relatos más fantásticos y bellos de la historia del fútbol. Los tres hicieron todo lo necesario para ganar, pero acabaron sucumbiendo ante el misterio que envuelve las remontadas blancas. Llámenlo miedo escénico, caos inmovilizador o fenómeno paranormal. El Madrid no cabe en una pizarra o en una crónica. Su fuerza es el convencimiento de la victoria, una obsesión depredadora que le eleva por encima del resto y le condujo a protagonizar la mejor Copa de Europa de todos los tiempos.

Liguilla casi perfecta y sorteo «lamentable»

La liguilla previa encuadró a los blancos con un rival duro —Inter de Milán—, otro incómodo —Shakhtar Donetsk— y uno asequible —Sheriff Tiraspol—. Aunque, como demostró el equipo de la casi impronunciable República de Transnistria, cualquiera es peligroso en Europa.

Los partidos contra el campeón de la *Serie A* fueron disputados y sufridos, sobre todo el del debut, jugado en Italia. Courtois fue el gran protagonista, hasta que una combinación entre Valverde, Camavinga y Rodrigo en los últimos instantes del encuentro (una pista de lo que vendría más adelante) terminó con la conquista de San Siro (0-1). En el Bernabéu, dos trallazos de Kroos y Asensio se transformaron en sendos golpes en la mesa (2-0). El Sheriff, por su parte, aprovechó sus oportunidades en Madrid y asaltó la banca (1-2). Advertidos, los de Ancelotti ganarían sin problemas a domicilio (0-3). Más sencillos, si atendemos a los resultados (0-5 y 2-1), fueron los enfrentamientos contra el Shakhtar, aunque, sobre todo en Chamartín, el portero madridista volvió a resultar una pieza fundamental para conseguir la victoria. Otra pista más.

Cinco victorias, una derrota y sólo tres goles encajados hicieron que el Madrid llegara al sorteo de las eliminatorias contento aunque sin alocarse. Y más cuando tocó el Benfica, el rival de menos entidad posible. Sin embargo, un problema en la designación posterior de los rivales de Atlético y Villarreal desató la polémica. La UEFA tenía entonces dos soluciones: repetir el sorteo completo, con el sonrojo propio y la desazón que eso produciría en todos los afectados, o reiniciarlo desde el punto donde se produjo el fallo. Finalmente, se declaró nulo el primer sorteo y se realizó de nuevo, con la consiguiente polémica.

«Ha sido lamentable, muy difícil de entenderlo», llegó a decir un siempre mesurado Butragueño[111]. Y es que existía la sospecha de que, a causa del enfrentamiento que mantenía el organizador de la competición y Florentino Pérez por el proyecto de la Superliga[112], Alexander Ceferin[113] haría todo lo posible por no favorecer en ningún caso al Madrid. Y claro, cuando se repitió el sorteo y en lugar del Benfica salió la bolita del PSG de Messi, Neymar, Mbappé… y Sergio Ramos, la indignación de algunos fue mayúscula. Lo que nadie esperaba es que los franceses serían sólo los primeros invitados de tres epopeyas que vivirán para siempre en el corazón de todos los madridistas.

Real Madrid – Paris Saint-Germain
Octavos de final

«Cuentan sólo con ustedes y el cariño de los parisinos. Empezad por lo más bajo, como hicimos nosotros, y quizás algún día nos encontremos en lo más alto». El consejo se lo dio Santiago Bernabéu a Guy Crescent, uno de los fundadores del PSG, poco antes de la creación del club en

---

111 *Que baje Dios y lo explique*, Ramón Álvarez de Mon. Córner, 2022.
112 La Superliga, a fecha de 2023, es un proyecto competición al margen de UEFA ideada para reemplazar a la *Champions League*. Su principal ideólogo e impulsor es el presidente del Real Madrid, Florentino Pérez.
113 Presidente de la UEFA.

1970[114]. París era la única capital europea que hasta entonces no tenía ningún equipo de renombre, y eso no podía ser, por lo que Crescent fue a visitar al mandatario del Madrid, espejo en el que se quería mirar. Y Bernabéu le instó a recurrir a la financiación popular, como ya hiciera él en la postguerra para dar un salto de prestigio al equipo blanco. Así fue como nació el hoy equipo más laureado de Francia, a imagen y semejanza de los blancos. Ni todos los millones de Al-Khelaifi pueden borrar la historia, mal que le pese al actual presidente parisino.

Los títulos no llegaron hasta la década de los 80, cuando se alzó con dos Copas (1981 y 1982) y, al fin, una *Ligue 1* (1986). Sin embargo, los problemas financieros obligaron al PSG a buscar inversores y el dinero de *Canal +* permitió su primera gran época dorada, ya en los noventa. Son los años de Raí, Leonardo, Weah... pero en 2006 la empresa televisiva decidió vender a fondos americanos y el club se tambaleó hasta el punto de casi descender. La llegada de los cataríes, en 2011, cambió por completo el destino de los parisinos. Actualmente, ganan su liga casi por decreto y la *Champions* se ha convertido en el sueño más húmedo de los actuales mandatarios. Para ello no ahorran al fichar estrellas en un dudoso ejercicio del *Fair Play* financiero[115]: Ibrahimovic, Cavani, Di María, Mbappé, Neymar, Verrati, Messi... aunque todavía carecen de alma, historia y prestigio. Y eso en Europa tiene más peso que cien barriles de petróleo.

Hasta en diez ocasiones se habían cruzado el Real Madrid y el PSG en competiciones europeas. Con resultados para todos los gustos. Infausto recuerdo en los noventa, igualdad cuando se vieron las caras en las liguillas de la

---

114 El PSG nació el 12 de agosto de 1970 gracias a la petición de más de 20.000 personas a la Federación Francesa de Fútbol y previa fusión de dos clubes, el Paris FC y el Stade Saint Germanois.

115 El *Fair Play* Financiero es una normativa que la UEFA teóricamente lleva aplicando desde 2010 para evitar que los clubes adulteren las competiciones utilizando fondos ilimitados.

Champions y buen precedente en el anterior choque a doble partido, también en octavos. Fue en la temporada 17-18, cuando el Madrid de Zidane ganó en el Bernabéu con autoridad (3-1) y en París con suficiencia (1-2). Los enfrentamientos en la fase de grupos se saldaron con victoria francesa y empate en la 19-20, y empate y triunfo blanco en la 15-16. Las malas noticias quedaron en los cuartos de la *UEFA* 92-93, cuando el PSG de Ginola remontó un 3-1 en el Parque de los Príncipes (4-1), y en los cuartos de la Recopa de un año más tarde, cuando de nuevo echaron al Real Madrid después de ganar en Chamartín (0-1) y empatar en casa (1-1). Fueron los años de plomo en Europa durante los estertores de *La Quinta*.

Carlo Ancelotti

Sin embargo, nada de lo anterior se iba a acercar a la explosividad del duelo de 2022. Fue el choque de dos visiones antagónicas, del morbo por Mbappé y del regreso de viejos conocidos. Sobre el césped —y también en el palco— se enfrentaron dos filosofías: la chequera frente a los versos, el defensor de quien le protege, la UEFA, contra el adalid de la Superliga. Gran parte de la culpa de la animadversión la tenía Mbappé, bandera que el PSG se negaba a soltar. Y por si fuera poco, el último archienemigo, Leo Messi, volvía a la ciudad. Sus 26 goles y 14 asistencias en 45 partidos previos contra el Madrid eran argumento suficiente para justificar algún temblor de piernas.

El Madrid llegaba líder en la Liga, pero cuestionado en su solvencia y con algún traspiés, como la eliminación en la Copa, lo que despertó ciertas dudas. Los más agoreros recordaron la segunda temporada de Ancelotti en su primera etapa, cuando el equipo se vino abajo después de conseguir un récord de 22 partidos sin perder, mientras los más positivistas confiaban en que el «efecto Pintus»[116] entraría en escena.

A nadie se le escapaba que, incluso despojados del complejo de inferioridad ante los verdugos de otras épocas (el Milán de Sacchi, el Bayern o el propio PSG), el favoritismo en la eliminatoria era indiscutiblemente francés. Así lo indicaban las casas de apuestas y el ambiente en general. Se pensaba que la gasolina de un equipo en transición, como era considerado el Madrid, no daría para superar un puerto de la envergadura del PSG. Olvidaron de forma prematura que herir el orgullo de los blancos puede resultar más peligroso que invocar al diablo un viernes 13.

El deseado zarandea al Madrid

La previa de la ida estuvo marcada, cómo no, por el futuro de Mbappé. Y todo lo que se escribió, como veremos más adelante, tendría el mismo valor que el papel de envolver pescado. En lo verdaderamente importante, lo deportivo,

---

116 Antonio Pintus, preparador físico del Real Madrid. Muy apreciado por la plantilla, fue clave en los títulos blancos entre 2016 y 2019. Ancelotti recuperó sus servicios después de un periplo en el Inter de Milán (2019-2021).

influyó que Benzema jugara tocado, pues llevaba tres semanas sin disputar un solo partido. Ancelotti no reculó al 4-4-2, pero su bloque bajo fue más bien un «bloque sótano». Apostó por Asensio en el costado derecho como tercer delantero, aunque el balear fue uno más de los desaparecidos en París.

Peña *La Gran Familia* en París.

El PSG también se mantuvo fiel a su estilo. A falta de Neymar como titular, el incombustible Di María acompañó a Messi, que jugó en la posición del *10* para lanzar constantemente al velocista Mbappé. Ya no era el gobernador de los partidos como en el Barcelona, sino que en París actuaba de valido de lujo para la joven estrella.

La mayor virtud del PSG, su delantera, era también su punto débil. El tridente, asesino en el contragolpe y con espacios, se quedaba descolgado y en ocasiones partía al equipo. Sobre todo Messi, acoplado ya a defender con la mirada. Pochettino, consciente de ello, puso lo más parecido a una doble muralla con foso y tiburones en el centro del campo: Verrati, Paredes y Danilo.

El 15 de febrero, un día después de la fecha de los enamorados y en la ciudad consagrada a la entrega del corazón, el Real Madrid sufrió un doloroso desengaño. Su objeto de deseo se lució en sus narices y de la mano de otra.

El partido recordó, por su juego y falta de soluciones, a las idas de las remontadas europeas de los 80, partidos donde el Madrid no pasaba de ser una caricatura. Avasallados los de Ancelotti, en ningún momento dieron muestra de poder salir airosos de París. Fueron sometidos por un poderoso rival con un arma que pareció llegada de otro tiempo: Mbappé. Cada vez que el 7 cogió el balón se aceleraban las pulsaciones. Todo lo hizo con sentido, todo le salió casi perfecto. Decía Valdano que cuando Ronaldo Nazario atacaba, lo hacía una manada. Esa noche el mundo vio lo más similar al brasileño desde su retirada.

Carvajal vivió un verdadero calvario. Fintas, carreras, amagos, regates. Aquello que se le pasó por la imaginación a Mbappé lo ejecutó con la confianza del que se sabe tres escalones por encima. Las ayudas llegaron de forma insuficiente y, pasado el cuarto de hora, se plantó solo ante un Courtois que sería el último bastión de la resistencia.

El PSG acertó en su estrategia de agresiva presión y ocupación de todo el campo. Inoperantes por completo en ataque, alcanzar el centro del campo fue una quimera para el Madrid, pues cada robo se convertía en un error en la salida. Sólo un cabezazo de Casemiro permitió comprobar que Pochettino se había decantado por Donnarumma en detrimento de Keylor Navas, elección que sería decisiva en el partido de vuelta.

En la segunda parte, el asedio francés se volvió más constante y peligroso. Sólo un arrebato de Kroos, si se le puede llamar así a un disparo que voló a las gradas, dio testimonio de que el Madrid seguía ahí. A la hora de juego llegó un momento clave del partido y de la eliminatoria: Mbappé recibe el enésimo envío de Messi, entra en el área y Carvajal no tiene otra alternativa que cometer penalti. El francés era un tren y él sólo un hombre para detenerlo.

La situación que todos los madridistas temían iba a producirse. Messi, que llevaba desde 2018 sin marcar al Madrid, sería el encargado de lanzar desde los once metros. El argentino tomó la pelota, pero sus ojos carecían del brillo de los asesinos. El disparo, fuerte, a su derecha, fue repelido por las manos del colosal meta belga, que hizo gritar al aficionado blanco como si de un gol propio se tratase. Y es que el Madrid sabe que las victorias también nacen de reponerse a las heridas más mortales.

La respuesta de Pochettino fue recurrir al ingenio de Neymar, el eterno aspirante que nunca acompañó su talento con un buen mobiliario en la cabeza. Pero esta vez su chispa resultó efectiva y alteró las revoluciones del partido. Un taconazo del brasileño en el último minuto fue el detonante de la jugada definitiva de Mbappé, al que ahora trataba de atar Lucas Vázquez en vano. El parisino entró al área desde la izquierda y, con una bicicleta y una arrancada, dejó al gallego y a Militão en un mundo perdido mientras él anotaba el gol que llevó al éxtasis al Parque de los Príncipes de París, que bien pudo rebautizarse esa noche como el *Parque del Rey de París*. Golazo. Reivindicación. Golpe de insultante autoridad.

Todo lo que se escribió sobre la superioridad de Mbappé se quedó corto. Hizo noventa minutos de los que deifican y permanecen en la retina para siempre. Se asoció de manera insultante con Verrati y Messi, dio 70 toques y nada menos que 18 fueron dentro del área blanca. Fue como un bárbaro de *tour* por la ciudad de Roma. Un mortífero vendaval.

Ancelotti no pudo más que rendirse a la evidencia: «Mbappé es imparable, el mejor de Europa. Hemos intentado controlarlo, Militão lo ha hecho muy bien, pero siempre puede inventar algo, y lo ha hecho en el último minuto». El francés no pudo contenerse y, tras el partido, tuiteó: «Primer duelo victorioso. Esto es París». Pronto conocería bien lo que es Madrid.

Los blancos volvieron a casa recordando el guion de las comedias, con una mala y una buena noticia. La mala fue la derrota y la sensación de impotencia al haber sido sepultados por una fuerza futbolística ante la que no se vislumbraba antídoto posible. La buena era que, una vez más, el muerto estaba vivo. La diferencia sobre el césped sólo se había traducido en un gol, distancia totalmente salvable y mucho más para un club que le tiene cogido el gustillo a vivir colgado del precipicio en Europa.

Serían tres semanas de reflexión con otros tantos partidos de Liga en los que estaba prohibido fallar. Hubiera dado alas a los rivales, pero, sobre todo, despertado los fantasmas del pesimismo. Y el Madrid, que nada en la presión como un dominguero, cumplió. Después de las victorias contra el Alavés y el Rayo, el partido previo al PSG, contra la Real Sociedad, fue el inicio del rito de la remontada. El equipo, que comenzó perdiendo, terminó avasallando (4-1), y el público se quedó tras el pitido final para iniciar la comunión y la conjura con los suyos. La semilla quedó plantada.

El partido del Bernabéu exigiría más del Madrid. Mucho más. No podría confinarse como en París y esperar a que el aliento de 62.000 almas empujase la pelotita dentro de la portería. Y tendría que ser sin los cerrojos, pues Casemiro y Mendy se quedaron fuera al cumplir ciclo de amarillas. Pero ni siquiera pensar en las consecuencias de los previsibles contragolpes a quemarropa del PSG amilanaron al aficionado.

Ici c'est Madrid

El recibimiento del autobús fue histórico. Un fervor descontrolado, que nació en la vuelta contra el Dortmund en

2013[117], inundó los aledaños del Bernabéu y trasladó a los jugadores la idea de que la remontada estaba más cerca de lo que pensaban. El PSG tenía a Mbappé, que ya sabía lo que era marcar en el Bernabéu (lo hizo en el 2-2 de noviembre de 2019), pero venía de perder dos de los tres últimos partidos de la *Ligue 1* y el Madrid se cuela en las rendijas de las dudas como una motosierra enfurecida.

«Somos los Reyes de Europa» decía el tifo del Fondo Sur. Pero la advertencia no achantó al PSG, que con su tridente titular no tardó mucho en repetir el guion de París. Mbappé continuaba siendo una amenaza, mientras que Courtois sostenía al Madrid de forma heroica. La diferencia fue que, esta vez, Benzema levantó la mano y se encargó de rematar todo balón que le llegó al área o a sus inmediaciones. Así se consiguió un cierto punto de equilibrio, o eso parecía.

Los blancos se internaban en campo contrario y daban muestras de querer intimidar... pero sucedió lo que todos temíamos y no quisimos decir en voz alta. En un contragolpe sencillo, esto es, balón a la carrera de Mbappé, el *7* demostró su endiablada superioridad ante la defensa del Madrid y anotó el gol que casi sentenciaba la eliminatoria. Su celebración, cruzado de brazos en el césped del coliseo blanco, torció el gesto de los aficionados madridistas, que hasta el momento sólo le habían aplaudido. Minutos antes le habían anulado un gol y, después del descanso, otro. Ambos por fuera de juego. La amenaza, como el dinosaurio Monterroso[118], seguía ahí.

Pero Ancelotti tenía una idea que repetiría más adelante: si el equipo estaba atascado y hacía falta agitar el árbol, nada mejor que la melena al viento de Camavinga y las travesuras de Rodrygo. Kroos y Asensio verían las consecuencias desde

---

117　En la ida de las semifinales, el Real Madrid perdió contra el Dortmund por 4-1. La remontada, pese al gran ambiente y los dos goles logrados en Madrid, no fue posible aquella vez.

118　El cuento de Augusto Monterroso, considerado como el más corto del mundo, dice así: «Cuando desperté, el dinosaurio seguía ahí».

el banquillo. El Madrid, perdida la carta de lo académico, apostó entonces por la locura y la fe. E iba a tener resultados inmediatos. Una presión *rauliana* de Benzema (la metamorfosis de este chico es digna de estudio) provocó los nervios y el fallo de Donnarumma, que regaló la pelota y facilitó el gol del francés. El Bernabéu se convirtió en una caldera. Un solo tanto separaba al Madrid de igualar la eliminatoria. ¿Se podía? Sí, se podía.

El PSG empezó a sentir el miedo y el descontrol, al tiempo que los blancos, ahora sí, ganaban todos los duelos y perseguían la pelota como una manada de chacales hambrientos. Olvídense de bloques altos o bajos. Se trataba de otra cosa a la que sólo sabe jugar el Madrid espoleado. Fue una cuestión de fuerza mental. La imagen de Modric corriendo detrás de Messi hasta arrebatarle el balón resultó icónica. Comenzaba un nuevo partido.

Vinicius, que ahora sí percutía por su banda como el mejor agitador blanco, desaprovechó una oportunidad cantada antes de que todo saltara por los aires. Fue a falta de un cuarto de hora, cuando Neymar perdió un balón en ataque que propició una arrancada de época de Modric. El croata, que se apoyó en Vinicius, filtró una deliciosa asistencia a Benzema. Una genialidad descomunal, propia de quien rompe los moldes cuando todo parece perdido. El disparo del 9 blanco fue el segundo gol y la certificación de que el PSG iba a caer.

El Bernabéu lo sabía y entró en un estado de excitación casi paranormal que propició lo que vino a continuación. Nada más sacar los galos de centro, el Madrid recuperó la pelota y Rodrygo lanzó a Vinicius. Marquinhos, superado por el ciclón blanco que se le venía encima, despejó de forma atropellada y regaló el balón a Benzema, que a un toque marcó el gol de una remontada legendaria.

Afición y jugadores celebraron fuera de sí creando una comunión que dejó otra imagen para la historia (¿cuántas iban ya?). Alaba, en un gesto tan espontáneo como cargado de sincera emoción, cogió la silla de un vigilante y la elevó al cielo. El austríaco, que llevaba unos meses como madridista, sacó toda su pasión en un festejo que, salvando las distancias, recordó a los saltos de Juanito en la remontada al Borussia.

Mbappé, atolondrado en el césped como el resto de sus compañeros, recordó su tuit de la ida y comprendió entonces lo que es Madrid. Los galos fueron superiores durante 150 minutos de la eliminatoria. Él se elevó por encima de todos en una actuación espectacular digna del mejor del mundo. Pero nada de eso sería suficiente. No contra el Real Madrid y menos en su fábrica de los sueños. Ya no se trataba de la leyenda de otras épocas. Era 2022 y el PSG acababa de sufrir un acontecimiento inexplicable, apoteósico, fuera de la razón. Los millones, como dijimos, no pueden borrar la historia ni comprar la magia.

El 9 de marzo de 2022 ya tiene su espacio en la historia del Madrid por varios motivos. Primero, porque supuso la segunda remontada de los blancos en una eliminatoria del nuevo formato *Champions* (la primera fue ante el Wolfsburgo en 2016); segundo, porque se hizo por partida doble (levantando un 1-0 en París sumado al 0-1 en el Bernabéu); y tercero, porque fue un golpe de autoridad contra un enemigo en los despachos (Al-Khelaifi) y también del futuro (Mbappé). Además, sirvió para algo tan intangible como valioso. Los hombres de Ancelotti, despreciados en los pronósticos, volvían a infundir temor. Así gana el Madrid.

Las crónicas de la prensa se poblaron de merecidas hipérboles para los blancos y, especialmente, para Benzema. *ABC*, que tituló «El Real Madrid celebra otra gesta», resaltó la actuación del francés: «Tres goles de Benzema sellan una remontada inolvidable ante el PSG». *AS* destacó al madridista por encima de la estrella parisina: «Benzema borra al mejor Mbappé. Media hora para la historia del ariete blanco clasifica al Madrid e invalida el festival del crack del PSG». *Marca* tiró de ironía en su titular, «Esto es el Real Madrid y este es Benzema», y enfatizó la reminiscencia de lo sucedido: «El Madrid levanta una eliminatoria imposible y revive las remontadas de los ochenta, arrasando al PSG en media hora». *El País* habló de «un Madrid sobrenatural» que, «en un partido para la historia, remonta la eliminatoria a un PSG lanzado por un deslumbrante Mbappé con tres goles de Benzema y el hechizo del Bernabéu». Para finalizar, *El Mundo* aludió al peso del pasado: «La historia del Madrid devora a Mbappé, el futbolista del futuro».

Ficha del partido

Real Madrid: Courtois, Carvajal (Lucas Vázquez, 66'), Militão, Alaba, Nacho, Kroos (Camavinga, 57'), Modric, Valverde, Benzema, Vinicius y Asensio (Rodrygo, 57').
PSG: Donnarumma, Achraf (Draxler, 88'), Marquinhos, Kimbembe, Nuno Mendes, Verrati, Paredes (Gueye, 71'), Danilo (Di María), Neymar, Messi, Mbappé.
Goles
0-1 (min.39): Mbappé.
1-1 (min.32): Benzema.
2-1 (min.74): Benzema.
3-1 (min.79): Benzema.

EL PERSONAJE: KARIM BENZEMA

«Hoy se ha visto que el Madrid está vivo». La reivindicación de Benzema tras el partido contra el PSG en el Bernabéu define su actitud. El primero de los soldados en el frente. El francés no sólo había conducido a su equipo a los cuartos, sino que, además, acababa de auparse al podio de los máximos goleadores del club al superar a Di Stéfano (309 goles). Palabras mayores. Ya sólo le quedaban por delante dos excompañeros: Raúl (323) y Cristiano (451).

Si algo se le podía echar en cara a Benzema hasta el enfrentamiento contra el PSG era su escaso poder decisorio en las rondas finales. Hasta ese momento, había disputado 51 partidos en eliminatorias de *Champions* con el Madrid y sólo sumaba 19 goles. Por tener una referencia, Cristiano llevaba 57 tantos en 60 partidos, Messi 43 en 58, Lewandowski

26 en 40 y Mbappé 13 en 20 encuentros. Pero en esta Copa de Europa Benzema no alcanzó techo y rompió con todas las estadísticas a base de liderar victorias y remontadas históricas. Dudar del francés se convirtió en una absurda pérdida de tiempo.

Más allá de las cifras, la actuación del 9 fue la excelsa culminación de su explosión de los últimos años. Los tres goles al PSG, marcados con el alma, expusieron justo lo que tanto tardó en lucir desde su llegada al Madrid en 2009: el espíritu. El Bernabéu perdona el fallo de un gol cantado (que le pregunten a Vinicius), pero nunca otorga su confianza al que no se parte el alma sobre el césped. Y es que así se define el orgullo madridista: pasión, sudor y barro.

La historia profesional de Benzema comienza en la temporada 2004-2005, cuando sube al primer equipo del Olympique de Lyon. Rápidamente dio muestras de su personalidad y en el discurso que todos los debutantes tenían que ofrecer ante la plantilla, soltó: «He venido para quitarles el puesto a los delanteros». Lo tenía claro.

Los primeros años no gozó de las oportunidades que hubiera deseado, pero la salida de clásicos como Wiltord, Carew o Malouda, le abrieron el camino. Es entonces cuando se afianza en la punta del Lyon y deja una segunda señal de su carácter: escogió el dorsal 10. Empezó a derrochar talento a raudales y a dar muestras de su especial concepción del fútbol, en tanto que la afición le puso el apodo de *Karim The Dream*.

Un sueño es lo que fue para Florentino Pérez traerlo a Madrid. Le precedieron Cristiano y Kaká el mismo verano, por lo que al comienzo escapó de una presión agobiante. Pero esto no duraría mucho, había venido al club con la afición más exigente del mundo. Y claro, cuando el madridista vio los pobres números del primer año de Benzema (sólo nueve goles), así como sus aires de suficiencia y alergia para presionar, le apuntó la matrícula.

En constante pugna con Gonzalo Higuaín, durante las primeras temporadas en el Madrid cada acción del francés fue analizada con la lupa del que dicta sentencia desde la barra del bar. No se comprendían conceptos como la generación de espacios, los movimientos que hacían de Cristiano un arma más eficaz, y sus asistencias dulces y refinadas. El Bernabéu quería fuego y goles de su delantero.

Karim Benzema

Mourinho, un especialista en la gestión de vestuarios (polémicas mediáticas aparte), trabajó con Benzema ese punto de motivación que a Benzema le faltaba. La agresividad le afiló el colmillo e hizo que finalmente le ganara el puesto al delantero argentino, que salió rumbo a Nápoles.

El que mejor le entendió fue sin duda Zidane, con quien comparte ascendencia argelina e idéntica perspectiva del fútbol. Benzema maneja como nadie el juego desde mediocampo en adelante. Sabe iniciar la jugada, combinar con el compañero mejor colocado y atacar los espacios para terminar rematando. Zizou, consciente de que no tenía un jugador idéntico en la plantilla, siempre lo consideró tan indispensable como Cristiano. O quizás más.

En los años previos a la salida del portugués, se comenzaron a ver los resultados de la evolución de Benzema. Nunca se le discutió la calidad, pero hasta entonces era como el niño que tiene buen corazón, pero que siempre te acaba haciendo sospechar por alguna trastada. Le faltaba limar ciertos aspectos, como el físico y la puntería, además de dar un paso al frente en lo personal. Lo hizo y estuvo preparado cuando le llamaron a filas para liderar el proyecto.

El reto no era menor. Tendría que suplir la voracidad goleadora de Cristiano y hacerse con el estandarte del vestuario. Casi nada. Los más escépticos plantearon sus dudas, pero rápidamente Benzema las disipó con un fútbol que lo ha llevado a convertirse en el mejor jugador del mundo con 34 años. Crea, ordena, presiona, asiste y golea. Lo más parecido a un jugador total que ha visto el Bernabéu en muchos, muchos años.

Además de su capacidad de influencia en el juego del Madrid, los números de la temporada 21-22 son indiscutibles. Fue *Pichichi* de la Liga, con 27 goles (Iago Aspas, con 18, quedó a una distancia sideral) y de la *Champions*, con 15 (anotó cinco en la fase de grupos y diez en los seis partidos de las eliminatorias, quedándose a sólo dos tantos del récord de Cristiano: 17).

Todo esto, unido a su indiscutible jerarquía, le llevó a conquistar el Balón de Oro el 17 de octubre de 2022[119]. Y lo hizo de manos de su «hermano mayor», Zinedine Zidane, que se deshizo en elogios hacia su compatriota: «Él llegó muy joven. Incluso cuando tuvo problemas y la gente pensó que iba a

119   Benzema lideró la votación por delante de Mané (Liverpool) y De Bruyne (Manchester City). Se convirtió en el octavo jugador del Real Madrid en recibir el galardón, después de Di Stéfano, Kopa, Figo, Ronaldo, Cannavaro, Cristiano y Modric.

tirar la toalla, se dijo a sí mismo: "Quiero ganar aquí y voy a ser el mejor". Y se las arregló para hacerlo. A pesar de las críticas y la presión enorme en un club como este, nunca se desanimó, es muy fuerte»[120].

Nominado en diez ocasiones, la clave de la inaudita metamorfosis de Benzema, como él mismo ha confesado, es la ambición. Superada la treintena, introdujo el apetito de los campeones a su actitud, lo que le hizo explotar y dotar de continuidad todas esas virtudes que sólo había mostrado en insuficientes dosis durante su trayectoria.

Y es que cuando lo asimiló con el gato, Mourinho no fue tan desencaminado. Quien desconoce a estos enigmáticos animales, afirma que son ariscos e indolentes. Sin embargo, lo único que necesitan para demostrar su verdadero carácter es compresión, espacio y cariño. Justo lo que precisó Benzema. Desde Bron, el barrio de Lyon donde creció, hasta el Olimpo, el felino se hizo de oro.

Ficha del jugador (hasta la temporada 21-22)

Partidos: 600 oficiales.
Goles: 319.
Internacional: 94 veces.
Palmarés: 5 Copas de Europa, 4 Mundiales de Clubes, 4 Supercopas de Europa, 3 Ligas, 2 Copas del Rey y 4 Supercopas de España.

LA ANÉCDOTA: EL FOLLETÍN MBAPPÉ

El folletín es un género literario original de Francia (¿casualidad?), de naturaleza melodramática y gusto popular. Se caracteriza por un argumento poco verosímil, tener agilidad de ritmo y ofrecerse por entregas. Nació con el romanti-

---

120   Carta publicada por Zidane en el diario *L' Equipe*: https://www.lequipe. fr/Football/Article/Zinedine-zidane-sur-karim-benzema-ballon-d-or-2022-je-lui-aurais-fait-marquer-pas-mal-de-buts/1359944

cismo, pero tuvo uno de sus mejores ejemplos dos siglos después, con la historia del no fichaje de Mbappé por el Real Madrid en 2022. Hubo de todo: declaraciones de amor, promesas incumplidas, amenazas, dinero, traición... un auténtico *bestseller* que mantuvo en vilo al club mucho más tiempo de lo que su historia podía soportar sin sonrojarse.

Cuando el locutor del Bernabéu llegó al nombre de Mbappé al recitar la alineación del PSG, la grada cambió los pitos por una tímida ovación. Por aquel entonces, en marzo de 2022, era un amor tóxico, pues se deseaba aquello que podía hacer mucho daño. Y lo hizo. Todo comenzó cinco años antes.

Después de un periplo fulgurante con el Mónaco, repleto de récords y goles, en diciembre de 2017 el PSG se adelantó al Real Madrid y ató el fichaje de Mbappé merced a una fórmula inédita: cesión con una opción de compra obligatoria para el año siguiente de 180 millones de euros. Hecho el *Fair Play* Financiero, hecha la trampa.

En París, el delantero acaparó portadas con actuaciones que lo situaban en la vanguardia de la próxima década, por lo que el Madrid se lanzó a por él llegado el verano de 2021. Sólo le quedaba un año de contrato con el PSG y los 200 millones ofrecidos parecían a todas luces una cifra irrechazable. Pero quién quiere dinero si tiene petróleo. El director deportivo del equipo francés incluso pataleó: «La actitud del Madrid ha sido irrespetuosa, incorrecta, ilegal e inaceptable. Debería ser castigado». Fue como si el abusión de la clase acusara a otro compañero de mala conducta. Cómico.

Todo esto, unido al enfrentamiento por la Superliga y la eliminación traumática del PSG en el Bernabéu, terminó por romper las relaciones entre ambos clubes. En el Bernabéu, Al-Khelaifi bajó a los vestuarios tras el encuentro de vuelta en busca del árbitro y llegó a amenazar de muerte a un empleado del club madridista. Ya saben, la actitud propia del que se siente impune y no ha visto la clase ni la conocerá de lejos en su vida.

Ante esta tesitura, desde la planta noble del Bernabéu se confió entonces en la palabra de Mbappé, que, según lo publicado en los medios, había llegado a un acuerdo con el Real Madrid para fichar como agente libre en el verano de 2022. Se hablaba de seis años de contrato, 25 millones netos y bla, bla, bla…

Las ofertas de renovación del PSG al jugador no cesaron de multiplicarse, así como la presión recibida por todos los estamentos de Francia, incluido el presidente Macron. El futuro del futbolista se convirtió en una cuestión de Estado. Inédito. Finalmente, unos días antes de la final de la *Champions*, Mbappé hizo pública su decisión final de permanecer en París y romper la promesa realizada a Florentino Pérez[121].

Unos meses después, el 23 de octubre de 2022, *Le Parisien*, considerado como el diario mejor informado de los asuntos del PSG, destapó las cifras de su renovación[122]. Mbappé cobrará 630 millones de euros brutos si cumple con las tres temporadas firmadas con el club francés. Su sueldo anual se establece en 72 millones. Por contextualizar, esa es la cifra que costó el fichaje de Zidane por el Madrid. Además, el delantero se embolsó 180 millones sólo por renovar en mayo de 2022 e ingresaría 70 en 2023, 80 en 2024 y 90 en 2025. En definitiva, el mayor contrato en la historia del deporte. Fidelidad a cambio de billetes. Millones son amores, pero nunca la gloria.

Real Madrid – Chelsea. Cuartos de final

Lo sucedido ante el PSG ya hubiera sido argumento suficiente para situar esta *Champions* entre los recuerdos dora-

---

121 El jugador informó al presidente blanco a través de un mensaje al móvil que decía lo siguiente: «Le comunico que he decidido quedarme en el PSG. Quiero agradecerle que me ha dado de jugar en el Madrid, el club del que he sido fan desde pequeño. Espero que sea comprensivo con mi decisión, suerte en la final de la Liga de Campeones».

122 https://www.leparisien.fr/sports/football/psg/mbappe-et-le-psg-dans-les-secrets-du-plus-gros-contrat-de-lhistoire-23-10-2022-4KIOAUB5TRG4PDWMUACAUG6XCA.php

dos del Real Madrid. Sin embargo, fue solamente el primer acto de una aventura espectacular.

De segundo plato tocó el poderoso Chelsea de Thomas Tuchel, vigente campeón de la competición. Una vez más, las apuestas colocaron por debajo al Real Madrid, aunque acabara de asombrar a Europa. No era suficiente. Habría que provocar otro terremoto para que se comenzara a tomar el temblor en serio. Y sería en forma de una vuelta de tuerca a la heroicidad con un nuevo concepto: la «contrarremontada».

El club inglés, fundado tres años después que el Real Madrid (1905), tiene un curioso origen, pues nació de un rechazo. Resulta que los hermanos Joseph y Gus Mears compraron el estadio de atletismo de Stamford Bridge con el objetivo de vendérselo al Fulham, pero el ofrecimiento fue declinado. Así que, lejos de amilanarse y perder la oportunidad, decidieron fundar su propio equipo y que jugara en el campo recién adquirido. Le pondrían el nombre del barrio adyacente, el coqueto Chelsea.

Peña *La Gran Familia* en Londres.

Después de afianzase y lograr algunos títulos a partir de los años 50, el club sufrió una crisis financiera de tal calibre que fue vendido en 1982 al empresario Ken Bates por sólo una libra. El renacer se produjo a partir de los noventa, gracias a jugadores como Gullit y Vialli, y más tarde con Ranieri a los mandos. En 2003 el oligarca ruso Roman Abramovich compró la mayoría de las acciones del Chelsea. Con él llegaron los desembolsos estratosféricos y también los títulos. Comenzó la época dorada de los *blues*.

El Chelsea fue el primer destino de Carlo Ancelotti como entrenador más allá de las fronteras italianas. Allí conoció lo efímero del puesto y las dificultades de tratar con un presidente no menos *sui generis* que Berlusconi. «Las conversaciones con Abramovich», cuenta en su libro *Liderazgo tranquilo*, «se volvieron imprevisibles y no siempre estaba preparado para afrontarlas». *Carletto* fue destituido en su segunda temporada (10-11) después de haber logrado la *Premier* y la *FA Cup* en la primera. Muy apreciado por el vestuario, una vez conocida su sentencia, Terry, Drogba y Lampard no dudaron en llevárselo a cenar y de copas en una despedida tan inédita como cargada de emociones.

Por si faltaba picante, en el recuerdo madridista todavía estaba muy presente la eliminación en semifinales del año anterior. Más aun, el Real Madrid no había vencido al Chelsea jamás. La primera vez que se enfrentaron fue para perder la Recopa de 1971 (1-1 y 2-1 en el partido de desempate). La segunda fue otra final, la de la Supercopa de Europa de 1998. Un gol de Poyet dejó con la miel en los labios al Madrid (1-0). Y ya en la *Champions* 20-21, los partidos entre ambos pusieron de relieve que el poderío y la velocidad son virtudes decisivas en el fútbol actual (1-1 en Madrid y 2-0 en Londres). Habría que tomar nota y afilar los cuchillos. Sin importar el orden.

Unos días antes de que llegara el Chelsea, el Madrid y Ancelotti sufrieron un toque de atención. Fue en el peor de los contextos y contra el rival más indeseable, pero, a la postre, resultó necesario y positivo. Sucedió ante el Barcelona, que llegaba a 15 puntos de distancia en la Liga. Benzema y Mendy eran baja, por lo que al técnico italiano se le ocurrió una desastrosa probatura: colocó a Modric de falso nueve con el objetivo de presionar por todo el campo. Fue como mandar a la vendimia al mejor de tus artistas. Los centrocampistas de Xavi aprovecharon la ocurrencia y jugaron a placer para conseguir un doloroso 0-4 en el Bernabéu. Moraleja: el equipo, si quería ganar, necesitaba rendir al cien por cien y evitar territorios desconocidos.

El Chelsea tampoco llegó con la sonrisa puesta. Aunque resolvió el cruce anterior frente al Lille por la vía rápida, un halo de incertidumbre se cernía sobre su presente y su futuro. A la congelación de los fondos del club por la guerra de Ucrania[123], sumó un desparrame previo en Stamford Bridge, asaltado por el modesto Brentford (1-4). La eliminatoria vendría cargada de plomo y desconfianza.

Benzema derriba el muro

En la ida, Ancelotti se desquitó de sus decisiones en *El Clásico* con un movimiento a la postre fundamental: por primera vez ante un gran equipo, Valverde actuó de tercer hombre en la delantera. La estratagema tiene truco, pues el uruguayo permite cumplir con una doble función. Presiona arriba y es la avanzadilla, pero también presta sus pulmones a Modric, Kroos y Casemiro, sobrepasados en la campaña anterior por los *blues*. Jugada de maestro.

Tuchel, por su parte, no andó con rodeos y confió en sus once guerreros habituales. El cemento de los tres centrales, Kanté y Jorginho rebañando y distribuyendo y, arriba, los insondables Mount y Harvetz, acompañados por el puñal de Pulisic. Sólo concedió un gesto de respeto: Azpilicueta

---

123 El oligarca ruso, Roman Abramovich, terminó por vender la propiedad del Chelsea al grupo empresarial liderado por el estadounidense Todd Boehly por 5.000 millones de euros.

cerró la vía que generalmente dejaba más expuesta Marcos Alonso.

Se preveía un encuentro marcado por la intensidad y el ritmo elevado. Una búsqueda constante de rendijas para colarse y hacer el máximo daño posible. En justicia, la partida, de inicio, estaba igualada.

Para desequilibrar la balanza, el Madrid exhibió desde el inicio las virtudes que se le suponían al Chelsea: compromiso defensivo y estampida, aquello del bloque bajo-carrera que tan buen resultado estaba dando a los de Ancelotti. La primera ocasión resultó definitoria. Robo de Valverde y envío a Vinicius, que fue un quebradero de cabeza por su banda todo el partido. Ese año, el brasileño pasó de *amenaza fantasma* a *estrella de la muerte* para los rivales. El balón se fue al travesaño y su sonido trajo el miedo a la defensa inglesa, como un anuncio del ciclón que se les venía encima.

El golpe en la mandíbula no se hizo esperar. Benzema se asoció con *Vini*, que galopó sin que nadie pudiera alcanzarle. Su centro lo remató de cabeza el capitán con toda la violencia y la rabia contenida en una venganza preparada durante un año. Furia y potencia. Dos minutos después, la antítesis en el segundo gol. Modric, desde la frontal y a primer toque, puso un balón para que de nuevo Benzema rematara de cabeza, esta vez en sutil pero letal parábola que se coló en la potería de Mendy. Con tambor y con violín, el Madrid comenzó a interpretar mejor la partitura.

Lo complicado parecía entonces sencillo: dos goles de ventaja antes de la media hora y sensaciones de dominio del encuentro. Nada semejante al típico guion de los partidos de ida de las remontadas. Sin embargo, el Chelsea mordió para dejar claro que no vendería barata su derrota. Havertz, en otro cabezazo, superó a la defensa blanca y recargó algo la fe de los suyos. La lección fue evidente: cualquier despiste sería penalizado.

Benzema pudo arreglar lo sucedido un minuto después, pero, incomprensiblemente, envió fuera un disparo en un mano a mano con Mendy. La relación entre ambos sólo acababa de comenzar. Nada más iniciar la segunda parte, un pase del portero fuera del área no sabemos a quién y menos por qué, fue interceptado por Benzema, que anotó su segundo triplete consecutivo en *Champions League*. Su visión, talento y fe lo convierten en un jugador universal, capaz de realizar con exquisita eficacia varias funciones sobre el campo, y a la vez.

El Chelsea quedó noqueado, confundido, pero no se le ocurrió alzar la bandera blanca ni por asomo. El orgullo inglés, ya saben. Tuchel mandó a su equipo arriba y Ancelotti no tuvo ni que avisar a Valverde, encajonado como lateral derecho en fase defensiva, ni a Courtois, el otro gran protagonista en su vuelta a Stamford Bridge.

El belga sabía que era su momento. El equipo había cumplido, ahora le tocaba a él mantener la fortaleza incorruptible. Lo hizo con paradas meritorias, estratosféricas, por arriba y por abajo. Azpilicueta estuvo cerca de ver su disparo dentro, pero el madridista recordó por qué es ridículo discutir sobre si era o no el mejor portero del mundo. Nada pudo con él. Ni siquiera la *bestia* Lukaku, cuyo poder de intimidación acobardaría al león más salvaje de la sabana. Sobre todo cuando Militão tuvo que abandonar el campo lesionado, pero ahí estuvo el aguador Casemiro al quite. Balones fuera y a otra cosa.

Se logró una victoria de prestigio, inapelable, a lomos de un Benzema de época formando una sociedad endiablada con Vinicius. Unos meses antes, las cámaras habían pillado al francés pidiéndole a su compatriota Mendy que no se la pasara al joven delantero, porque parecía que iba con los contrarios. Desde ese momento, su relación en el campo cambió y el propósito de enmienda convirtió a la dupla franco-brasileña en una de las más temibles de Europa.

El Madrid sale del laberinto

La vuelta comenzó a jugarse en la conferencia de prensa de Tuchel posterior al partido de Londres. Allí se puso el disfraz del corderito más tierno que encontró y soltó aquello de que la eliminatoria estaba perdida y que su equipo había estado irreconocible. El alemán, consciente del peligro inherente de acomodarse a conservar un resultado, quiso alimentar una atmósfera en la que los suyos no tuvieran nada que perder y el Madrid mucho que temer.

Venía leído el técnico del Chelsea, que a buen seguro tenía en mente la eliminatoria del Madrid contra la Juventus en la que los italianos llegaron a igualar en Madrid el 0-3 de la ida y que sólo un polémico penalti al final del partido salvó a los blancos del descalabro. O aquella otra contra el Atlético, de idéntico resultado, 3-0 esta vez en el Bernabéu, y salvada con un gol de Isco en un más que sufrido partido de vuelta.

La alineación *blue* confirmó que el partido se jugaría sin disfraces. La defensa pasaría a ser de cuatro, el centro del campo incorporaría los kilómetros de Loftus-Cheek y, arriba, Werner saldría de caza junto a *Zipi y Zape*, Havertz y Mount. Vencer o morir. Ancelotti sólo se vio obligado a dar entrada a Nacho por Militão, toda vez que Valverde ya había confirmado su metamorfosis en halcón. La misión estaba clara: hacer bueno el resultado de Londres. Se lograría, pero no sin antes visitar el laberinto del Minotauro.

El Madrid escogió la vía del apaciguamiento y salió a detener el ímpetu del Chelsea. Pero, como en la historia, tratar de frenar lo inevitable sólo te aleja un instante de la catástrofe. Antes del cuarto de hora, una rápida combinación en el centro del campo terminó en las botas asesinas de Mount, que no tuvo piedad de Courtois. La celebración de Tuchel confirmó que su pose había sido una farsa.

El Bernabéu enmudeció y se temió el sufrimiento que después vendría. Las fuerzas sobre el césped se equilibraron y fueron momentos en los que Benzema y Vinicius, *Batman y Robin*, trataron de buscar los caminos recorridos en Londres, pero esta vez la puntería no acompañó.

El paso por la caseta confirmó las peores sensaciones cuando el asedio del Chelsea fue una realidad. Plantados en campo contrario, su insistencia y presión asfixiaban a los blancos, que no encontraban respuestas ni soluciones. Rüdiger, en un cabezazo tras un córner, abrió la herida. La hecatombe estaba a sólo un gol de diferencia.

La tensión alcanzó cotas insufribles para los implicados y de hermosa rivalidad para cualquier aficionado al fútbol. Los golpes en ambas porterías se sucedieron. Marcos Alonso anotó el gol de la remontada, pero el VAR lo anuló por una controvertida mano. Benzema, colérico y agitado, mandó al travesaño un cabezazo que hubiera hecho respirar a los suyos. Todo podía suceder.

A quince minutos para el final, Werner recibió de Kovacic, eliminó a tres madridistas con sus quiebros, y pareció echar tierra sobre la tumba del Real Madrid. Gol. Los blancos estaban sufriendo la peor de sus pesadillas. Le habían jugado con su mejor carta, la de la remontada, y encima en su propio templo.

Todo parecía perdido. Incluso Courtois salvó con una tremenda estirada el cuarto del Chelsea. Pero entonces Ancelotti escuchó a la grada, levantó la ceja y activó el plan B: locura transitoria. Marcelo y Rodrygo, más Camavinga, que había entrado unos minutos antes, al campo. Meses después, Rüdiger explicó lo que sintió en ese momento como jugador *blue*: «Pensé que los hinchas irían un poco en contra de su equipo y pitarían, pero gritaban como si hubiera marcado el Madrid y no nosotros. Hay algo en el aire (…) La afición es sabia, sabe cuándo debe estar ahí»[124].

Lo complicado de los arrebatos, como ha escrito Juanma Trueba[125] en alguna ocasión, no es llevarlos a cabo, sino hacerlos con el balón. Conservar el sentido y jugar con el corazón sin olvidar la cabeza. Pero claro, si tienes a Modric como capataz, todo esto es más sencillo. La *contrarremontada* comenzó en sus botas. En una genialidad sólo al alcance

124   Diario *As*, 21 de septiembre de 2022.
125   Juanma Trueba es periodista. Fue cronista del Real Madrid y la Selección Española para el diario *As* y, actualmente, participa en el proyecto *AlaContra.es*.

de su imaginación, inventó un pase con el exterior donde no existía peligro aparente. Pero allí, en el segundo palo, apareció como un rayo Rodrygo para empalar a las mallas. Estallido y eliminatoria igualada.

La faena adquirió todavía más valor cuando Nacho tuvo que abandonar el campo y Carvajal, que no estaba cuajando su mejor temporada, se colocó como improvisado central. A problemas delicados, soluciones inverosímiles. Cualquier cosa valía esa noche.

Tocaba resistir y golpear. Y así lo hicieron los de Ancelotti, reactivados tras los cambios e impulsados por un Bernabéu consciente de que se necesitaba la atmósfera del PSG para pasar. En la prórroga vino el segundo gol, el de la euforia absoluta. Camavinga, gobernador del centro del campo, robó y sirvió a un Vinicius que, por fin, encontró agua. Su envío lo remató de cabeza Benzema y el equipo logró lo que nadie consideraba posible, lo que todos veían como improbable, aquello que sólo el Real Madrid convierte en realidad. Y es que nunca, nunca, nunca, se debe subestimar al Rey de Europa.

Cuando el árbitro pitó el final, el rostro de los jugadores del Chelsea fue una antología del desconcierto. Estaban en trance, idos. No entendían cómo podían haberlo perdido todo tras rozarlo con los dedos. Algo tan impredecible como un tornado les había pasado por encima.

Un Madrid *shakesperiano* jugó a ser o no ser ante un equipo admirable, capaz de despertar la duda en el Bernabéu. Pero la épica es un listón incapaz de ser superado incluso por la excelencia. Ancelotti dejó una pista de lo sucedido, aunque sospechamos que no alivió mucho a los londinenses: «El 0-3 nos ha liberado y ha salido la magia de este estadio».

Tras la segunda machada europea, los medios ya no escatimaban en halagos. Incluso, tiraban del recurso de lo sobrenatural. «El Madrid muere y renace», tituló *ABC*, que subrayó la «vital entrada de los jóvenes». «El Madrid deja boquiabierto al Chelsea», resumió *El País*, que recalcó cómo los blancos habían realizado un ejercicio de supervivencia «ante un rival ambicioso y enérgico». *El Mundo* enfatizó la resistencia de la retaguardia, con Carvajal en el centro de la zaga: «Una defensa insólita para la décima semifinal en 12 años». «El Madrid es increíble», señaló *Marca*, que hizo hincapié en cómo los de Ancelotti sobrevivieron «a los elementos». Por último, *AS* escogió: «El Madrid vuelve a elegir la heroica» como titular de su crónica. «El equipo de Ancelotti», destacaron, «sobrevive a un 0-3 del Chelsea en modo campeón con un final inolvidable».

Ficha del partido

Real Madrid: Courtois, Carvajal, Nacho (Lucas Vázquez, 88'), Alaba, Mendy (Marcelo, 77'), Casemiro (Rodrygo, 77'), Kroos (Camavinga, 72'), Modric, Valverde, Benzema y Vinicius (Ceballos, 115').
Chelsea: Mendy, James, Rüdiger, Thiago Silva, Marcos Alonso, Loftus-Cheek (Saúl, 106'), Kanté (Ziyech, 99'), Kovacic (Jorginho, 105'), Werner (Pulisic, 83'), Havertz y Mount.
Goles
0-1 (min.15): Mount.
0-2 (min.32): Rüdiger.
0-3 (min.74): Werner.
1-2 (min.79): Rodrygo.
2-3 (min.96): Benzema.

EL PERSONAJE: MODRIC

«Hemos sufrido, pero seguimos creyendo y no nos rendimos hasta el final». Modric, indiscutible *MVP* del partido de vuelta contra el Chelsea, expuso una de las claves de la invencibilidad del Madrid. El croata, uno de los pilares de los blancos en su última edad de oro, mostró tener grabado a fuego el ADN madridista.

Podemos decir tranquilamente que el fichaje de Modric es uno de los más rentables, si no el que más, de la historia del Real Madrid. Fue un empeño personal de Mourinho, y ya sabemos lo cabezota que puede ser el portugués cuando algo se le antoja. Sus razones tenía: «Insistí tanto en traer a Modric porque poseía todo lo que necesitábamos: técnica, visión y lectura del juego, calidad para tomar decisiones, velocidad de pensamiento, pase en largo y en corto, tiro desde fuera del área, presión...»[126]. Acertó de pleno.

Ficharlo costó mucho más que un par de llamadas y un café. En 2011, Modric ya se quería marchar, pero el mandatario del Tottenham, Daniel Levy, prometió dejarle salir el verano siguiente si se quedaba un año más. Sin embargo, llegada la fecha, se hizo el remolón y pidió a los blancos una cantidad desorbitada, por lo que el futbolista decidió forzar la máquina y se negó a realizar la pretemporada con los *Spurs*. La incómoda situación se prolongó hasta casi el final del mercado, cuando finalmente se consumó el fichaje por 30 millones de euros más variables. Nunca se puede mantener aquello que no quiere permanecer a nuestro lado.

Al igual que Zidane, Luka Modric fue cuestionado en sus inicios como jugador blanco. Pero, a diferencia del francés, lo tuvo más difícil, pues no gozó de la titularidad nada más llegar. Fue el momento de la templanza. Alguien con su itinerario biográfico[127] no se iba a incomodar por varias suplencias y encuestas interesadas. Su mente es de acero. Había llegado para marcar una época.

Modric es un jugador imperial. Una especie de futbolista de difícil repetición. Tiene la capacidad de ocupar todos los espacios del campo sin prisas, ofreciendo siempre la mejor de las soluciones al compañero. Aparece, como por arte de magia, en la posición más ventajosa, con la idea de lo que

---

126 Diario *AS*, 27 de agosto de 2022: https://as.com/futbol/modric-mourinho-no-exageraba-n/#:~:text=%E2%80%9CInsist%C3%AD%20tanto%20en%20traer%20a,intenso%20e%20inteligente%20para%20posicionarse%E2%80%9D

127 Vivió la guerra de Yugoslavia en primera persona cuando sólo era un niño. En el conflicto mataron a su abuelo y su familia fue refugiada.

va a hacer previamente procesada en su cabeza. Combina belleza, eficacia, compromiso y armonía. Cuando el balón pasa por Modric, la jugada mejora. Y esto es algo tan valorado en el fútbol como el gol.

En los pies del croata reside la clave de bóveda del Real Madrid. Actúa como volante en la pizarra, pero completa las funciones de eje, creación de fútbol y llegada al área. Aparta la presión como el que elimina pompas de jabón en el aire. Modric es el mejor termómetro para saber si el equipo está afrontando un partido en la dirección correcta.

Luka Modric

No sólo en el césped es un espectáculo el croata, sino también fuera de él. Por su entrega y filosofía de vida, supone un ejemplo para los jóvenes y una bendición para cualquier entrenador, más allá de la magia de sus botas. No es raro que cuando el talento te desborda puedan aparecer delirios de grandeza o rebajas de motivación. Pero la buena cabeza del

10 blanco siempre le ha mantenido alejado de los clásicos pecados de las estrellas.

Modric es un tipo sencillo que está fuera de lo normal. Su mayor ambición es competir y luchar para ganar. Nada más. «Jugar aquí es un sueño del que no me quiero despertar todavía. Siento el cariño del madridismo todos los días, por eso intento devolverlo sobre el campo», declaró al cumplir una década de blanco.

Desconocemos si tiene un pacto con el diablo o es un elegido de los dioses. En cualquier caso, su longevidad futbolística roza lo sobrenatural. No es que se mantenga en la élite, sino que cada año mejoró su rendimiento, perfeccionó sus virtudes y se hizo todavía más imprescindible.

El rendimiento de Modric en la temporada 21-22 ha estado a la altura de 2018, año en el que recibió el Balón de Oro. Su influencia, como parte esencial de un centro del campo legendario junto a Casemiro y Kroos, ha sido capital para que el Madrid lograse el doblete (Liga y *Champions*). Por el bien del fútbol, el de Zadar no debería de tener fecha de caducidad.

Ficha del jugador (hasta la temporada 21-22)

Partidos: 427 oficiales.
Goles: 29.
Internacional: 145 veces.
Palmarés: 5 Copas de Europa, 4 Mundiales de Clubes, 4 Supercopas de Europa, 3 Ligas, 1 Copa del Rey y 4 Supercopas de España.

LA ANÉCDOTA: RÜDIGER Y LA OFERTA DEL MADRID

Si el fichaje de Antonio Rüdiger se hubiera gestado en la época de Santiago Bernabéu, cuando era común fichar después de lucirse frente al Madrid, habría estado totalmente justificado. Y no sólo por su gol en Chamartín, sino porque en toda eliminatoria confirmó las virtudes que le auparon como jefe de la zaga *blue*: jerarquía, anticipación y dominio de las alturas. Además, llegó como agente libre en el verano de 2022. ¿Qué más se podía pedir?

En realidad, el proceso no fue tan sencillo ni se cerró en los números que cabría esperar. El Madrid realizó el primer contacto con el defensa en los inicios de la temporada 21-22, pero las expectativas económicas de Rüdiger fueron muy elevadas, por lo que el tema se dejó estar. Pasados unos meses, toda vez que la inestabilidad se apoderó del Chelsea debido a la posición de Abramovich, los blancos volvieron a tocar la puerta, que ahora sí se abrió definitivamente y sin tener que desembolsar un pastizal por un jugador que ya había cumplido los 29 años.

Los agentes son como los actores secundarios, siempre dispuestos a salir a escena. Y el de Rüdiger no lo fue menos. En septiembre de 2022, Saif Rubie dio más detalles de la operación[128]. Según este intermediario, en contra de lo que se especulaba, el Madrid no fue el que más dinero puso sobre la mesa. «Había un club en Inglaterra que ofrecía casi el doble que el Madrid y un club en Europa que doblaba esa cantidad», explicó. ¿Verdad? ¿Mentira? Las cosas del fútbol.

Real Madrid – Manchester City. Semifinales

Analizadas las eliminatorias contra PSG y Chelsea, la sensación era que si el Madrid quería superar al Manchester City tendría que dar mucho más de sí. Nadie consideraba probable que los de Guardiola desaprovecharan la oportunidad si ejercían un dominio como los franceses o disponían de las opciones de matar de los de Londres. Pocos confiaban en un tercer episodio épico, pero esta *Champions* pareció estar más condicionada por la virgen de Lourdes que por la pizarra, y

---

128   https://talksport.com/football/fa-cup/1186927/
antonio-rudiger-intermediary-saif-rubie-chelsea-simon-jordan/

así se iba a demostrar ante los *sky blue*. Faltaba el último milagro. Quizás el más asombroso de todos.

En la actualidad abruman las cifras de los fichajes del City, pero el origen del club no podría diferir más de una imagen de opulencia y despilfarro. A finales del siglo XIX, miembros de la Iglesia de St. Marks, al este de Manchester, trataron de luchar contra la violencia y el alcoholismo callejero creando una institución para dar cobijo a los hombres de la zona. Allí harían actividades lúdicas hasta que, en 1890, fundaron un club de fútbol que recibió el mismo nombre que la institución. Con el primer traslado del campo donde jugaban, pasó a denominarse Ardwick AFC para, finalmente, terminar como Manchester City Football Club a partir de la temporada 1893-94.

Peña *La Gran Familia* en Manchester.

La historia del quinto equipo más laureado de Inglaterra está trufada de momentos curiosos, otros épicos y también un resurgimiento desde el fondo del pozo. Fue capaz de descender habiendo sido el club más goleador (temporada 36-37); dio la puntilla a su máximo rival, el United, en la última jornada de la liga 73-74 (los red *devils* tenían que ganar para no descender, pero el City se impuso por 2-1); y logró volver a la *Premier* (02-03) después de un paseo por el infierno que incluyó la visita a la tercera categoría (97-98).

Hasta la llegada de los actuales propietarios del club, *Abu Dhabi United Group Development and Investment*, en 2008, las acciones estaban en manos del exprimer ministro de Tailandia, acusado en su país de corrupción y lavado de dinero. Desde entonces, la solvencia financiera les ha traído fichajes que acaparan portadas (Robinho, del Madrid, por 42 millones rompió récords) y títulos. Pero, al menos hasta la campaña 21-22, les faltaba uno. El más grande. La joya de la corona. La *Champions League*. Y para ese cometido contrataron a la némesis del Real Madrid, Pep Guardiola.

Pese a que la última vez que Ancelotti y Guardiola se enfrentaron el Madrid protagonizó una goleada histórica en el Allianz Arena (0-4), el aficionado blanco siempre tuerce el gesto cuando se las tiene que ver con el catalán. Todavía vive el recuerdo de su paso por el Barcelona y cómo superó al Madrid de todas las formas posibles. Su mejor antídoto, Mourinho, ni siquiera se acercó a los títulos logrados por Pep.

El libreto del técnico del City, tras su paso por Alemania e Inglaterra, ya no era tan ortodoxo y académico como en sus inicios. Se había vuelto más pragmático y no se prendía a lo bonzo si su equipo apostaba por el contragolpe en determinadas fases del partido o no llegaba al área contraria después de marear el balón con incontables pases. Ahora Pep era más peligroso. Había multiplicado sus armas. Que se lo digan al Atlético, al que superó en cuartos de final con una actuación de puro *cholismo*. Ilustrado, pero *cholismo*.

Real Madrid y Manchester City sólo habían coincidido en ocho partidos antes de las semifinales de la 21-22. Dos de fase de grupos y cuatro de eliminatorias, con un balance muy igualado. En la 12-13, los blancos ganaron en el Bernabéu

(3-2) y empataron en el Eithad (1-1). Tres años después, en las semifinales de la Undécima, tablas en Manchester (0-0) y victoria en el Bernabéu (1-0). Como ante el Chelsea, el peor recuerdo era el más reciente. En la campaña 19-20, los de Guardiola se mostraron muy superiores al equipo de Zidane y se impusieron en los dos campos (1-2 y 2-1).

Así las cosas, tercer desafío mayúsculo del Real Madrid en la *Champions* 21-22. Si quería ganarla tendría que derrocar a todos los imperios de Europa. Las casas de apuestas seguían a lo suyo y daban como muy favorito al conjunto inglés. Y eso que la fatiga competitiva de los *citizen* era superior a la del equipo de Ancelotti, pues se estaban jugando la *Premier* ante el Liverpool de Klopp mientras el Madrid tenía la Liga ganada virtualmente desde hacía varias fechas. No atender a la leyenda y a las señales suele acarrear una factura muy cara, y así sería una vez más.

Guardiola lo sabía y se cubrió en la previa: «Si tenemos que competir con su historia, no tenemos ninguna posibilidad (…) En la dificultad, en el Madrid ves a jugadores que levantan un dedo y dicen aquí estoy yo (…) No dan un paso adelante, dan dos». Maestro de la pose y el victimismo, estas palabras, esta vez sí, serían premonitorias.

Este muerto está muy vivo

En la ida, las únicas dudas de Ancelotti y Guardiola radicaban en la retaguardia, fundamental cuando arrecian los tiros de verdad. El italiano no pudo disponer de su mejor artificiero, Casemiro, mientras que Alaba (aguantó la primera parte) y Mendy llegaron entre algodones. Y eso es conceder demasiado frente al poderío inglés. Kroos, al que ni el físico ni la capacidad de colocación sitúan como *stopper* ideal, se las tendría que ver con Rodri, De Bruyne y Bernardo Silva. Ninguna broma. Modric y el polivalente Valverde serían las ayudas. Por su parte, el de Santpedor tenía la baja del correcaminos Joao Cancelo y de Walker, que fue sustituido por un renqueante Stones al que el cuerpo le acabó diciendo basta a los 36 minutos.

Fue un partido a pecho descubierto, de viscerales arrebatos. Una lucha definida por la resistencia al intercambio de golpes. Y de estilos. La presión alta y la posesión del Manchester City contra la *estrategia del muelle* perfeccionada por *Carletto*: esperar en zona baja para salir lanzados a la mínima ocasión. El que quedara de pie estaría un pasito más cerca de la final... o quizás no tanto.

Si alguien se hubiera perdido el inicio, pensaría que el Madrid iba a sufrir un descalabro mayúsculo. A los once minutos, los de Guardiola ya ganaban por 2-0 y ni siquiera habían exprimido todo su potencial. Les sobró con un chispazo y un error de la zaga blanca. El primer tanto llegó como las lluvias de verano, sin previo aviso. Una jugada de Mahrez en las inmediaciones del área terminó con un pase picado sobre De Bruyne, que explorando la zona del *9* cabeceó a la red. El segundo fue consecuencia de los temores anunciados. Ni Kroos ni Alaba estuvieron atentos, y de ello se aprovechó Gabriel Jesús, siempre activo contra el Madrid.

A las primeras de cambio, había nacido un encuentro totalmente nuevo para el City, que tendría que pensar en cómo gestionar la ventaja; pero no tanto para el Madrid, acostumbrado a ser un faquir sobre las brasas. Los ingleses, fieles a su guion, no bajaron su ritmo vertiginoso, mientras que los de Ancelotti trataron de quitarse las cadenas, subir la presión unos metros y lanzar a su avanzadilla, Vinicius y Benzema.

Fueron minutos de puro fútbol, donde la pizarra da paso al riesgo como *modus operandi*. Tan cerca estaba el tercero del City, con dos ocasiones de Mahrez y Foden, como el primero del Madrid, que fue el que terminó subiendo al marcador. Benzema, quién si no, recibió en el área y ajustó al palo en un disparo casi inverosímil. Los blancos regresaron al partido y Guardiola traslució la tensión en sus gestos. Cada gol propio lo celebró apretando puños y dientes, mientras que en los recibidos no pudo disimular la resignación y la impotencia. Al sabio no le sorprenden los acontecimientos.

Pasado el traspié, la maquinaria *citizen* se puso en marcha de nuevo y arrebató el balón y las ideas al Madrid. Todos los caminos conducían a Courtois. El acoso fue casi insultante hasta que llegó el momento Vinicius. Primero, una desatención en su banda provocó que Fernandinho centrara a placer para que Foden ampliara la diferencia. Los diablos bullían en la cabeza de Ancelotti, pero, sin tiempo para abroncar a su pupilo, el brasileño se redimió en una jugada antológica. Se inventó un regate con un amago en su propio campo y arrancó hasta la portería de Ederson para devolver la pica del Real Madrid a su sitio. 3-2. Pocos jugadores poseen tanta fe en sus condiciones como Vinicius, cuya capacidad de insistencia es tan elevada como su talento.

Nadie renunció a sus principios hasta el final. Los centrocampistas del conjunto inglés prosiguieron con su partitura mientras el trío atacante se encargaba de desquiciar a la defensa blanca, incapaz en todo el partido de disponer de un segundo para respirar. Bernardo Silva, quizás el mejor activador *sky blue*, puso el cuarto con un trallazo a la escuadra.

Se podría pensar que entonces todo estaba perdido, pero eso era olvidar que Europa es *territorio Real Madrid*. Un penalti de Laporte colocó a Benzema ante la historia. El francés venía de fallar dos penas máximas en Pamplona y había errado cuatro en 2022. La tensión se podía pesar. Pero los genios ven la luz donde al resto nos ciega la dificultad. Así que decidió invocar a Panenka para revivir una vez más al Madrid.

El 4-3 definitivo demostró que a veces la victoria no reside en el marcador, sino que vive en las sensaciones. Cualquier otro equipo que no hubiera sido el de Chamartín se habría llevado un saco esa noche. Sin embargo, los blancos realizaron un nuevo ejercicio de eso que ahora llaman resiliencia, levantando la cabeza una y otra vez en los momentos de máxima zozobra, negándose a entregar la bandera. Ancelotti, como de costumbre, lo explicó con una obviedad que encerraba mucho significado: «Hemos marcado tres, lo malo es que hemos encajado cuatro». Y Benzema agitó el avispero: «Tenemos que ir al Bernabéu, necesitamos a la afición como nunca, vamos a hacer una cosa mágica».

Un Madrid para creyentes

Antes de disputar la vuelta, al Madrid le tocó vivir una situación peculiar: podía proclamarse campeón en su partido de Liga ante el Espanyol, pues sólo necesitaba un punto. Y Ancelotti, consciente de la importancia del reto europeo, tiró de rotaciones. Jugadores como Vallejo, Lucas Vázquez, Camavinga o Mariano tuvieron su oportunidad desde el inicio y no defraudaron. El resultado fue un inapelable 4-0, pero, sobre todo, un gran ensayo de la comunión que ya se había consolidado entre el equipo y la afición.

En la celebración de Cibeles, más allá del debate sobre si era conveniente o no dejarse llevar por la fiesta, lo más destacado fue el cántico de «sí se puede» y las constantes apelaciones a la remontada contra el City. Así es la afición más exigente del mundo, capaz de brindar con una mano mientras exige más con la otra. Los jugadores, sobre todo los nuevos, tomaron buena nota.

Si acudimos a la estadística, esa ciencia que el Madrid discute en cada remontada imposible, lo cierto es que los augurios venían negros. El Manchester City había superado nueve de sus diez anteriores eliminatorias en las que ganó en el primer compromiso. Además, el balance de Guardiola en el Bernabéu apabullaba: seis victorias, dos empates y sólo una derrota. Y, por si fuera poco, el Madrid nunca había remontado en unas semifinales de Copa de Europa. Cinco veces lo intentó y en todas fracasó.

Nada de lo que estaba sucediendo ese año tuvo lógica ni sentido realista, por lo que *Carletto* no dudó en remover las emociones un poquito más. El italiano preparó un vídeo con las ocho remontadas conseguidas a lo largo de la temporada y espetó a su tropa: «Os falta la última». Hay recovecos donde la táctica y las jugadas ensayadas nunca podrán llegar. Tampoco la suerte, que algunos adujeron para explicar las gestas del Madrid. Pero ahí estuvo Modric, para bajarlos del guindo y subir la moral: «Nos hace reír. Llevamos años ganando a grandes equipos, *Champions* y Ligas, y eso no se puede hacer sólo con suerte. Tienes que jugar bien, tener carácter, personalidad y fe».

Además de la receta del croata, la clave para remontar pasaba por saber embestir y protegerse. En el Eithad, el equipo había fallado sobre todo atrás. Desarbolados, los blancos estuvieron mucho tiempo a merced del dominio inglés. La gran baza del Madrid era la vuelta de Casemiro. Experto en el corte y rasga, su impagable tarea sería finiquitar los espacios entre líneas, el hábitat natural de Bernardo Silva, De Bruyne y compañía. También se harían indispensables grandes dosis de compromiso, trabajo colectivo y calidad individual. El City era un titán con ventaja, por lo que no sobraría ningún soplo a favor.

Los partidos ante PSG y Chelsea habían sentado un precedente sumatorio, de tal forma que el optimismo era desbordante en las horas previas por las calles de Chamartín. Algunos cronistas incluso aseguraron que nunca antes habían visto al madridismo en tal nivel de excitación. La afición admitía que el equipo de Guardiola era el rival más complicado de los tres, pero la fe ya era ciega, total y contagiosa. No se rezó por el milagro, simplemente se esperaba en mitad de un ambiente rebosante de tensión y locura madridista.

Y así comenzó el primer acto del encuentro, con el Madrid asumiendo el papel protagonista mientras Vinicius y Benzema se encargaban de afinar su puntería ante la portería de Ederson. El brasileño, ya consolidado como el gran agitador sobre el césped, también se encargó de hacer lo propio con la grada y sus aspavientos provocaron una subida casi delictiva de los decibelios.

Pero si por algo destacaba el City es por la personalidad dominadora y su capacidad de competir en todos los escenarios y ante cualquier situación. De nuevo, Bernardo Silva se erigió como jefe de operaciones. De sus botas amanecieron pases en largo, en corto y acercamientos peligrosos que terminaron por desactivar un poco la euforia de la grada. Fue como esa amarga sensación de afrontar la realidad tras la vuelta de vacaciones. Ganar iba a ser un suplicio.

Allí donde no alcanzaba la zaga blanca, apareció el otro gran protagonista de la *Champions*, Courtois, cuyas manos salvadoras impidieron varios goles. Guardiola, de nuevo, se desquiciaba, consciente del destino de aquellos que perdonan en el Bernabéu. Aunque eso también debió de pensar Ancelotti cuando vio a su equipo desperdiciar dos grandes ocasiones. Primero Benzema logró plantarse solo ante Ederson, pero mandó fuera lo que ese año acostumbraba a enchufar sin miramientos. Después, una jugada ensayada tras el saque inicial de la segunda parte acabó en las botas de Vinicius, pero despertó los fantasmas del pasado mandando al limbo un pase de la muerte.

Pese al intercambio de golpes, los ingleses tenían el partido bajo control mientras los jugadores del Madrid gastaban sus energías persiguiendo sombras azules. Y así llegó el gol del City. La enésima arrancada de Silva, insultante en sus controles y fintas, terminó en un zurdazo a la escuadra de Mahrez. A falta de quince minutos, los blancos, avasallados, necesitaban dos goles para igualar la eliminatoria y tres para superarla. Algo así como luchar contra Goliat con los ojos vendados y las piernas atadas. Pura quimera para cualquiera, menos para el Madrid.

Ya no había nada que perder y ahí es donde los blancos se mueven más sueltos. Apelando a lo imposible, surfeando lo improbable. La *CMK* se fue al banquillo y los focos apuntaron a la *unidad de salvación*: Rodrygo, Camavinga y Asensio. Se pelearía sin concesiones, como le gusta al aficionado blanco. Pasión frente a dogma. El caos contra el manual. Capello, zorro astuto, lo advirtió en la retransmisión para *Sky Italia*: «A falta de cinco minutos, todos hablaban ya de la final que les esperaba a los de Guardiola. Yo les decía: "cuidado, esperad, que es el Madrid"»[129].

Los de Ancelotti quedaron expuestos a las contras, pero la gloria del trapecista está en renunciar a la red. El drama alcanzó niveles insoportables con las intervenciones de Courtois y la salvada bajo los palos de Mendy. Fue entonces cuando apareció en pantalla que la inteligencia artificial manejada por la UEFA apenas otorgaba al equipo blanco un 1% de posibilidades de forzar la prórroga.

Y, efectivamente, la inteligencia fue artificial. El Madrid nunca cede, está educado en la victoria y lo intenta hasta el final. No le importa dominar o ser dominado. Vencer es su obligación y el camino sólo una circunstancia. No hay número o porcentaje capaz de prever el poder de la tormenta blanca.

Cuando sólo quedaban segundos para el 90', un pase de Camavinga al área fue peinado por Benzema de cabeza para que Rodrygo marcara. El santuario madridista entró en combustión. *Welcome to the jungle.* La remontada estaba en marcha y no habría vuelta atrás. La reacción al anuncio por megafonía de los seis minutos de añadido fue inaudita. Nunca antes este detalle se había celebrado de forma tan atronadora y unísona.

La grada era consciente de que su equipo la iba a tener, de que el volcán había entrado en erupción. Y en ese punto, los ánimos de Modric, Kroos y Marcelo a sus compañeros más jóvenes sobre el campo dejaron una de las imágenes más conmovedoras de la eliminatoria. Mientras, en el otro banquillo, Guardiola se ajustaba el pantalón y movía la cabeza. No paraba quieto. Estaba nervioso. Olía la sangre y era propia.

Al minuto y medio del tiempo extra, la histeria se desató de forma expansiva. Un centro de Carvajal, que ya ejercía de extremo, acabó de nuevo en Rodrygo, que esta vez, con un

---

129   Entrevista a Fabio Capello, exentrenador del Real Madrid (96-97 y 06-07), en el diario *El Mundo* del 22 de julio de 2022.

cabezazo inapelable, hizo estallar a todo el Bernabéu en condiciones similares, seguro, a las del día del Borussia de aquel lejano 1985. Los blancos habían forzado la prórroga cuando todo parecía perdido. El peso del escudo y el embrujo del Bernabéu se impusieron a la lógica, a la posesión, a las ocasiones. El fútbol no está hecho para escuadras y cartabones. Es algo tan maravilloso porque no se puede explicar.

El golpe final nació, de nuevo, en Camavinga, que aportó la vitalidad y los pulmones que necesitaba el equipo en los momentos más decisivos. Su jugada llegó a Benzema, sobre el que cometieron penalti. El francés tenía la oportunidad de terminar de explotar las gradas y no dudó. Gol y remontada conseguida. Una vez más, había vencido la revolución de los creyentes.

En el global de la eliminatoria contra el City, el Real Madrid estuvo eliminado 179 minutos de un total de 210 jugados. Desde el primer gol en la ida de Kevin de Bruyne (2') hasta el segundo de Rodrygo en la vuelta (91'), que llevó el partido a la prórroga. «Cuando creíamos que teníamos todas las respuestas, de pronto, cambiaron todas las preguntas», podría haberse justificado Guardiola evocando a Benedetti. Pero prefirió una explicación más resignada y menos poética: «Sabíamos que lo habían hecho en su historia y nos lo han hecho. Cuando mejor estábamos, nos remontaron».

Merece la pena revisar las reacciones de dos medios británicos, siempre tan ácidos en sus titulares. El *Daily Mail* resumió de forma gráfica lo ocurrido: «Por muchos clavos que hay en su ataúd, el Real Madrid nunca muere». Por su parte, *The Daily Star* escogió un certero juego de palabras: «I-rreal». En España, tanto *ABC* como *El País* coincidieron en la vía sobrenatural para explicar lo sucedido: «Otro milagro mete al Madrid en la final», escribió el diario conservador; «El Real Madrid y el no va más de los milagros», sentenció el periódico de Prisa. *El Mundo* lo describió así: «La Champions de lo imposible lleva al Madrid a la final». A *Marca* se le acabaron los argumentos racionales y sencillamente señaló: «Que baje

Dios y lo explique». Por su parte, el cronista de *AS*, en línea semejante, indicó: «Lo paranormal volvió a ser normal».

Y es que los tres favoritos al título habían caído en *La Casa de las Remontadas*. El Madrid, apabullado, dominado y dado por muerto, sobrevivió una y otra vez asombrando al mundo y dejando momentos que serán eternos. Nunca antes se vio nada igual. Sólo el Real Madrid podía conseguirlo. A su manera, viviendo al límite.

Ficha del partido

Real Madrid: Courtois, Carvajal, Militao (Vallejo, 115'), Nacho, Mendy, Casemiro (Camavinga, 75'), Kroos (Rodrygo, 68'), Modric (Asensio, 75'), Valverde, Benzema (Ceballos, 115') y Vinicius (Lucas Vázquez, 115').

Manchester City: Ederson, Walker (Zinchenko, 71'), Días, Laporte, Cancelo, Bernando Silva, Rodri (Sterling, 99'), De Bruyne (Gündogan, 72'), Marhez (Fernandinho, 85'), Gabriel Jesús (Grealish, 78'), Foden.

Goles

0-1 (min.73): Marhez.

0-2 (min.89): Rodrygo.

0-3 (min.91): Rodrygo.

1-2 (min.95): Benzema.

EL PERSONAJE: RODRYGO

Nadie como Rodrygo para explicar en primera persona la remontada: «Cuando nos marcó el City, miré el escudo y pensé: "Si ya hemos remontado, podemos hacerlo otra vez". Fue una cosa de locos meter dos goles en dos minutos. Cuando el árbitro añadió seis minutos, la gente empezó a gritar como si fuera un gol y sólo era el tiempo extra».

Rodrygo el travieso llegó al Real Madrid en 2019 después de que se cerrara su fichaje un año antes. Había debutado con el Santos de manera estelar y no se dudó en pagar 45 millones de euros por una promesa de 17 años. Los clubes-estado han adelantado plazos y subido las apuestas. Por suerte para él y para los blancos, Rodrygo sí tuvo paciencia al firmar, pues su padre ya había cerrado un acuerdo con el Barcelona. Pero llegó el interés desde Chamartín y su progenitor, en una escena que siempre recordará, apareció ante el chaval con dos camisetas, la del Madrid y la blaugrana. Y el brasileño no tuvo dudas.

Interiorizó muy pronto lo que significa jugar en el Madrid. Fue el mismo día de su debut, en un amistoso contra el Bayern de Múnich. El equipo iba perdiendo por 3-0 y él anotó un golazo por la escuadra que celebró de manera natural y efusiva. Sin embargo, cuando terminó el partido, Marcelo y Nacho se acercaron y le dijeron una frase que el carioca no olvidará: «En este equipo, si vas perdiendo y marcas, coge el balón y vete al centro del campo. No lo celebres»[130]. Y es que para los blancos no existen los amistosos.

No lo tuvo sencillo a su llegada, pues sobre el papel tenía a Bale, Hazard y Asensio por delante, además de a su compañero de pillerías, Vinicius. Así que tomó la decisión más inteligente: callar y trabajar. Con su preparador físico de confianza, Marcel Duarte, reforzó aquello en lo que visiblemente cojeaba, su musculatura y la resistencia necesaria para soportar las exigencias del fútbol europeo.

En su primer partido oficial, en septiembre de 2019 contra Osasuna, ya marcó un doble hito. Fue el primer jugador del Real Madrid nacido en el siglo XXI en anotar un gol y el debutante blanco que necesitó menos tiempo en conseguirlo: 91 segundos[131].

Rodrygo tuvo un inicio muy especial en la Copa de Europa. Amor a primera vista. En su segundo encuentro anotó un *hat-trick* contra el Galatasaray. Y en los 26 partidos que llevaba disputados en la competición hasta el City, sumó

130 Diario *AS*, 19 de junio de 2022.
131 Superó el récord de David Beckham, que anotó en su primer partido con el Real Madrid, en 2009, a los 105 segundos de entrar al campo.

11 goles. Lo que significaba que tenía un promedio de 0,82 tantos, sólo por debajo de ilustres como Harry Kane, Messi o Cristiano.

Su asignatura pendiente era la regularidad. Por falta de oportunidades o continuidad en su juego, todavía se consideraba un futbolista de chispazos, un intérprete impredecible que debía de dar un paso adelante asumiendo riesgos y responsabilidades. Y eso fue lo que hizo en *La Champions de los milagros,* donde se encumbró como algo más que la estrella de los postres. Logró lo más complicado: ser decisivo. Sin sus apariciones clave contra Chelsea y City, el Madrid nunca hubiera podido levantar la Decimocuarta, y eso nadie puede quitárselo.

Incluso pudo anotar el tercero contra los de Guardiola si llega a aceptar el ofrecimiento de Benzema para lanzar el penalti. En unas imágenes captadas por el canal *Gol Play,* se aprecia perfectamente cómo el francés le dice en dos ocasiones: «¿quieres?». Cuando el capitán del barco te confía el timón es que has dejado de ser un simple marinero.

Si continúa con la progresión que se le prevé, y de la mano de un experto manejando jóvenes como Ancelotti, Rodrygo puede estar llamado a ser importante en el futuro del Real Madrid. Su samba con aroma a pólvora lo convierte en un jugador diferencial y con los recursos suficientes para triunfar de blanco.

Ficha del jugador (hasta la temporada 21-22)

Partidos: 108 oficiales.
Goles: 18 goles.
Internacional: 5 veces.
Palmarés: 1 Copa de Europa, 1 Supercopa de Europa, 2 Ligas y 2 Supercopas de España.

LA ANÉCDOTA: UN SINCERO AGRADECIMIENTO

Después de la remontada contra el Manchester City, el presidente del Real Madrid, Florentino Pérez, bajó al vestuario para felicitar, uno a uno, a los protagonistas que habían conseguido tres maravillosas noches europeas. Allí fue recibido por un emocionadísimo Carlo Ancelotti, que no dudó en regalarle un cálido y sincero abrazo. Con las cámaras como testigos, no pudo reprimir un sentido: «Gracias por traerme, presi».

Eran las palabras de un hombre que, más allá de tácticas, alineaciones, aciertos y errores, ha demostrado honrar la historia del Real Madrid todos los días de su trabajo como entrenador. En una industria cada vez más mercantilizada, *Carletto* es un ejemplo de humanidad, compromiso, sentido común y valores en plena extinción.

¿QUÉ PASÓ DESPUÉS?

La Decimocuarta resultó especial en su totalidad. La final se disputó en un escenario cargado de simbolismo, París, y ante un rival, el Liverpool, que velaba armas contra los blancos desde 2018[132].

La capital de Francia fue testigo de la Primera y la Octava del Real Madrid[133], pero también de su última derrota en una final, precisamente contra el Liverpool en 1981[134]. Los *reds*, sin embargo, prefirieron recordar lo sucedido cuatro años antes contra el equipo de Zidane e invocaron la *ven-*

---

132   En 2018, el Real Madrid se impuso por 4-1 al Liverpool en la final de la *Champions League.*

133   La Primera se ganó en 1956 contra el Stade de Reims (4-3), y la Octava en 2000 frente al Valencia (3-0).

134   Aquel Liverpool, que vivía su época dorada, ganó la Copa de Europa en 1977, 1978, 1981 y 1984.

detta. Fue, por tanto, la tercera vez que ambos se disputaron el título, la final más recurrente de la historia. El desempate.

El equipo de Jürgen Klopp llegaba exhibiendo plena madurez futbolística. Su trabajo colectivo y compromiso eran automatismos que le hacían un rival más que temible. Sobre todo porque ahora sí que contaban con un portero serio[135], Alisson, y porque su estrella, Salah, venía con el cuchillo apretado entre los dientes. No había olvidado el incidente con Sergio Ramos[136]. El resentimiento es como el fuego en verano, que tiende a descontrolarse si no se apaga en los primeros instantes.

El Liverpool jugó mucho mejor que en Kiev, pero el Madrid no disputa finales, las gana. En un ejercicio de resistencia práctica, los de Ancelotti firmaron el partido más serio de la competición. También el menos vistoso, pero a ver quién discute a un resucitado. Donde no llegaron las piernas y el vértigo, lo hicieron la inteligencia, la confianza y el aprovechamiento de la única bala del encuentro. La disparó Vinicius, a pase de un impresionante Valverde. Un relámpago bastó para iluminar el cielo y volver a la cima de Europa.

El *MVP* indiscutible de la final fue Thibaut Courtois, protagonista desde que en la previa había desatado cierta polémica con su recuerdo atlético: «Ahora estoy en el lado bueno de la historia»[137]. Sobre el césped, donde las palabras ceden su valor a la verdad, demostró que era el mejor portero del mundo. Se hizo imbatible y con nueve sublimes paradas sostuvo al Madrid eliminando todas las amenazas. Ya se lo dijo Ancelotti antes del partido: «Yo te llevo a la final y tú la ganas». Hecho.

---

135 En la final de 2018, un grosero error del portero del Liverpool, Loris Karius, facilitó el primer gol del Real Madrid, anotado por Karim Benzema.

136 En la final de 2018, el jugador egipcio tuvo que abandonar el terreno de juego lesionado tras un encontronazo con Sergio Ramos.

137 Courtois perdió jugando con el Atlético de Madrid la final de la *Champions League* de 2014 contra el Real Madrid (4-1).

Fue la quinta *Champions* para Benzema, Kroos, Modric, Casemiro, Isco, Marcelo, Carvajal, Nacho y Bale. La cuarta de Ancelotti, primer entrenador en conseguirlo, superando a Zidane y Bob Paisley. Y la sexta de Florentino Pérez, que igualaba a Santiago Bernabéu. La primera sin Cristiano, del mismo modo que la última del histórico dirigente llegó tras la salida de Di Stéfano. El destino y sus malabares.

Marcelo, Benzema y Modric. *Champions 21-22*. Foto: archimadrid.es

Los medios internacionales, un termómetro habitualmente más objetivo que los patrios, se rindieron ante la grandeza blanca. *The Guardian*: «Es una confianza implacable en sí mismo lo que ha llevado al Real Madrid a su decimocuarta. Los grandes equipos aprovechan su momento». *L'Equipe*: «Inmortales». *Olé*: «El Real Madrid, al final, siempre acaba siendo campeón de Champions». *A Bola*: «Un monstruo europeo. El Real Madrid, campeón de Europa (otra vez)».

Casemiro. Foto: football.ua

Un hombre capital para la gesta fue Carlo Ancelotti. Amante de la Historia, el transalpino puso en práctica durante toda la competición el gran secreto del éxito de las legiones romanas: la estrategia de los relevos. Con ella, los generales disponían a sus tropas en filas, de tal forma que cuando una mostraba signos de agotamiento o debilidad, eran remplazadas por otra de refresco. Tan sencillo como efectivo. De este modo, los suplentes tuvieron, más que nunca, un verdadero protagonismo en el éxito blanco. La segunda unidad, formada por los jóvenes, realizó grandes actuaciones y fue decisiva desde la fase de grupos hasta los partidos clave frente a PSG, Chelsea y Manchester City. Su oxígeno, fe, vigor y goles hicieron que el técnico dispusiera de «dos equipos», dos líneas de ataque, en cada partido.

La gestión de la plantilla y la inteligencia emocional de *Carletto* consiguieron la alquimia perfecta entre veteranos y jóvenes. Un grupo exento de egos y ávido de triunfos. Benzema terminó de dar un paso al frente. Modric, Kroos y Casemiro resultaron espejos para los demás por su juego y actitud. Vinicius recibió la confianza que necesitaba y al fin explotó. Lo mismo que Valverde, Rodrygo, Camavinga...

Hay partidos que duran un mes; otros, un año; sólo unos pocos, toda la vida. Y los de esta *Champions League* son de la tercera categoría. «El miedo escénico se ha quedado corto como definición», reconoció el propio ideólogo, Jorge Valdano[138].

«Nos ayudó que nadie pensaba que podíamos ganarla. Hemos sufrido mucho, pero nunca nos hemos rendido», señaló Ancelotti tras la final. «Sólo este escudo te lleva a lo imposible (...) Esta Copa de Europa es la más maravillosa jamás contada», explicó Casemiro[139]. Amén.

El reconocimiento de la crítica fue unánime. El informe técnico de la UEFA (sí, el técnico, basado supuestamente en datos y números) destacó la «fuerza oculta» del Real Madrid[140]. La dictadura futbolística de Benzema no tuvo rival y fue nombrado Mejor Jugador de la *Champions League* y Mejor Jugador de Europa en la campaña 21-22. Su *partner in crime*, Vinicius, se hizo con el galardón de Mejor Jugador Joven de la *Champions*. Ambos estaban en el once ideal de la competición elegido por la UEFA, junto a Courtois, el ángel salvador, y Modric, incombustible artista. Y, cómo no, también se pusieron de relieve las valientes decisiones del

138 https://www.rtve.es/noticias/20220527/plano-general-valdano-seria-frustracion-perder-final-champions/2351740.shtml#:~:text=Valdano%20considera%20que%20el%20miedo,Eso%20son%20palabras%20mayores.
139 Diario *AS*, 9 de junio de 2022.
140 Diario *AS*, 24 de agosto de 2022.

director de la orquesta: Ancelotti recibió el premio al Mejor Entrenador de Europa.

El último título del «Triángulo de las Bermudas»

Tras haber ganado la Liga y la *Champions League*, el 10 de agosto se cerró el ciclo victorioso con la consecución de la Supercopa de Europa. Fue contra el Eintracht de Frankfurt, ganador de la *Europa League*, gracias a los goles de David Alaba y Benzema (2-0).

Más allá de engordar las vitrinas, este partido será recordado por ser el último en el que se juntó *El Triángulo de las Bermudas*: Casemiro, Kroos y Modric (el apodo pertenece a Ancelotti, que lo explicó así: «cuando el balón llega a ellos, desaparece»). Ese mismo mes se confirmó la salida del mediocentro brasileño rumbo al Manchester United por 70 millones de euros más variables. Resultó un traspaso no exento de sorpresa, pues pocos esperaban que el primero de los tres en abandonar fuera el más joven y uno de los *caciques* más consolidados del vestuario.

La CMK, La Santísima Trinidad, El Triángulo de las Bermudas... como lo quieran llamar, fue el mejor centro del campo de la historia del fútbol moderno. La perfecta combinación entre agresividad, visión y magia. Desde su primer partido juntos, un derbi en el Calderón con Benítez en el banquillo (1-1), los tres dictaron un fútbol pleno de recursos, arte y efectividad que condujo al Madrid a una de sus épocas más memorables.

El secreto, más allá de los quilates de su fútbol, residió en la ligereza de ego de los tres y en su sincera amistad. Así se pudo comprobar en las cartas de despedida de Modric y Kroos a su compañero, publicadas por el diario *Marca*[141]. «Hemos ganado mucho juntos, pero me quedo con los momentos que nadie ve. Con el trabajo del día a día en

---

141 Diario *Marca*, 19 de agosto de 2022: https://www.marca.com/futbol/real-madrid/2022/08/19/6300026d268e3ea13f8b45a4.html

Valdebebas. Y sobre todo con las bromas, porque siempre has estado de buen humor, incluso en los momentos de tensión o cuando había fallos», le dijo el croata. «Ahora se separan nuestros caminos deportivos, pero se mantiene nuestra amistad. Te lo aseguro», prometió el *8* del Madrid.

Juntos ganaron 16 títulos, entre los que brillan cuatro *Champions*, tres Ligas, tres Supercopas de Europa, tres Supercopas de España y tres Mundiales de Clubes.

Una temporada inolvidable, en la que un equipo demostró que el carácter, la fe y el alma todavía pueden gobernar el fútbol, fue la última hazaña de una sociedad irrepetible. Merecían terminar en lo alto, escribiendo una página de la Historia que ningún madridista olvidará nunca.

JUANITO: GENIO, CORAZÓN Y MITO

Vivió deprisa y a corazón abierto. Un futbolista con un carisma especial, explosivo, sincero hasta el derroche, inolvidable compañero. De espíritu travieso y talento arrollador, capaz de saltar por los aires cualquier plan establecido. El filo de la navaja era su hábitat natural. Así era Juanito. Hoy ausente, siempre vivo.

Juan Gómez, *Juanito*. Foto: Roberto Gómez

El Real Madrid no puede explicarse sin tres protagonistas que le otorgan su indiscutible relevancia histórica: Santiago Bernabéu, Alfredo Di Stéfano y la figura de Juan Gómez, Juanito. La visión del gran presidente elevó al club a una nueva dimensión; el impulso del hispano-argentino colmó las vitrinas de títulos; y la energía de Juanito dotó al equipo de una fuerza casi mística que sostiene su principal valor: no rendirse jamás.

«La historia del Real Madrid te hace ver que todo es posible y que es capaz de dar la vuelta a la situación más complicada». Así lo expresa Roberto Gómez, uno de los hijos del genio y heredero del profundo amor por el blanco[142].

Los inicios de Juanito como jugador exigieron una remontada, la primera de tantas, cuando incluso se temió por su carrera deportiva. Fichado por el Atlético de Madrid con 14 años, en su debut con el primer equipo se rompió la tibia y el peroné[143]. En aquellos tiempos, las graves lesiones no resultaban tan sencillas de recuperar, pero ahí sobresalió su indomable espíritu de lucha para recuperarse y alcanzar sus sueños. *Dream until your dream come true*[144].

Cedido y traspasado al Burgos[145], fue indiscutible en el ascenso y la permanencia del equipo en Primera. Eran años en los que Jorge Valdano, cuando estaba lesionado con el Alavés, viajaba desde Vitoria hasta El Plantío sólo para ver la clase de Juanito. Así logró llamar la atención de Real Madrid, Barcelona y Atlético. Los culés ofrecían 50 millones de pesetas, pero el blanco corazón del entonces presidente del club

---

142 La citada declaración y el resto de las incluidas en el capítulo están concedidas en exclusiva para el presente libro.
143 Fue en un partido amistoso contra el Benfica a beneficio de los damnificados por el terremoto de Managua (10 de enero de 1973).
144 «Sueña hasta que tu sueño se haga realidad», de la canción *Dream on* (Aerosmith).
145 A Juanito le dolió mucho que el Atlético de Madrid no creyera en su recuperación. Aunque sospechamos que los colchoneros se lamentaron mucho más por dejar escapar a un jugador como el de Fuengirola. Años más tarde, curiosamente, también se desprenderían de otro fenómeno que vistió el 7 del Madrid: Raúl González Blanco.

burgalés, Martínez Laredo, facilitó que el acuerdo se finiquitara por 27 y una comida con foto y sonrisa incluida en Casa Lucio.

Juanito fue uno de los últimos fichajes de Santiago Bernabéu. El dirigente ansiaba traer a un futbolista que despertara de nuevo la ilusión entre la afición, que sacudiera el estadio, pues el equipo no atravesaba su mejor momento[146]. Quería un «nuevo Amancio». Y acertó de pleno.

El de Fuengirola era el tipo de jugador que alteraba el guion de los partidos. Un estratega de la improvisación cuya técnica y cambio de ritmo le hubieran convertido en diferencial en cualquier época. El fútbol de Juanito fue útil y bello a un tiempo. Estético, imaginativo, punzante, de sus botas nacía un arte no exento de mortífera efectividad. Porque, no nos engañemos, cada finta, regate o taconazo sólo tenía un objetivo para Juanito: ganar. El lucimiento era consecuencia, nunca causa de su juego.

En lo emocional, arrastraba a sus compañeros y al público. Vivía los partidos inflamado de pasión y cargado de una conexión única con el Madrid, hecho que cautivó a la mayor parte del graderío blanco. Juan era su extensión en el campo, pero con el talento de un genio en las botas. Su único estimulante, la camiseta blanca. «Pasamos mucho tiempo en la Ciudad Deportiva», recuerda Roberto, «veíamos cómo le quería la afición, los compañeros y la gente del club. Mi padre era puro Real Madrid y nunca le hizo falta ni una palabra para que heredásemos ese sentimiento por el club».

Durante sus diez años como portador del icónico 7, Juanito coincidió con dos exitosas generaciones. En la primera, integrada por jugadores españoles (Del Bosque, Pirri, los García...) y sólo algunos fichajes extranjeros de renombre, como Cunningham o Stielike, formó una pareja inolvi-

---

146 En la temporada 76-77, el Real Madrid finalizó noveno en Liga, fuera de los puestos europeos y sólo cuatro puntos por encima del descenso.

dable con Santillana. Se entendían sin mirarse; eran mecha y dinamita, garra y gol. Esencia del fútbol de entonces. Ya en sus últimos años convivió con el poderoso nacimiento de *La Quinta del Buitre*, que trajo consigo a su digno heredero. Juan entendió el momento, no se escondió ante las críticas hacia los veteranos y, gracias a su calidad y visión de juego, incluso retrasó su posición para jugar de excelso centrocampista adelantado.

Con *La Quinta* protagonizó las remontadas de las dos Copa de la UEFA, destacando junto a Camacho como principales motivadores. Ríanse de los *coach* de ahora. Su personalidad podría definirse con las palabras utilizadas por Estrabón[147] para enjuiciar la de los galos: «Es belicosa, se enardece fácilmente y no tarda en presentar batalla». Ese era Juanito, imprescindible en aquellas noches mágicas que él mismo se encargó de prologar en 1980 ante el Celtic[148].

Idolatrado, temido, odiado... el de Fuengirola nunca pretendió ni resultó ser uno más. Todo lo hizo a lo grande. Como símbolo del Real Madrid, fue objeto y diana de las iras rivales, especialmente entre las aficiones del norte de España y de Barcelona, donde nunca perdonaron su frustrado fichaje. Sin embargo, en justo reconocimiento al gran enemigo, la grada de San Mamés le despidió en pie en su último partido disputado allí con el Madrid.

Sus compañeros, aun reconociendo el valor de Juanito en el césped, siempre subrayan la faceta humana. Su cercanía, lealtad, corazón y derroche de cariño quedó en la memoria de todo aquel que compartió vestuario con él. Era auténtico. Jamás se puso disfraz y nunca negó ayuda al que se lo pidió. Una preciosa imagen, en la que aparece sentado junto a un imberbe Butragueño desternillándose de risa después de una broma de Juanito, ilustra de forma clara esta versión

---

147 Geógrafo e historiador que vivió entre los años 64 o 63 a.C. hasta el 23 o 24 d.C.
148 Remontada ante el Celtic de Glasgow de 1980. Ver capítulo 2.

del 7. Un chaval le estaba quitando el puesto, pero eso no fue obstáculo para que le arropara y enseñara todo lo aprendido en su experiencia como madridista.

Estando en la cumbre del Real Madrid, no pudo mirar hacia otro lado ante las injusticias que vivían, sobre todo, los jugadores de Segunda B y Tercera. Así, junto a Manuel Esteo, dio los pasos necesarios para la creación de la Asociación de Futbolistas Españoles (AFE). El organismo velaría por el interés de los futbolistas, para lo que no dudó en convocar una exitosa huelga[149] en sus primeros años. Juan era un rebelde con causa.

Juanito celebra un gol en su Bernabéu. Foto: Roberto Gómez

Respecto a su lado oscuro, «esos dos segundos que me pierden», siempre le perjudicaron solamente a él. Fueron

---

149 *La Vanguardia*, 4 de marzo de 2019: https://www.lavanguardia.com/deportes/20190304/46822153817/40-anos-de-la-primera-huelga-de-futbolistas-secretos-de-un-dia-historico.html

gestos, palabras y agresiones fruto de una volcánica gestión de las emociones. Pero, paradójicamente, también despertaban una de sus virtudes más reconocidas: el inmediato arrepentimiento. «Después de lo de Matthäus, reunió a los niños de la Escuela de la AFE para significar públicamente que lo que había hecho era un error. Siempre supo pedir perdón, algo que hoy, y más en un personaje de relevancia pública, es muy difícil de ver», recalca su hijo Roberto.

Tras su salida del Madrid, donde ganó cinco Ligas, dos Copas de la UEFA y dos Copas del Rey, todavía tuvo tiempo de ascender al Málaga. Junto a jugadores de nivel, como Esteban Vigo, y dirigido por Ladislao Kubala, ganó la Liga de Segunda y mantuvo, un año después, al equipo de su tierra en Primera.

El objetivo de Juanito, una vez colgadas las botas, estaba claro: entrenar al Real Madrid. «Para él, ganar la Copa de Europa que no consiguió como futbolista desde el banquillo del Madrid hubiera sido la gloria», asegura Roberto. Inició el camino en Mérida, antigua ciudad romana fundada por orden de Augusto para licenciar a los soldados. Qué mejor destino. El equipo, como él, era descarado y atrevido hasta la temeridad.

Su corazón le guiaba y su corazón se lo llevó. No pudo reprimirse de ver a su Madrid contra el Torino[150] y, en un trágico accidente en la madrugada del 2 de abril de 1992, se fue Juanito y nació su inmortal espíritu. Desde entonces, *El Cid Blanco* consigue que los madridistas miren al menos un par de veces el reloj en todos los partidos del Bernabéu buscando el minuto 7, el momento de *Juanito Maravilla*.

«El hecho de que en situaciones complicadas el mejor equipo del mundo recuerde la figura de mi padre es lo más grande», reconoce Roberto emocionado, y añade: «mi padre, donde esté, no podría estar más orgulloso».

---

150 Partido de ida de semifinales de la Copa de la UEFA. El Madrid venció por 2-1, pero en la vuelta quedaría eliminado al perder por 2-0.

La gente olvidará lo que hiciste,
incluso olvidará lo que dijiste,
pero nunca olvidará cómo le hiciste sentir.

Maya Angelou

Juan Gómez, *Juanito*. Foto: Roberto Gómez

ANEXO I.
LA LIGA DE LAS REMONTADAS

El Madrid siempre vuelve porque en realidad nunca se va. Después de tres años en blanco, en 2007 conquistó la Liga exhibiendo una lucha y un espíritu jamás vistos. Epopeya tras epopeya, de la mano de Fabio Capello el equipo recuperó sus valores, unió al madridismo como nunca y firmó un título de una emoción inenarrable.

15 años antes de la *Champions de los Milagros*, el Real Madrid consiguió otro hito al conquistar *La Liga del «Juntos Podemos»*. Europa es el escenario tradicional de las remontadas imposibles, pero esa campaña los blancos se reservaron los momentos cardíacos y los goles inverosímiles para una competición doméstica que será recordada para siempre por el madridismo.

A falta de ocho jornadas, el equipo de Capello era tercero en la clasificación, a cinco puntos del líder, el Barcelona. Nadie apostaba un céntimo por los blancos. Que acabaran alzando el título se consideraba poco más que una fantasía propia de quien necesita visitar un sanatorio. Pero si noventa minutos en el Bernabéu se hacen muy largos, una persecución del Madrid en la Liga puede ser eterna e implacable.

El triunfo final tuvo un mérito extraordinario si atendemos a las circunstancias de aquella temporada, tremendamente convulsa en lo institucional y en lo deportivo. Hubo de todo: elecciones judicializadas, futbolistas apartados, salidas traumáticas, exabruptos verbales... Por momentos el Bernabéu se transformó en *Loca academia de policía*[151]: cuando no era un desaguisado, se producía un escándalo. Pero la unión en torno al escudo y la historia fue formidable. La perfecta comunión entre plantilla, entrenador y afición se impuso a los obstáculos y el Madrid volvió a asombrar al mundo del fútbol con otra actuación inaudita.

Una nueva era

El 27 de febrero de 2006, Florentino Pérez anunció de forma sorpresiva que abandonaba el Real Madrid. El equipo llevaba tres años sin ganar un título (el último fue la Supercopa de España de 2003, en el estreno de Beckham) y la *Era Galáctica* tocaba sus últimas notas.

«Quizás he maleducado a los jugadores», admitió por entonces Florentino. El Madrid venía de dos derrotas, contra Lyon y Mallorca, pero, ante todo, era un barco que zozobraba sin encontrar la estabilidad necesaria que le acercara a los títulos. Y a eso se sumaba la insoportable tiranía futbolística del Barcelona, que con Rijkaard en el banquillo vivía una época feliz de títulos y alabanzas. Ronaldinho, Xavi, Deco, Iniesta y Eto'o no sólo jugaban un fútbol brillante, sino también efectivo, y terminarían conquistando la Copa de Europa y su segunda Liga consecutiva en 2006. Demasiada gasolina para no provocar un incendio.

Así que aquel doloroso verano, los madridistas, convocados en urnas, apostaron por el cambio y la ilusión. El abogado palentino Ramón Calderón ganó unas poco edificantes elecciones cuyo voto por correo terminaría siendo suspendido. Sería el primer sainete de la temporada. Existían sospechas de irregularidades, por lo que un juzgado de Madrid tomó cartas en el asunto y provocó un incómodo

---

151 *Loca Academia de Policía* es una serie cinematográfica que, en clave de comedia, destaca por su argumento de situaciones llamativas e inverosímiles.

halo de ilegitimidad sobre la nueva Junta Directiva, que no le abandonaría hasta el 1 de febrero de 2007. En esa fecha, la jueza Milagros Aparicio dio la razón a Calderón y anuló definitivamente el voto por correo, así como la norma XV de los Estatutos del Real Madrid, denunciadas por el nuevo dirigente blanco.

Fabio Capello

En lo meramente futbolístico, se apostó por el prestigio y el éxito probado. Nada menos que el héroe de la Séptima, Pedja Mijatovic, volvió al club como director deportivo. El montenegrino, que siempre contará con el fervor blanco, tenía la difícil labor de demoler los escombros galácticos y construir un proyecto que fuera ganador a corto plazo. El madridismo no entiende de paciencia.

Lo primero fue la elección del entrenador. No hubo dudas. Fabio Capello, con quien el Madrid había ganado una Liga en su anterior estancia (96-97)[152], fue el hombre. Mijatovic siempre lo tuvo en alta estima, pues él fue un jugador importante en aquel título y conocía perfectamente los métodos del estricto entrenador italiano. De Capello a Capello había pasado una década, tres presidentes y nueve entrenadores.

Las intenciones del técnico no pudieron ser más premonitorias el día de su presentación: «Quiero recuperar el espíritu de la camiseta». Quien ficha a Capello sabe lo que se lleva a casa: trabajo, sudor y ningún resquicio para el vedetismo. Sí, antes de Mourinho esto también estaba inventado.

La plantilla destilaba el aroma del italiano por los cuatro costados. Aprovechando la delicada situación de la Juventus por el *Moggigate*[153], aterrizaron Fabio Cannavaro, tentado años atrás, y Emerson, dos pretorianos de confianza que tendrían destinos muy diferentes; del Olympique de Lyon llegó Mahamadou Diarra, un mercenario del trabajo; y, para la delantera, se apostó por la fiabilidad de Van Nistelrooy y el arte de José Antonio Reyes, a la postre, imprescindibles para el título. Además, Capello se esforzó personalmente para que Roberto Carlos, que planeaba dejar el Madrid, permaneciera un año más en el club con la motivación necesaria. La lealtad de la vieja guardia.

En el capítulo de bajas, a Mijatovic, con plenos poderes, no le tembló el pulso para enseñar la puerta de salida a nada menos que 13 jugadores, entre los que estaban Baptista, Woodgate, Soldado, Portillo o Gravesen. La renovación no fue una pose y en esos días el teléfono de Pedja se pasó casi todo el tiempo comunicando.

Lo que nadie pudo evitar fueron los tres petardazos del verano. Las promesas de Robben, Cesc y Kaká se quedaron

---

152 El Real Madrid conquistó la Liga 96-97 con 92 puntos, por los 90 del Barcelona de Ronaldo Nazario. Al terminar la campaña, Capello regresó al Milán mientras los blancos ganaron la Séptima un año después (20 de mayo de 1998).

153 El conocido como *Moggigate* fue un escándalo de corrupción por la compra de partidos en Italia. Afectó sobre todo a la Juventus de Turín (aunque también a otros equipos), descendida y desposeída de dos *Scudetto*.

en el camino mientras sus clubes, Chelsea, Arsenal y Milán, echaron espuma por la boca debido a las agresivas formas de los nuevos responsables del club de Concha Espina. Y es que el marketing y la verborrea son enemigos del tempo y el secretismo que encierran las grandes contrataciones.

Mijatovic. Foto: Florian K

Un inicio titubeante

Capello siempre presumía de la preparación física de sus conjuntos. La consideraba una prioridad, por lo que ese año se prescindió de la excentricidad de la gira asiática para ponerse el mono de trabajo en las montañas de Irding. Cassano, sospechoso habitual de la bollería industrial, sufriría desde el principio las consecuencias de la mano dura.

Junto a su pretor, Massimo Neri, el entrenador de Friuli diseñó una estrategia basada en alcanzar la plenitud física en los meses decisivos. Implicaba no comenzar de forma explosiva la temporada, sino llegar poco a poco a un estado lineal, sin picos, para luego pegar el subidón cuando los demás equipos comenzaran a acusar el esfuerzo (abril-mayo). Este as bajo la manga levantó no pocas suspicacias al inicio de la Liga, pero se revelaría crucial en los momentos de la verdad, cuando sólo remonta quien tiene fe y piernas.

El Madrid de Capello renunciaba al preciosismo, para el que únicamente Robinho tenía cierta licencia, y apostaba todo a la fuerza mental, el rigor y la efectividad. Estaba construido desde atrás y su hoja de ruta pasaba por el pundonor, el coraje y la lucha. Podías fallar, pero nunca escatimar una gota de esfuerzo. Consideraciones futbolísticas aparte, esta filosofía engarza perfectamente con la mentalidad madridista.

Las críticas más ácidas se dirigieron hacia el centro del campo de trincheras: Emerson y Diarra, una dupla con la fantasía de un bloque de hormigón. En efecto, no fue un equipo dominador ni protagonista, pero el carácter y el desempeño de sus figuras hicieron que no resultara nada sencillo doblegarlo. Podía encajar un golpe, pero siempre se levantaba para poner de nuevo la cara. O el puño, según se terciara.

En el derbi contra el Atleti de la quinta jornada tuvo lugar un hecho insólito protagonizado Raúl, el gran capitán. Unos días antes no había sido convocado por Luis Aragonés para la Selección, por lo que decidió responder en el campo. Cuando anotó el gol contra los colchoneros sorprendió con una celebración señalándose el dorsal. El jugador que siempre había sido ejemplo de sacrificio y humildad evidenció que esto no impedía que su corazoncito también pudiera herirse. A partir de entonces, Raúl se cobraría su pequeña dosis de venganza con ese gesto cada vez que perforara la portería rival.

Durante ese primer tramo de la temporada, las victorias sin presumir se intercalaron con frustrantes empates y derrotas que colocaron al Madrid en los primeros puestos, pero nunca como líder. Capello, que no estaba acostumbrado a que se dudara de sus capacidades (en Italia nunca se atrevieron) comprobó por primera vez que el reto iba a ser más difícil y pedregoso de lo esperado.

Efímero subidón

Después de caer en Getafe, llegó el primer gran momento del Madrid durante la temporada: la victoria en el Bernabéu contra el Barcelona. Los blancos, en un partido sobresaliente, recuperaron cierto crédito y devolvieron la felicidad a sus aficionados. Curiosamente, el resultado (2-0) fue el mismo que el conseguido en el *Clásico* de 1996, durante la primera etapa de Capello. En aquella ocasión marcaron Suker y el ahora director deportivo, Mijatovic. Ahora, Van Nistelrooy y Raúl fueron los que certificaron que el *todopoderoso* Barcelona no era imbatible, ni mucho menos.

La sonrisa, sin embargo, duró muy poco. Sobre todo en la cara de Capello. En el siguiente partido, con victoria ante el Nàstic (1-3), el resultado fue lo de menos. Cassano, que había comenzado la temporada siendo titular, vio cómo Robinho, Guti y Reyes le habían pasado por encima muy merecidamente. Demasiado para su volcánico carácter. «No tienes vergüenza, yo he dado la cara por ti en la Roma y así me lo pagas», le espetó a un afectado Capello en los vestuarios de Tarragona delante de toda la plantilla.

El club, invocando el lógico principio de autoridad, no tardó en reaccionar apartando al díscolo italiano del equipo. Desde Anelka en el año 2000, otro tan manejable como un mono con dos pistolas, nadie había recibido tal sanción. Después de decenas de pronunciamientos y declaraciones, la redención de Cassano llegaría cuatro meses después, cuando volvió en el Calderón con un excelso pase de gol a Higuaín.

Tres años más tarde, el jugador de Bari admitió su error en *La Gazzetta dello Sport*: «Muchas veces Capello hizo la vista gorda ante mis comportamientos, porque me quiere... No se merecería todo esto, en mi vida he pedido disculpas pocas veces, pero con él tengo que hacerlo». Y ya en 2020, Capello también se sinceró en *Sky Sports*: «Cassano es mi mayor arrepentimiento porque no pude convertirlo en el gran jugador que pudo haber sido. Trabajé muy duro, pero no lo logré».

Un ejemplo de que nada fluía en aquel Madrid es que hasta una supuesta gran noticia no estuvo exenta de polémica. La sonrisa permanente, Cannavaro, ganó el *Balón de Oro* superando a su compatriota Buffon y a Thierry Henry. Sin embargo, no faltaron las críticas, pues los puristas consideraron que su gran Mundial no era suficiente mérito. «Las polémicas no me importan. No es culpa mía que me hayan dado este premio, yo no voto», se defendió el madridista. Era la primera vez que el ganador del prestigioso reconocimiento se excusaba en lugar de celebrarlo sin reparos. Pero así vivía el Madrid de entonces, contra todos y contra todo.

Negra Navidad

Sin tiempo para el confeti, llegaron los nubarrones con la peor racha de la temporada. Desde el 9 de diciembre hasta el 7 de enero, el Madrid perdió tres de los cuatro partidos disputados. Fue una negra Navidad.

El *via crucis* se inició en Sevilla. Los hispalenses se impusieron por 2-1 en un partido donde Capello había cedido a jugar con dos delanteros: Van Nistelrooy y Ronaldo. Aunque, posiblemente, lo que más le dolió al italiano es que, con esa derrota, alcanzó el cupo prometido a Ramón Calderón (cuatro) si le traía a Emerson, Diarra y Cannavaro[154]. Todavía no se había llegado a la mitad de la temporada cuando se certificó el farol. Los andaluces adelantaron al Madrid en la clasificación, colocándose segundos, y mostraron su candidatura al título.

La siguiente traumática parada fue en el Bernabéu, cuando el público dio un serio aviso de su enojo. Un recién ascendido, el Recreativo de Huelva, ganó de forma contun-

---

154 El preparador italiano, como argumento para convencer a Calderón de la conveniencia de los fichajes deseados, aseguró que con ellos el Madrid sólo perdería, a lo sumo, cuatro partidos durante toda la temporada.

dente en Chamartín (0-3) y las gradas se vaciaron mucho antes de terminar el partido. Fue también el primer amago de divorcio entre la plantilla y Capello, que no se mordió la lengua: «Hubiera cambiado a todos los jugadores».

Vistas las orejas al lobo, se recurrió al viejo truco de distraer con las novedades. Gago, Higuaín y Marcelo fueron fichados como tres grandes promesas con las que apuntalar el proyecto e inyectar una nueva ilusión al madridismo. El acierto fue notable: dos de tres. Higuaín ya resultó clave en momentos cruciales de esa misma temporada, mientras que Marcelo terminaría siendo un mito. Gago, por su parte, nunca terminó de arrancar.

Pipita Higuaín

Pero ni la suerte de los nuevos se hizo patente a la vuelta del parón navideño. La tercera derrota se produjo en Riazor (2-0), en el último partido de Ronaldo Nazario con la camiseta blanca en Liga. La afición estalló pidiendo la cabeza de Capello y el club respondió con Mijatovic apagando fuegos («No corre ningún peligro. Cuenta con todo nuestro respaldo») y culpando al mensajero de la crisis: a partir de entonces, los medios sólo podrían grabar los primeros quince minutos de los entrenamientos.

Beckham, Ronaldo y la casa de los líos

Cuando el Real Madrid hizo pública la contratación de Fabio Capello, un jugador se atragantó: Ronaldo Nazario. *El Fenómeno*, uno de los mayores talentos que ha dado el fútbol, acumulaba tanta magia como animadversión por la disciplina. Ya se las tuvo tiesas con Héctor Cúper y José Antonio Camacho en el pasado, por lo que el estallido de la relación entre el delantero y el italiano, siendo honestos, sólo era cuestión de tiempo. Fue como pedirle a un modernista que plasmara su arte con escuadra y cartabón.

Antonio Cassano develaría años después el principal móvil de la discordia: la báscula. «El momento más bonito y en el que más me he divertido... ¿sabéis cuándo era? Llegaba Capello por la mañana y ordenaba: "Todo el mundo a pesarse". *Mamma mia*. La primera persona a la que venía para que se pesase era yo. Empezábamos a discutir y entonces iba a Ronaldo. "No, yo no me peso" (le decía)»[155].

Capello tenía un inapelable argumento a favor de prescindir de Ronaldo, pues cuando lo alineó junto a Van Nistelrooy, como muchos pedían, los resultados fueron decepcionantes. El punto de no retorno sucedió en el descanso del partido de Copa contra el Écija en el Bernabéu. El marcador no se había movido, por lo que Capello perdió los nervios y, delante de todos, espetó a Ronaldo: «¿No te da vergüenza? ¡Estás gordo, estás gordo!». El 9 habló sobre el campo y anotó dos goles tras salir de la caseta.

En enero de 2007 la situación se volvió insostenible entre ambos y, después de una dura negociación, el brasileño terminó en el Milán por 7,5 millones de euros[156]. Y eso que Berlusconi estaba advertido, pues antes se había encargado

---

155   https://cadenaser.com/2022/02/02/cassano-desvela-lo-que-hizo-ronaldo-cuando-capello-les-obligo-a-pesarse/

156   Ronaldo fue el primer jugador en disputar los clásicos Real Madrid-Barcelona y Milán-Inter vistiendo la camiseta de los cuatro equipos.

de llamar al técnico del Madrid, que le confirmó las apetencias de Ronaldo por «las fiestas y las mujeres»[157].

El brasileño, que había permanecido en silencio durante varias semanas, lanzó un torpedo nada más confirmarse el traspaso: «Quería sólo agradecer a la afición, a la gente que me ha apoyado, a todos mis compañeros y a todos los entrenadores que he tenido, menos a uno»[158]. Diez años después, disipado el rencor, explicó con detalle su partida: «Salí en contra de mi voluntad; empecé a tener muchos problemas con Capello. Podía estar 100 gramos por encima de mi peso y me sacaba del equipo (…) En el fútbol no son 100 o 200 gramos los que marcan la diferencia. Se trata de la actuación, y él no evaluaba la actuación como un todo, lo que yo podía aportar. Creo que me condicionaba como rehén suyo; si jugaba mal era por tener sobrepeso. Nuestra relación se fue desgastando, hasta que hubo una ruptura, y en ese momento, cuando el entrenador está más fuerte, el club tuvo que escoger»[159].

Capello, por su parte, siempre ha reconocido que Ronaldo fue el mejor jugador con el que coincidió… pero eso no le hizo renunciar a sus principios. «El talento más grande que entrené es Ronaldo "El Gordo", para que nos entendamos. Y a la vez fue el que más problemas me creó en el vestuario. Hacía fiestas, cualquier cosa»[160].

Siguiendo con el ajuste de cuentas a los reductos galácticos, el club decidió apartar a David Beckham. Su caso no fue por indisciplina deportiva. El inglés, lejos de lo que algu-

---

157 Diario *Marca*, 25 de septiembre de 2022: https://www.marca.com/futbol/real-madrid/2022/09/25/63305f39268e3ea33a8b45ac.html

158 Diario *El País*, 30 de enero de 2007: https://elpais.com/deportes/2007/01/30/actualidad/1170145312_850215.html#:~:text=He%20sido%20traspasado%20por%20el,referencia%20al%20actual%20t%C3%A9cnico%20madridista

159 https://www.spherasports.com/ronaldo-nazario-explica-como-fue-su-salida-del-real-madrid/

160 Diario *Marca*, 19 de mayo de 2020: https://www.marca.com/futbol/real-madrid/2020/05/19/5ec42b18e2704eb0878b45a7.html

nos pensaban, era un profesional ejemplar que nunca escatimaba un esfuerzo. Lo suyo venía de los despachos, pues al no llegar a un acuerdo de renovación, Beckham fichó por los Ángeles Galaxy a partir de la siguiente temporada.

No sabemos si el anuncio de su salida, videoconferencia con los que serían sus nuevos compañeros incluida, irritó más al presidente o al entrenador, pero el caso es que Beckham dejó de contar para Capello... durante un mes. El clamor popular en contra de la decisión fue unánime. El madridismo dispensa una partida siempre que te dejes hasta el último aliento, y el británico lo hacía. El 10 de febrero de 2007, frente a la Real Sociedad, Beckham volvió a jugar y, junto a Van Nistelrooy, contribuyó con un gol en una reivindicativa victoria.

Por si el Madrid no salía suficiente en la prensa por escándalos y problemas, Ramón Calderón se sumó al esperpento. Salvando las distancias, el presidente blanco tenía algo de la verborrea de los mandatarios de los noventa (Mendoza, Lopera, Gil...), cuando lo que se estilaba era ser más diplomático, menos esporádico y, sobre todo, tener una animadversión casi enfermiza por la exposición mediática.

El palentino se descargó de las funciones ejecutivas y focalizó gran parte de su actividad en las relaciones públicas. No se perdía una reunión de peñas, evento o sarao. Y mucho menos renunciaba a expresar sus opiniones cuando se le acercaba un periodista. Donde otros veían el peligro, él lo interpretaba como una oportunidad. Pero cuando la lengua se suelta, terminas hablando demasiado. Y así le pasó en el paraninfo del Centro Universitario Villanueva, donde le grabaron sin su consentimiento varias bombas que sólo tendría que haber soltado en la intimidad del espejo del baño. La onda expansiva alcanzó a casi todos: «La gente va a al Bernabéu como quien va al teatro. No animan, al contrario que en Italia o Inglaterra (...) Un jugador del Madrid no paga nunca donde va (...) Raúl empezó con Guti y éste, con 31 años, sigue siendo una promesa (...) Beckham se va a Hollywood a ser medio actor (...) Casillas cobra nueve millones al año y Diego López 300.000 euros (...) Generalmente, los jugadores no tienen ni cultura ni formación». Cuando se hizo público el dislate, el club cargó contra la filtración a modo de excusa inadmisible, mientras que el presidente pidió «perdón, y mil veces perdón» a los jugadores.

El Camp Nou marca el camino

La *Champions League,* natural tabla de salvación para el Madrid, no lo sería esa temporada. Al contrario. El Bayern de Múnich eliminó a los blancos después de perder por 3-2 en el Bernabéu (la famosa noche de los cortes de manga de Van Bommel y la negativa de Emerson de jugar)[161] y ganar 2-1 en casa, gracias al valor doble de los goles. Capello, que había pecado de un planteamiento rácano en ambos partidos, vio el precipicio de la destitución más cerca que nunca. «No puedo asegurar la permanencia de Capello en su puesto», advirtió Mijatovic.

Pero entonces, justo cuando todo se tornaba oscuro, el Madrid se rebeló contra los problemas, el catastrofismo y los resultados. Lo hizo donde se clavan las banderas, en territorio enemigo: el Camp Nou. Allí se marcó un partidazo sorprendente que si terminó en empate a tres fue gracias al primer fogonazo de un todavía imberbe Leo Messi. El resultado fue lo de menos. Aquella noche blancos recobraron aquello que les hace irreductibles: la fe en la victoria final.

Una ola de optimismo casi disparatado y a todas luces subversivo, se desató desde Chamartín, que orquestó la campaña con el lema «Juntos Podemos». Se difundió un vídeo en el que aparecían los capitanes alentando a la hinchada a creer una vez más, a confiar en que, unidos, se podía conseguir el título de Liga. La acción provocó no pocas chanzas

---

161 El jugador holandés, Van Bommel, dedicó varios cortes de manga al público tras anotar el segundo gol de los muniqueses. Por su parte, el jugador del Madrid, Emerson, que inició el partido en el banquillo, se negó a salir al campo cuando Capello preparó el cambio.

entre las aficiones rivales. No sabían que la mecha del fuego más potente del fútbol acababa de prenderse. Y ya no habría marcha atrás.

La grada respondió sin preguntar, como se demuestra la verdadera lealtad. Abarrotó el Bernabéu para el siguiente partido ante el Nástic (2-0) y para todos los demás de ese año. Restaban once encuentros y los blancos seguían terceros en la clasificación, a cinco puntos de los dos primeros, Barcelona y Sevilla. Dados los precedentes y la querencia del club ese año por nadar entre escándalos, la persecución se antojaba casi imposible. Pero entonces se comprendió que existen discursos más allá del virtuosismo para alcanzar la victoria. La unidad, el compromiso innegociable y la dureza mental serían el alimento de un equipo que, a partir de ese momento, como en las grandes remontadas, iba a expandir la confianza en sus posibilidades a base de esfuerzo y un apetito voraz.

Locura y traca final

El globo comenzó a inflarse y volar varios partidos hasta la visita a Santander de la jornada 30. Allí llegó lanzado, a sólo dos puntos del Barça y con los rivales empezando a convencerse de que el Madrid, una vez más, iba muy en serio. Pero un planteamiento poco ambicioso después de adelantarse en el marcador y una polémica actuación arbitral favorecieron la victoria de los locales. Los culés, que ganaron en Mallorca, pincharon la ilusión y pusieron todas las fichas en el puesto de salida. El asalto volvía estar a cinco puntos de distancia.

El golpe hubiera sido definitivo para casi todos, pero la cohesión entre jugadores, entrenador y madridismo no era de cartón. Pese a la derrota, las entradas para el siguiente partido, contra el Valencia, se agotaron en un solo día. Bernabéu lleno y fe a rebosar. Las victorias frente a los ché (2-1) y en la Catedral (1-4) serían el preludio de un final de campaña de ciencia ficción.

La locura comenzó frente al Sevilla y de la forma que más inflama al Bernabéu: con una remontada. El partido fue clave porque servía para descabalgar a un candidato al título. Los hispalenses, entrenados por Juande Ramos, estaban vivos en todas las competiciones y no pusieron en bandeja su cabeza. Sólo la genialidad de un Guti estelar y los arrebatos del que no contempla la derrota condujeron al Madrid a un 3-2 épico. El Barcelona, temeroso por primera vez, comenzó a sacar la calculadora. Quedaban cinco partidos y ya sentía el aliento del lobo a sólo dos puntos de distancia.

Celebración de un gol en aquella temporada 06-07.

En el siguiente encuentro, contra el Espanyol, se agotaron las palabras para describir lo sucedido. En el minuto 26 el Madrid perdía por 0-2, e incluso llegó a ir 1-3 por debajo. Pero ya no se trataba de fútbol. Había algo más, una fuerza sobrenatural, un imponderable que conducía al equipo hacia la portería contraria con la determinación del invencible. Fue la noche de Higuaín, que, en el minuto 89, robó un balón en el que sólo creía él y, tras una pared con Reyes, hizo estallar al Bernabéu y a todo el madridismo. El equipo estaba líder después de un empate del Barcelona contra el

Betis. Cuatro campañas después (la sequía no era ningún decir), los blancos veían la clasificación desde arriba.

La tercera remontada consecutiva se dio en Huelva, y una vez más en el último minuto, poniendo a prueba los corazones y la confianza de todos los que ya estaban subidos en el carro guiado por Capello. Un tanto de Roberto Carlos arregló un 0-2 que el Madrid había desaprovechado de forma incomprensible (2-3). Los blancos parecían cogerle gusto a sortear campos de minas.

Entonces llegó el instante en el que el tiempo se detuvo. Penúltima jornada de Liga. El Madrid visitaba la Romareda mientras que el Barcelona jugaba el derbi con el Espanyol en el Camp Nou. A falta de tres minutos de ambos partidos, los blancos perdían (2-1) mientras el Barcelona vencía (2-1 también). El vuelco parecía imposible de evitar. La tragedia sólo podría esquivarse con dos goles... o con un gol en cada estadio. Primero marcó Van Nistelrooy, que entró en la historia del equipo al anotar durante siete jornadas seguidas. Había que anotar otro como fuera, y ese como fuera lo consiguió Tamudo 18 segundos después. Indescriptible. Fue el giro de los acontecimientos más dramático y vibrante que nunca se había vivido en la Liga. La felicidad era plena, sin cortapisas, con Calderón incluso atreviéndose a pisar el césped de la Romareda. Las dos desgracias de Tenerife parecieron cobrarse con el *Tamudazo*.

Quedaba el partido definitivo, en el Bernabéu y contra el Mallorca. Ganar era obligado para conseguir el alirón. Fue el choque más importante del equipo en los últimos años y, quizás, uno de los más sufridos, como no podía ser de otra manera esa temporada. Los bermellones comenzaron por delante y un escalofrío recorrió los cuerpos de los aficionados, que veían cómo la remontada tendría que hacerse sin el mejor soldado, Van Nistelrooy, que se marchó lesionado. Fue la noche de Reyes y Diarra, que pasada la hora de juego marcaron los tres goles que llevaron al Madrid a conquistar la Liga más espectacular, por angustiosa y meritoria, que jamás haya ganado un equipo. *La Liga de las remontadas.*

La 2006-2007 fue una temporada salvaje, un título que nadie recordará como el número 30 del Madrid, sino como el éxtasis más puro y brutal tras uno de los mayores sufrimientos que se han padecido en Chamartín. Una oda a la fe y a los valores del club que llevaron al equipo a lograr lo imposible. Y que se celebró como nunca.

Capello, manteado, demostró una vez más que siempre encuentra la salida para alcanzar el éxito. Raúl, que parecía entrar en decadencia, dio una de sus últimas embestidas. Roberto Carlos, rumbo al Fenerbahçe, se despidió en lo más alto. Guti evidenció que pocos como él lucían la calidad cuando se hacía más necesaria. Van Nistelrooy se descubrió como todo un acierto, un *killer* de época si hubiera llegado antes. Y los jóvenes, con Ramos e Higuaín a la cabeza, tocaron la piedra filosofal que define y diferencia al Madrid del resto: vencer cuando parece estar muerto.

ANEXO II.
LA COPA DE LAS REMONTADAS

El Real Madrid, que no alzaba la Copa desde hacía 9 años, honró la competición en 2023 con tres heroicas remontadas ante excepcionales rivales: Villarreal, Atlético de Madrid y Barcelona. El miedo escénico, esta vez, se quedó en nuestro país.

El Real Madrid tiene alma de aventurero. Vive y se alimenta de desafíos extraordinarios. Esquiva el miedo que a otros paraliza y conquista aquello que al resto le parece imposible. Sólo le atraen los retos. Quizás por ello, la Copa, un escenario que a priori debiera ser más amigable que Europa, le resulta inhóspito.

Tres datos evidencian esta realidad. Desde que existe la Copa de Europa (1955), el Madrid la ha ganado 14 veces por sólo 10 Copas del Rey. Tres de las cinco finales perdidas en el presente siglo han sido de Copa[162]. Y, por último, el porcentaje de victorias en las finales coperas (19 de 39) no llegaba ni al 50% antes de la de 2023, cifra que contrastaba con el éxito en la *Champions,* un 82%.

---

162 Deportivo de la Coruña (2002), Zaragoza (2004) y Atlético de Madrid (2013).

Pero ese año todo iba a ser diferente. La presencia de Carlo Ancelotti, último inquilino del banquillo blanco que ganó una Copa[163], y los ecos de las remontadas europeas del año anterior, propiciaron un clima especial, de atracción por el torneo del KO. Conquistadas las Galias, tocaba hacer lo propio en territorio patrio. La entidad de los rivales y la estructura de la competición, a partido único hasta semifinales, pusieron las dosis de motivación adecuada para provocar a la bestia blanca.

De aperitivo, una encerrona

La Copa tiene un poder igualitario, al menos en la primera ronda. Bien lo sabía el Madrid cuando en dieciseisavos tocó el Cacereño de la Segunda Federación. Nada menos que cinco clubes de Segunda B habían eliminado al Goliat blanco en ediciones anteriores: Toledo, Real Unión, Alcorcón, Cádiz y Alcoyano. Equipos hipermotivados, campos de otra época y aficiones exaltadas convierten este tipo de partidos en verdaderas encerronas.

Los locales siguieron el guion hasta que les aguantaron las piernas y jugaron a camuflar la diferencia de categoría: presión alta, transiciones rápidas, laterales elevados... lo esperado. En el Madrid, los meritorios no superaron el aprobado y Hazard confirmó que el tren podría salir sin él. Sólo alguna arrancada de Ceballos y Asensio cubría el expediente mientras el Cacereño soñaba con que la ilusión fuera canjeable por goles. Todo se decidió en un relámpago de calidad. Rodrygo, protagonista durante toda la competición, recogió un balón en la frontal, esquivó a dos rivales con un eslalon y situó la pelota en la escuadra contraria. Entrada amorti-

---

163 Carlo Ancelotti era el entrenador del Real Madrid cuando ganó la Copa del Rey en 2014. La final, disputada contra el Barcelona en Mestalla, se decidió por el famoso gol de Bale al culminar una carrera extraordinaria de 60 metros en 7.04 segundos antes de batir la portería azulgrana (1-2).

zada, el arte no tiene camiseta. En su celebración se acordó de Pelé, que había fallecido unos días antes del partido.

Sobrevivir en Villarreal

En los cuartos comenzó el *rock and roll*. Se jugó contra el Villarreal, también a partido único, y en un momento de máxima tensión en Chamartín. Dos semanas antes, los de Ancelotti habían hincado la rodilla en La Cerámica[164]. Pero, sobre todo, humeaba la hecatombe de la derrota contra el Barcelona en la Supercopa de España (3-1). Así que era ganar o decir adiós a dos títulos en cuatro días.

El entrenador blanco se dio por advertido y puso al equipo más titular posible. Se terminaron las bromas en la Copa. Vinicius, Benzema y Rodrygo, que en breve comenzarían a comparar con la BBC[165], formarían el frente de ataque.

Todo comenzó como las remontadas europeas, con un estrépito que no sabríamos si definir como suicidio colectivo o atropello en masa. A los tres minutos, Capoue marcó y descubrió las carencias que complicarían la vida al Madrid: desorden, falta de tensión e inoperancia en ataque. De eso se aprovechó el líder amarillo, Gerard Moreno, cuando habilitó a Chukwueze para que ampliara diferencias antes del descanso.

Dos goles, partido único y afición a favor. Argumentos suficientes para pensar que estaba hecho. Error. Nada como el peligro para despertar al Madrid, un animal experto en morder cuando está herido. Si el año anterior Rodrygo y Camavinga fueron los activadores, frente al Villarreal Ceballos y Asensio, dos *sospechosos habituales,* se licenciaron

---

164 En aquel partido, por primera vez, el Real Madrid presentó una alineación sin jugadores nacidos en España.

165 Mítica delantera del Real Madrid formada por Bale, Benzema y Cristiano Ronaldo. Jugaron juntos durante cinco años (2013-2018), marcaron 442 goles y lograron 13 títulos.

en primero de remontada. En especial el de Utrera, que regaló dos goles y anotó el definitivo a pase del 11 blanco.

Ganó el Madrid, que ante el precipicio de una crisis recurrió a lo que nunca falla, su ADN, la fe que lo catapulta por encima de lo imposible. Y el Villarreal comprendió que, contra los blancos, cerca es siempre lejos de la victoria.

La magia del Bernabéu doblega al Atlético

El siguiente peldaño incrementó la dificultad, aunque esta vez el Madrid iba a contar con el aliento del teatro de los milagros. El rival fue el Atlético, que se jugaba la temporada después de quedar eliminado en la *Champions* y descartarse para la Liga. Sería un todo o nada con el infausto recuerdo de la derrota en la final de Copa en el Bernabéu de 2013[166] y el aval Simeone: desde su llegada, todos los derbis a un solo partido habían acabado en prórroga. Habría que sudar sangre.

Si la primera mitad fue del Atlético, que consiguió llegar ahí donde al Madrid le faltó intensidad, la segunda y la prórroga demostraron quién es el rey de la resistencia. Los colchoneros lograron algo al alcance de muy pocos, encontrarse cómodos en el Bernabéu. Tanto que se permitieron una jugada coral para que Morata abriera el marcador. La batalla se equilibró hasta que Ancelotti lanzó a la avanzadilla de las remontadas —Ceballos, Asensio y Rodrygo— y el brasileño decidió que era el momento de volver al patio del colegio. En una arrancada prodigiosa, esquivó a cuatro rivales y puso el empate con una delicadeza asesina. El Bernabéu estalló. Lo inevitable iba a llegar. Sería en la prórroga, por no perder las costumbres. Benzema, a pase de Asensio, y Vinicius, en jugada solitaria con los rojiblancos pidiendo clemencia, desataron la locura en las gradas y certificaron que esta Copa empezaba a vestirse de épica.

---

166 Ese partido (1-2) finiquitó una racha sin perder contra los colchoneros de nada menos que 14 años.

Remontada en el Camp Nou

El penúltimo obstáculo fue el Barcelona, toda una final adelantada, pero a doble partido y con la ida en el Bernabéu. Más difícil todavía. Ambos equipos llegaban en modo ecuación, con incógnitas por resolver. Los blancos querían dar un golpe en la mesa ante el líder de la Liga mientras los azulgranas ansiaban confirmar la solidez del proyecto de Xavi.

El fútbol es un perfecto destructor de pronósticos y así quedó de manifiesto en Chamartín. El Barcelona, caudillo del fútbol ofensivo, se entregó a los lodos del catenaccio; el Madrid, adicto a la adrenalina de las epopeyas, se dejó arrastrar por los laberintos del caos; y el Bernabéu, que hasta entonces no había visto una derrota de su equipo en toda la temporada, se fue a casa con el gesto torcido. Casi tanto como Militão y Nacho, cómplices del gol en propia puerta que obligaba el asalto al Camp Nou.

En Barcelona, Ancelotti apostó por el once de las grandes ocasiones durante la temporada: Camavinga de lateral, Kroos ejerciendo de mediocentro y el tridente formado por Vinicius, Rodrygo y Benzema. Fue la noche del francés. Sus tres goles, precedidos por el inicial de Vini, dejaron al Camp Nou desolado, testigo de una legendaria certeza: el Madrid siempre vuelve. El favorito salió masacrado; el noqueado revivió a base de coraje y personalidad. Fue la prueba de que las remontadas del Madrid viven más allá del miedo escénico. De que se pueden acometer en territorio hostil. De que la fe no tiene fronteras.

Vinicius y Rodrygo someten a Osasuna

En el partido entre Osasuna y Real Madrid de Liga[167], Ancelotti le vaticinó al entrenador rojillo al oído que se verían

---

167   Se disputó el 18 de febrero de 2023 y el resultado fue 0-2 (Valverde y Asensio). La conversación relatada tuvo lugar en el saludo previo al encuentro entre ambos entrenadores.

en la final de Copa. Todavía no se había disputado la ida de las semifinales, por lo que Arrasate no pudo más que reírse. Pero ambos esquivaron las balas, Barcelona y Athletic, y la profecía se cumplió.

Osasuna, un equipo de autor, había demostrado durante la Copa su carácter irreductible: en todas las eliminatorias fue a la prórroga y en una de ellas venció por penaltis. Su modelo de fútbol, combativo y emocional, equilibró el favoritismo sobre el césped.

El tempranero gol de Rodrygo a los tres minutos resultó engañoso, pues Osasuna no bajó las revoluciones en ningún momento y se esforzó por convertir la final en uno de los partidos con más tensión del año. El premio lo encontró Torró, excanterano blanco, que hizo soñar a los rojillos al fusilar a Courtois. Pero, como en Cáceres, ganó quien tenía la pólvora brasileña. De nuevo Rodrygo, principio y final de la competición, culminó una excelsa jugada de Vinicius para rubricar la Copa de las remontadas. Si ante el Cacereño se acordó de Pelé en la celebración, en la final hizo lo propio con Ignacio, un niño aquejado de cáncer que había conocido días antes. Victoria de corazón.

Con la consecución de la Copa del Rey de 2023, el Madrid alcanzó un hecho inédito en su historia: ganar todos los títulos posibles en tan sólo 475 días. A la Supercopa de España, la Liga 35 y la 14ª *Champions* de la temporada anterior, se sumaron la Supercopa de Europa, el Mundial de Clubes y, finalmente, el trofeo que se resistía desde hacía 9 años. Fue, además, el título número 100 del club, aunque en su web oficial se considere el 99[168].

En el apartado individual, la Copa situó a Carlo Ancelotti como el entrenador que necesitó menos partidos en el Madrid para conquistar un título (22,9), igualó a Benzema

---

168   La disensión está en que el Real Madrid no cuenta en su palmarés la Copa Eva Duarte conseguida en 1948. Este trofeo se disputó entre los años 1948 y 1953 y se consagró en homenaje a la mujer del presidente argentino, Juan Domingo Perón.

con Marcelo en número de trofeos de blanco (25) y permitió a Florentino Pérez superar a Santiago Bernabéu en títulos al frente del club: 32. Casi nada.

Pero si algo tuvo de especial esta Copa del Rey fue el camino. Tres remontadas, tres actos de rebeldía competitiva y pureza mística ante descomunales rivales le dieron a la competición un brillo extraordinario. La magia, además, también quiso dejar su huella. Hasta Rodrygo, el último jugador que consiguió un doblete en una final copera fue Juanito[169], símbolo del alma blanca. Nada como volver al principio para no olvidar tus raíces.

---

169 El malagueño anotó dos goles en la final de Copa ante el Castilla de 1980. Antes, también consiguieron el mismo hito Manuel Prast y Pedro Parages (1906), Pruden (1946) y Puskas (1962).

EPÍLOGO
... HISTORIA POR HACER

Lo sucedido en la *Champions de los milagros* tiene un valor incalculable. Ya no abundan jugadores de club, como Juanito, Camacho o Raúl, responsables de transmitir los valores a los más jóvenes. No ha sido necesario. Los partidos contra el PSG, Chelsea y Manchester City les han convencido del hechizo por la vía de los hechos. La esencia madridista, que normalmente tardaría años en asentarse, ya convive en su ADN.

El Real Madrid, desde su fundación (obra de los catalanes Juan y Carlos Padrós), pasando por las épocas de Santiago Bernabéu, Mendoza, Sanz y Florentino Pérez, vive a contracorriente. Su responsabilidad histórica lo conduce a liderar los cambios y le obliga a ser pionero en los avances que configuran el fútbol que hoy conocemos.

Y no han sido escasos los vaivenes que ha tenido que esquivar. Si en los ochenta fue la conversión de la mayoría de los clubes en sociedades anónimas para poder subsistir, en la actualidad, la financiación extranjera supone un nuevo obstáculo que directamente atenta contra la igualdad de la competición. En este contexto, el triunfo del Madrid es el de la autenticidad frente al poder político y financiero de los clubes-estado que tanto desvirtúan el juego.

A comienzos de la temporada 22-23, un tercio de los equipos de Primera y Segunda División tenían un propietario extranjero. Esto es, ocho de Primera (Valencia, Granada, Espanyol, Mallorca, Girona, Valladolid, Almería y Elche) y seis de Segunda (Málaga, Albacete, Oviedo, Sporting, Leganés y Zaragoza). En la escena internacional, además de la influencia árabe (PSG, Manchester City, Newcastle...) cabe destacar la imparable expansión americana, que tiene presencia en clubes históricos como el Manchester United, Chelsea, Liverpool, Milán, Roma o el Olympique de Lyon.

En España, Piterman y Al-Thani fueron los pioneros en Santander y Málaga, cuando estas operaciones respondían a la impulsividad y carecían del necesario rigor económico. Hoy se encuadran en una estrategia perfectamente diseñada con cuyo dinero se aumentan presupuestos y, por tanto, la capacidad para fichar y competir. ¿Cómo lo hacen? Enmascarando las aportaciones estatales como ingresos de patrocinios provenientes de empresas vinculadas, eso sí, al propio Estado. Tan descarado como efectivo.

Si atendemos al balance de gasto en contrataciones de la la década 2012-2022, el Real Madrid ocupa el lugar 39º[170]. En este tramo ha desembolsado 1,13 mil millones de euros y ha ingresado 1,01 mil millones, lo que arroja un saldo desfavorable de -126,95 millones. El ranking lo lideran el Manchester United (-1243,21 millones), el PSG (-980,85), el Manchester City (-967,74), el Arsenal (-725,24), el Chelsea (-657) y el Barcelona (-646,37). Sin embargo, el Madrid ha ganado cinco *Champions* en los últimos diez años, las mismas que el resto del continente (Bayern —dos—, Barcelona, Liverpool y Chelsea).

Esto demuestra, una vez más, que la chequera no es sinónimo de éxito. El fútbol se ha convertido en una industria, cierto, pero todavía vive de imponderables que le hacen conservar parte de su romántica esencia. Y ahí es donde el Madrid se presenta como uno de los últimos baluartes.

Existen principios, valores, cualidades y sueños que no entienden de números en el banco. La competitividad,

---

170 Datos obtenidos de *transfermarket.es*, web especializada en el mercado y el valor de los jugadores.

luchar por causas que a los demás les parecen imposibles, interpretar los obstáculos como oportunidades, no contemplar el fracaso como una opción, buscar la excelencia de forma permanente, no acomodarte en el éxito, sino pensar en el siguiente... El alma nunca ha tenido un precio y por eso es algo que nunca se podrá comprar o vender.

«Este club, esta camiseta, esta afición y este estadio implican algo especial. Hay un gen que se ha ido adhiriendo a la personalidad del equipo a lo largo de las décadas y se pasa de generación a generación»[171]. Así se explica el Real Madrid y nada lo revela mejor que sus heroicas y legendarias remontadas. Queda historia por hacer.

171   Manolo Sanchís en el diario *AS*. 5/06/22, p. 14-15.

BIBLIOGRAFÍA

LIBROS

Real Madrid. Centenario, Luis Prados de la Plaza. Sílex, 2001.

La Biblia Blanca, Ángel del Riego Anta y Marta del Riego Anta. Roca, 2018.

Real Madrid C. de F. (Historia de un gran club), Luis Miguel González. Unión Aragonesa del Libro, 1984.

Las mejores anécdotas del Real Madrid, Luis Miguel González y Juan Ignacio Gallardo. La Esfera de los libros, 2011.

¡Yo sólo creo en Dios y en el Real Madrid!, Luis Miguel González. La Esfera de los Libros, 2019.

Esto no estaba en mi libro del Real Madrid, Tomás Roncero. Almuzara, 2022.

La Quinta del Buitre. Historia de una leyenda, Tomás Roncero. Nebular 2002.

Tormenta Blanca. Historia del Real Madrid (1902-2018), Phil Ball. T&B Editores, 2018.

Real Madrid. 365 historias, Sergio Galán. Librofutbol.com, 2021.

Nacidos para incordiarse, Alfredo Relaño. Ediciones Planeta, 2012.

Memorias en blanco y negro, Alfredo Relaño. Córner, 2014.

366 historias del fútbol mundial, Alfredo Relaño. Ediciones Planeta, 2010.

De la «Quinta del Buitre» al «Milán de Sacchi». El convulso fútbol de los 80, Álvaro Pinuaga. T&B *Editores, 2013.*

Once equipos, once huellas, Alberto López Frau. Librofutbol.com, 2021.

La Décima, Enrique Ortego. Editorial Everest, 2010.

La Undécima, Enrique Ortego. Espasa, 2017.

La Duodécima, Enrique Ortego. Espasa, 2017.

La Decimotercera, Enrique Ortego. Espasa, 2018.

Mi árbol de navidad, Carlo Ancelotti. La Esfera de los Libros, 2013.

Liderazgo tranquilo, Carlo Ancelotti. Indicios, 2016.

Apuntes del balón, Jorge Valdano. La Esfera de los libros, 2001.

Raúl, el futuro, Luis Villarejo y Carlos Bonelli. El País Aguilar, 1996

La cofradía del clavo ardiendo, Julián Carpintero. MC Sports, 2022.

Que baje Dios y lo explique, Ramón Álvarez de Mon. Córner, 2022.

Juan Gómez Juanito. El genio de Fuengirola, David Rodríguez Castro. Natural Ediciones, 2011.

Autobiografía de Luka Modric. Mi partido, con Robert Matteoni. Córner, 2020.

Frases de fútbol, Miguel Gutiérrez. Córner, 2021.

REVISTAS Y PUBLICACIONES

Cien años de leyenda (1902-2002). Everest, 2002.

Alrededor de la Historia Memoria gráfica del Real Madrid. Everest, 2002.

Una Champions mágica. Diario *AS*, 2022.

Historia viva del Real Madrid. Diario *ABC*, 1987.

Condenados a ganar. Cien años y un día. Diario *AS*, 2002.

Cien años del Real Madrid. Diario *AS*, 2001.

30 Ligas Blancas. Diario *AS*, 2007.

Revista Real Madrid (nº 35 y 136).

Boletín Informativo Real Madrid (nº 434).

AS Color (nº 262).

Don Balón (nº 480 y 498).

Suplemento Marca *Centenario del Real Madrid 1902-2002.*

50 años de la Copa de Europa. Diario *AS*, 2005.

Real Madrid, Memoria anual 2006-2007.

Hala Madrid (nº 80).

DOCUMENTALES

Real Madrid. El mejor club del mundo. TVE y Real Madrid.

Informe Robinson. La Quinta del Buitre. Movistar Plus.

Real Madrid, la leyenda blanca. Amazon.

El caso Figo. El fichaje del año. Netflix

Conexión vintage: La Quinta del Buitre y la Copa de Europa. TVE.

La impresión de esta obra concluyó el 21 de mayo de 2023. Tal día, el Real Madrid Baloncesto se alza con la undécima Copa de Europa tras una heroica remontada en los últimos segundos.